法学专业必修课、选修课系列教材

物权法学

主　编　孟勤国

撰稿人　屈茂辉　麻昌华　张素华　许中缘
　　　　胡吕银　刘保玉　王崇敏　张凇纶
　　　　孟睿偲　张海龙

中国教育出版传媒集团
高等教育出版社·北京

图书在版编目（CIP）数据

物权法学 / 孟勤国主编. -- 北京：高等教育出版社，2023.10

ISBN 978-7-04-061181-6

Ⅰ. ①物… Ⅱ. ①孟… Ⅲ. ①物权法－法的理论－中国－高等学校－教材 Ⅳ. ① D923.21

中国国家版本馆 CIP 数据核字（2023）第 177170 号

Wuquan Faxue

策划编辑 周轶男　　责任编辑 周轶男　　封面设计 杨立新　　版式设计 杨 树
责任校对 刘娟娟　　责任印制 刘思涵

出版发行 高等教育出版社
社　　址 北京市西城区德外大街 4 号
邮政编码 100120
印　　刷 三河市华骏印务包装有限公司
开　　本 787mm × 1092mm 1/16
印　　张 18.25
字　　数 340 千字
购书热线 010-58581118
咨询电话 400-810-0598

网　　址 http://www.hep.edu.cn
http://www.hep.com.cn
网上订购 http://www.hepmall.com.cn
http://www.hepmall.com
http://www.hepmall.cn
版　　次 2023 年 10 月第 1 版
印　　次 2023 年 10 月第 1 次印刷
定　　价 45.00 元

物 料 号 61181-00

编者“课间聊”

立足三尺讲台，赋能专业教学。为使读者更好地学习物权法，本书编者遵循物权法学教育教学规律和学生成长规律，精心推出本栏目。本栏目中，每条音频的时长大致与课间时间相当，旨在帮助读者更好掌握物权法学学习方法，拓展知识视野。

学习方法篇

1. 孟勤国老师：法学本科生如何牢固掌握基础知识
2. 屈茂辉老师：学好物权法的点滴体会
3. 张淞纶老师：物权法本科学习的四个方法
4. 胡吕银老师：学习物权法的几点建议
5. 孟勤国老师：法学本科生应当大量研读法院裁判文书

知识延伸篇

1. 孟睿偲老师：学习物权法应当了解物权二元理论
2. 张素华老师：如何看待物权登记与物权权属的关系
3. 许中缘老师：土地征收的公权力与物权之间的利益平衡
4. 麻昌华老师：抵押财产的转让
5. 刘保玉老师：担保物权的位序规则
6. 王崇敏老师：谈谈善意取得制度
7. 张海龙老师：如何理解“处分权”

作 者 简 介

孟勤国　法学博士，武汉大学法学院教授、博士生导师，中国法学会民法学研究会副会长、中国法学会消费者权益保护法研究会副会长、司法部“八五”普法民法典讲师团成员，获国务院政府特殊津贴（1992年）、全国优秀教师（1998年）、全国五一劳动奖章（2003年）、第二届国家级教学名师（2006年）、教育部宝钢优秀教师特等奖（2008年）、全国“五五”普法中期先进个人（2008年）。

屈茂辉　法学博士，湖南大学法学院教授、博士生导师，中国法学会理事、中国法学会民法学研究会常务理事、中国法学教育研究会常务理事、湖南省人民政府参事、湖南省法学会副会长、湖南省法学会民商法研究会会长，获教育部新世纪创新人才（2004年）、国务院政府特殊津贴（2016年）。

麻昌华　法学博士，中南财经政法大学法学院教授、博士生导师，中国法学会民法学研究会常务理事、湖北省民法学研究会副会长兼秘书长、第十届和十一届武汉市政协委员。

张素华　法学博士，武汉大学法学院教授、博士生导师、《法学评论》编辑，中国法学会民法学研究会理事、湖北省法学会民法学研究会副会长、湖北省法学会破产法学研究会副会长、民建中央经济委员会委员，获武汉大学第一届马克昌优秀教师（2011年）、武汉大学本科教学优秀业绩奖（2018年、2022年）、湖北省优秀中青年法律工作者提名奖（2020年）、武汉大学尊师爱学十佳优秀教师（2022年）。

许中缘　法学博士，中南大学法学院教授、博士生导师、中南大学法学院院长，中国法学教育研究会常务理事、中国法学会民法学研究会理事、湖南省法学会民营法治研究会会长、湖南省法学会民商法研究会副会长、湖南省人民政府法律顾问，获教育部宝钢优秀教师奖（2017年）、国务院政府特殊津贴（2020年）、湖南省优秀研究生导师（2021年）、中宣部文化名家暨“四个一批”人才（2021年）、国家“万人计划”哲学社会科学领军人才（2022年）、中南大学世纪海翔杰出教师（2022年）。

胡吕银　扬州大学法学院教授、硕士生导师，中国法学会民法学研究会理事、江苏省法学会民法学研究会副会长，获江苏省普通高等学校教学成果奖（1997年）。

刘保玉　法学博士，中国政法大学法律硕士学院教授、博士生导师，中国法学会民法学研究会常务理事、北京市物权法学会副会长、北京市消费者权益保护法学会副会长、中国法学会民法典编纂课题组成员、最高人民法院民法典学习培训首批师资库成员，获教育部新世纪优秀人才（2008年）、中国政法大学研究生优秀导师（2022年）。

王崇敏　法学博士，海南大学教授、博士生导师，中国法学会常务理事、中国法学会立法学研究会副会长、中国海洋法学会副会长、海南自贸港立法咨询委员会委员，获新世纪百千万人才工程国家级人才（2008年）、国务院政府特殊津贴（2009年）、全国模范教师（2009年）、全国五一劳动奖章（2009年）、国家级教学名师（2011年）、中宣部文化名家暨“四个一批”人才（2017年）、国家“万人计划”哲学社会科学领军人才（2018年）。

张淞纶　法学博士，广东外语外贸大学土地法制研究院副教授、硕士生导师、云山青年学者，广东省法学会民商法学研究会理事、广州市法学会三农法治研究会常务理事，获广东外语外贸大学先进个人（2021年）、首届广东省高等教育学会优秀教育研究成果奖（2021年）、中国法学会民法学研究会“佟柔民商法发展基金青年优秀研究成果奖”（2022年）。

孟睿偲　法学博士，海南师范大学副教授，海南省医疗保障政策研究专家、海南省法学会法治宣讲专家组成员，获海南省高等教育省级教学成果二等奖（2022年）。

张海龙　法学博士，广东海洋大学讲师，获广西壮族自治区教学成果三等奖（2005年）、广东海洋大学授课观摩竞赛一等奖（2019年）、广东省大学生版权知识演讲大赛优秀指导教师（2020年）。

前言

本书历经四稿而成。

2020年7月，本书确立了编著原则：以我国《民法典》物权编为基础，准确、合理、清晰阐述物权法基本知识、基本原理和具体制度，反映无争议的学理通识，解析落后或不当的传统观点，介绍已为我国物权立法吸纳的学理新说，重在体现法学本科教学的基础性和理论与实务的指引性。

本书展示以物权二元理论为代表的中国自主物权理论。物权客体现代化、用益物权现代化、担保物权现代化等推动物权法现代化，平等保护不同所有制的所有权、优先选择现实生活急需的用益物权、合理平衡业主与物业服务人之类的关系等决定物权法中国化。本书力求成为在中国特色社会主义进入新时代的大背景下第一部系统表达中国式现代化物权理论的本科专业教材。

初稿完成于2020年11月。参与撰写的有屈茂辉教授、麻昌华教授、张素华教授、许中缘教授、胡吕银教授、刘保玉教授、王崇敏教授和张凇纶副教授。初稿展现了知名教授和青年才俊的各自风采。

二稿由孟勤国教授撰写。一是对初稿内容作了系统性增删：本科生应掌握的知识一个不能少，可有可无的知识原则上不能有，法学本科教材必须是法学专业的基础课本，不能涉猎古往今来的深奥学问。二是对不当的传统概念或观点予以剖解：本科生应有基本的形式逻辑能力识别对错，有初步的社会生活阅历辨析可否，法学本科教材必须引导学生独立思维，慎思明辨是法律职业的基本素质。三是初稿文字全部改写：文风统一于简明、准确、易懂，法学本科教材必须复杂问题焦点化，现行法律和法学原理最终归于现实生活。

三稿由胡吕银教授、孟睿偲副教授、张海龙讲师各自撰写。他们任教于普通法律院系，对学生的学习能力有独特心得，对教材的难易深浅有独到眼光。他们挑出了许多二稿自以为通俗易懂的内容和文字并一一加以修改。

四稿由孟勤国教授定稿。在采纳三稿大多数修改意见的基础上，对二稿重新逐字逐句梳理和修补。

武汉大学法学院民商法博士生周立轩、周倩羽协助核对文稿脚注和找寻延伸阅读资料。

编著工作告一段落。感谢全体撰稿人的辛勤付出，感谢周铁男编辑的专业和宽容，感谢高等教育出版社的高度信任和近三年耐心等待。愿本书得到法学本科生的普遍认可。

孟勤国

2023年5月

目　　录

第一章　物权与物权法……1
导语……1
第一节　物权的概念……1
一、物权概念溯源……1
二、物权概念内涵……2
第二节　物权的性质和效力……4
一、物权的性质……4
二、物权与其他权利……5
三、物权的效力……8
第三节　物权的分类……10
一、自物权与他物权……10
二、用益物权与担保物权……11
三、主物权与从物权……12
第四节　物权的功能……13
一、定分止争……13
二、物尽其用……13
第五节　物权法调整对象……14
一、物权法范围……14
二、物权法调整对象……15

第二章　物权的客体……18
导语……18
第一节　物之辨析……18
一、物的概念……18
二、物与财产……19
三、物与有体物……20
四、物之辨析的意义……21
第二节　物的常见形态……22
一、有体物……22
二、等价物……23

三、企业资产 ……24
四、自然资源 ……26
五、物之形态的区分意义 ……26
第三节 物的分类……27
一、不动产、动产和权利 ……27
二、主物和从物 ……28
三、原物和孳息 ……29
四、消耗物和非消耗物 ……29
五、单一物、合成物和集合物 ……29
六、流通物、限制流通物和禁止流通物 ……30
七、特定物和种类物 ……31
八、有主物和无主物 ……31
九、可分物和不可分物 ……31

第三章 物权法原则……33
导语……33
第一节 物权法原则概述……33
一、物权法原则的功能 ……33
二、物权法原则的辨析 ……34
三、物权优先债权原则的澄清 ……34
第二节 一物一权原则……35
一、一物一权原则的含义 ……35
二、一物一权原则的理由 ……36
三、一物一权原则的意义 ……37
第三节 物权法定原则……38
一、物权法定原则的含义 ……38
二、物权法定原则的历史 ……39
三、物权法定原则的意义 ……40
四、违反物权法定原则的后果 ……40
五、物权法定原则的缓和 ……41
第四节 公示公信原则……42
一、公示原则的含义 ……42
二、公示原则的历史发展 ……43
三、我国《民法典》上的公示原则 ……44

四、公信原则的含义 …… 44
五、我国《民法典》上的公信原则 …… 45

第四章　物权的变动 …… 47
导语 …… 47
第一节　物权变动的含义 …… 47
一、物权的发生或取得 …… 47
二、物权的变更 …… 48
三、物权的消灭或丧失 …… 49
四、物权变动的原因 …… 50
第二节　物权变动的模式 …… 51
一、债权意思主义 …… 51
二、债权形式主义 …… 52
三、物权形式主义 …… 53
第三节　物权行为理论简介 …… 54
一、物权行为理论的提出 …… 54
二、物权行为理论三原则 …… 55
三、物权行为理论的争议 …… 55
第四节　我国的物权变动模式 …… 56
一、债权形式主义的物权变动 …… 57
二、债权意思主义的物权变动 …… 57
三、混合主义的物权变动 …… 58

第五章　物权的法定公示 …… 59
导语 …… 59
第一节　物权法定公示概述 …… 59
一、物权法定公示方式 …… 59
二、登记的类型 …… 60
三、登记的功能 …… 60
四、交付的功能 …… 61
第二节　不动产登记 …… 62
一、不动产登记的体例 …… 62
二、不动产登记机构 …… 64
三、不动产登记簿与权属证书 …… 65

四、不动产登记的类型 …… 66
第三节 动产交付 …… 69
一、动产交付的含义 …… 69
二、动产交付的类型 …… 70

第六章 物权保护与占有 …… 74
导语 …… 74
第一节 物权保护概述 …… 74
一、物权保护的含义 …… 74
二、物权保护的价值取向 …… 75
三、物权保护方法的适用 …… 76
第二节 物权保护的请求权 …… 77
一、物权请求权辨析 …… 77
二、返还原物请求权 …… 78
三、排除妨害请求权 …… 78
四、消除危险请求权 …… 79
五、物权保护的其他请求权 …… 79
第三节 物权的自力救济 …… 80
一、自力救济的意义 …… 80
二、自力救济的要件 …… 81
三、自力救济的主要类型 …… 82
第四节 占有 …… 85
一、占有的概念 …… 85
二、占有的构成要件 …… 87
三、占有的类型 …… 88
四、占有的推定 …… 90
五、占有人的权利与责任 …… 90
六、占有之诉 …… 91

第七章 所有权原理 …… 93
导语 …… 93
第一节 所有权的内涵 …… 93
一、所有权的意义 …… 93
二、所有权的定义 …… 95

第二节 所有权的特性……95
一、全面性 ……96
二、永久性 ……97
三、充分性 ……97
四、关于整体性和弹力性 ……98
第三节 所有权的权能……99
一、所有权权能学理 ……99
二、所有权的积极权能 ……100
第四节 所有权的限制……101
一、所有权限制的含义 ……101
二、公法上的限制 ……101
三、私法上的限制 ……103
第五节 所有权的特别取得……105
一、善意取得 ……105
二、遗失物等的取得 ……108
三、添附物取得 ……109
四、先占取得 ……109
五、取得时效 ……110

第八章 国家、集体和私人所有权……114
导语……114
第一节 所有制与所有权……114
第二节 国家所有权……117
一、国家所有权的概念 ……117
二、国家所有权的客体 ……117
三、国家所有权的主体 ……119
四、国家所有权的特色保护 ……120
第三节 集体所有权……122
一、集体所有权的概念 ……122
二、集体所有权的客体 ……123
三、集体所有权的主体 ……124
四、集体成员权 ……125
五、集体所有权的特色保护 ……126
第四节 私人所有权……127

一、私人所有权的概念 …… 127
二、私人所有权的客体 …… 128
三、私人所有权的特色保护 …… 128
第五节 法人财产权 …… 129
一、法人财产权的概念 …… 129
二、法人所有权说 …… 130
三、法人经营权说 …… 131

第九章 建筑物区分所有权 …… 132
导语 …… 132
第一节 建筑物区分所有权概述 …… 132
一、建筑物区分所有权的概念 …… 132
二、建筑物区分所有权的特征 …… 133
三、建筑物区分所有权的类型 …… 134
四、建筑物区分所有的构成要件 …… 135
第二节 业主专有权 …… 135
一、业主专有权的概念 …… 135
二、业主专有权的客体 …… 136
三、专有部分的认定 …… 137
第三节 业主共有权 …… 138
一、业主共有权的概念 …… 138
二、业主共有权的客体 …… 139
三、共有部分的认定 …… 139
四、车位（库）的归属和使用 …… 140
第四节 业主社员权 …… 141
一、业主社员权的概念 …… 141
二、业主社员权的内容 …… 142
三、业主大会和业主委员会 …… 143

第十章 共有关系 …… 146
导语 …… 146
第一节 共有关系概述 …… 146
一、共有关系的意义 …… 146
二、共有的概念与特征 …… 147

三、共有与公有的区别 …… 148
第二节　按份共有 …… 149
一、按份共有的概念 …… 149
二、按份共有的权利义务 …… 149
三、按份共有人与第三人的关系 …… 151
第三节　共同共有 …… 152
一、共同共有的概念 …… 152
二、共同共有的类型 …… 153
三、共同共有的权利义务 …… 153
四、共同共有人与第三人的关系 …… 154
五、婚姻财产制与共同共有 …… 154
第四节　共有物的分割 …… 156
一、分割请求权 …… 156
二、共有物分割的方法 …… 157
三、共有物分割的效力 …… 158

第十一章　用益物权概述 …… 160
导语 …… 160
第一节　用益物权的内涵 …… 160
一、用益物权的意义 …… 160
二、用益物权的定义 …… 161
第二节　用益物权的特性 …… 162
一、物权性 …… 162
二、用益性 …… 162
三、独立性 …… 163
第三节　用益物权的种类 …… 163
一、历史上的用益物权种类 …… 163
二、我国用益物权种类的历程 …… 165
三、自然资源占有权的概念 …… 166
四、自然资源占用权的种类 …… 167
第四节　我国用益物权学理的更新 …… 168
一、用益物权的传统学理 …… 168
二、用益物权的现代学理 …… 169

第十二章　土地承包经营权…… 172
导语…… 172
第一节　土地承包经营权的内涵…… 172
一、土地承包经营权的概念 …… 172
二、土地承包经营权的意义 …… 173
第二节　土地承包经营权的内容…… 174
一、土地承包经营权人的基本权利 …… 174
二、土地承包经营权人的基本义务 …… 175
第三节　土地承包经营权的变动…… 177
一、土地承包经营权的设立 …… 177
二、土地承包经营权的变更 …… 179
三、土地承包经营权的消灭 …… 181
第四节　土地经营权…… 181
一、土地经营权的性质 …… 181
二、土地经营权的流转 …… 183

第十三章　建设用地、宅基地使用权…… 185
导语…… 185
第一节　建设用地使用权的内涵…… 185
一、建设用地使用权的概念 …… 185
二、建设用地使用权的意义 …… 187
第二节　建设用地使用权的内容…… 187
一、基本权利 …… 187
二、基本义务 …… 188
三、存续期限 …… 189
第三节　建设用地使用权的变动…… 190
一、建设用地使用权的设立 …… 190
二、建设用地使用权的变更 …… 192
三、建设用地使用权的消灭 …… 194
第四节　空间利用权…… 194
一、空间利用权的概念 …… 194
二、空间利用权的特征 …… 195
三、空间利用权的内容 …… 195
第五节　宅基地使用权…… 196

一、宅基地使用权的概念 …… 196
二、宅基地使用权的设立 …… 197
三、宅基地使用权的内容 …… 198
四、宅基地使用权的消灭 …… 198
五、宅基地使用权的改革 …… 199

第十四章 地役权与相邻关系 …… 201
导语 …… 201
第一节 地役权的内涵 …… 201
一、地役权的词义 …… 201
二、地役权的概念 …… 202
三、地役权的意义 …… 203
第二节 地役权的内容 …… 203
一、地役权人的基本权利与义务 …… 203
二、供役地人的基本权利与义务 …… 204
第三节 地役权的变动 …… 205
一、地役权的设立 …… 205
二、地役权的流转 …… 205
三、地役权的消灭 …… 205
第四节 相邻关系 …… 206
一、相邻关系的概念 …… 206
二、相邻关系的特点 …… 206
三、相邻关系的性质 …… 207
四、相邻关系的处理原则 …… 207
五、相邻关系的种类 …… 208

第十五章 居住权 …… 210
导语 …… 210
第一节 居住权的内涵 …… 210
一、居住权的概念 …… 210
二、居住权的意义 …… 211
第二节 居住权的历史和特性 …… 211
一、居住权的历史 …… 211
二、居住权的历史特性 …… 212

三、居住权的中国特性 …… 213
第三节 居住权的内容 …… 213
一、基本权利 …… 213
二、基本义务 …… 214
第四节 居住权的变动 …… 214
一、居住权的设立 …… 214
二、居住权的变更 …… 215
三、居住权的消灭 …… 215

第十六章 担保物权概述 …… 217
导语 …… 217
第一节 担保物权的内涵 …… 217
一、物的担保 …… 217
二、担保物权的概念 …… 218
第二节 担保物权的特性 …… 219
一、物上性 …… 219
二、变价性 …… 221
三、从属性 …… 221
第三节 担保物权的种类 …… 222
一、法定种类 …… 222
二、学理种类 …… 223
第四节 担保物权一般问题 …… 225
一、担保范围 …… 225
二、基本内容 …… 226
三、共同担保 …… 227
四、担保合同无效 …… 228
第五节 非典型担保 …… 229
一、非典型担保的意义 …… 229
二、非典型担保的类型 …… 230
三、我国《民法典》意义上的非典型担保 …… 233

第十七章 抵押权 …… 235
导语 …… 235
第一节 抵押权的内涵 …… 235

一、抵押权的概念 …… 235
二、抵押权的意义 …… 236
第二节 抵押权的内容 …… 237
一、抵押权内容概述 …… 237
二、抵押权人的权利 …… 237
三、抵押人的权利 …… 240
第三节 抵押权的变动 …… 241
一、抵押权的设立 …… 241
二、抵押权的变更与消灭 …… 243
三、抵押权变动的法律限制 …… 244
四、房地一体抵押 …… 245
第四节 抵押权的实现 …… 246
一、抵押权实现的条件 …… 246
二、抵押权实现的方法 …… 246
第五节 特殊抵押权 …… 247
一、最高额抵押权 …… 247
二、浮动抵押权 …… 248
三、共同抵押权 …… 250
四、证券抵押权 …… 251

第十八章 质权和留置权 …… 253
导语 …… 253
第一节 质权的内涵 …… 253
一、质权的概念 …… 253
二、质权的分类 …… 254
三、质权的转质 …… 255
四、质权的意义 …… 256
第二节 动产质权 …… 256
一、动产质权的概念 …… 256
二、动产质权的取得 …… 257
三、动产质权人的权利义务 …… 258
四、动产质权的实现 …… 259
五、动产质权的消灭 …… 259
第三节 权利质权 …… 260

一、权利质权的概念 …… 260
二、权利质权的类型 …… 261
三、权利质权的处分限制 …… 264
第四节 留置权 …… 264
一、留置权的概念和要件 …… 264
二、留置权的内容 …… 266
三、留置权的其他问题 …… 267

第一章　物权与物权法

导　语

物权概念源自德国民法在财产权上物权与债权的两分结构。英美法系只有财产和财产法，大陆法系的法国严格意义上也没有物权概念。我国清末借鉴《日本民法典》引进德国民法，出现物权概念。2007年，我国颁布《中华人民共和国物权法》(以下简称《物权法》)，物权正式成为我国民法的法定概念。我国2020年颁布的《民法典》将《物权法》编纂为"物权编"。

物权是指权利人依法对特定的物享有直接支配和排他的权利，具有直接支配性、对世性、排他性。物权的积极效力是指物权人依据物权按照自己的意愿实现对特定的物的支配，物权的消极效力是指物权具有不受他人非法干涉的效力，又称排他效力。学理上还有优先效力、追及效力、物权请求权的具体表述。

我国《物权法》《民法典》将财产利用关系明确纳入调整范围，与财产归属关系并列，解决了近代物权法主要调整财产归属关系的根本问题，奠定了物权中国化、现代化的基础。这是我国物权法立法和学理的重大创新，为物权法适应现代生活预留了足够空间。我国物权法是定分止争、物尽其用的现代财产基本法。

第一节　物权的概念

一、物权概念溯源

2007年《物权法》之前，"物权"在我国是一个纯专业概念，即便在今天，也未成为日常生活用语，普通人交流很少会使用"物权"一词。物权概念具有抽象的学理性，是描述人类社会财产关系的逻辑表达方式之一。古今中外，并非所有国家(地区)都有"物权"概念，但"物权"概念所描述和规范的财产关系客观存在。罗马法有所有权、役权、永佃权、地上权、质权、抵押权等，[①] 但无明确的"物权"概念。英美法系有类似所有权、抵押权、地役权、人役权(居住权)之类的财产权利，[②] 也不存在"物权"概念，而是表达为"财产权"

① 参见周枏、吴文翰、谢邦宇编写:《罗马法》，群众出版社1983年版，第183页以下。

② 参见[美]约翰·G.斯普兰克林:《美国财产法精解》(第二版)，钟书峰译，北京大学出版社2009年版，第86页以下、第344页以下、第506页以下。

（property）。[①]任何时代、任何国家（地区）都需要法律概念表达和统领财产关系和财产权利，但未必采用"物权"概念。是否采用"物权"概念，主要取决于一个国家的法律传统。

"物权"概念的前身是"对物权"。与"对物权"相对的是"对人权"。对物权和对人权这一对概念，可上溯至罗马法的"对人之诉"（*actio in personam*）和"对物之诉"（*actio in rem*）。对人之诉是指只能针对特定主体提出的诉讼，如"请求给付之诉"（*condictio*），原告主张被告给付一笔钱款或一个物品；对物之诉是指以物为基础可针对一切主体提出的诉讼，如"要求返还所有物之诉"（*rei vindicatio*），原告主张某一物品归自己所有。罗马法的诉讼程式对后世影响深远，包括影响英美财产法。英国法同样区分了对物诉讼（real action）和对人诉讼（personal action）。在"物权"概念演变过程中，同样受罗马法对人之诉与对物之诉二分结构影响的日耳曼法起了重要的催化作用。11世纪，在注释法学派与评注法学派的影响下，对物之诉与对人之诉开始演变为对物权与对人权，即*ius in re*与*jus in personam*。[②] *ius in re*一词是德国民法中物权（Sachenrechte）一词的前身。到了近代，在德国萨维尼（Friedrich Carl von Savigny）等法学家的努力之下，物权、债权二分的财产权结构形成。至此，物权概念得以确立。

"物权"概念对于我国而言是舶来品。我国古代法律有所有权、永佃权等，但无"物权"概念。直到清末，借鉴《日本民法典》引进《德国民法典》，《大清民律草案》才出现了"物权"概念。民国时期，《中华民国民法典》即现在我国台湾地区的"民法典"延续了"物权"概念。新中国成立后，物权和众多民法概念因社会原因被废弃。改革开放后，民法回到我国社会视野，但1986年《民法通则》未采用"物权"概念。1995年，我国启动物权法立法，曾有制定"物权法"还是"财产法"的争论。[③]2007年，我国颁布《物权法》，"物权"正式成为我国民法的法定概念；2020年，《物权法》成为我国《民法典》的"物权编"。

二、物权概念内涵

我国《民法典》第114条第2款规定，"物权是权利人依法对特定的物享有直接支配和排他的权利"。这一概念沿袭了《物权法》第2条第3款的规定，与学

---

① 中文一般将property翻译成财产权，property law翻译为财产法。我们一般所说的财产权，乃是包含物权、债权以及知识产权等具有财产利益属性的权利，而英美法上的财产权（财产法）则是与合同法相对应的部门法。

② 参见冉昊：《对物权与对人权的区分及其实质》，载《法学研究》2005年第3期。

③ 参见郑成思：《关于制定"财产法"而不是"物权法"的建议》，载《私法》2004年第2期；梁慧星：《是制定"物权法"还是制定"财产法"——郑成思教授的建议引发的思考》，载《人大法律评论》2001年第2期。

理上的物权概念基本吻合。

物权是具体物权的上位概念。我国《民法典》规定了三种所有权、五种有名用益物权和三种担保物权。每一种具体物权都是一种具体的法律关系，有着特定的权利义务。物权概念提取具体物权的共性，减少立法篇幅，便于理解和运用。

物权概念包含四层意思：

1. 物权是支配权

支配权是指权利人凭借自己的意志和行为就能实现的权利，请求权是指权利人需要义务人某种作为或不作为才能实现的权利。人能支配的对象包括客观物质和人。人在力所能及的范围内支配客观物质是自然现象，人支配人是古代奴隶社会、封建社会特有的社会现象。近代社会以后，人人生而平等，人不再是被支配的对象，权利人只能依据权利请求他人履行某种义务。由此，德国民法区分了支配客观物质的物权和请求他人履行义务的债权。相应地，物权定性为支配权，债权定性为请求权。

2. 物权是对特定的物的支配权

哲学意义上，除了人类之外的一切存在都是客观物质，但只有人力包括智力和体力所及的客观物质才能成为权利义务的客体，人力所及是行使权利、承担义务的先决条件。法律上，人力所及是指能以一定的方式区别或隔离客观物质，使之成为权利或权力可以支配的具体对象。权利或权力支配不了抽象意义上的土地、数据、信息，但能支配这块或那块土地、这个或那个数据、这些或那些信息。这个或那个的指代使得抽象意义的客观物质区别或隔离为具体的客观物质，具体指代的客观物质的法律用词是“特定的物”。

物权是支配特定的物的法律方式之一。《德国民法典》《日本民法典》和我国台湾地区“民法典”中，特定的物仅限于有体物，我国《民法典》无这样的限制。因为，物权客体限于有体物过于狭窄，不适应现代社会的需要，以往那些不存在、难以或无法区分、分割、特定化的客观物质，随着现代科学技术进步而可以成为特定的物，如光、电、热、气、数据、信息等，应该成为物权的客体。我国《民法典》第115条规定，物包括动产、不动产和法律规定为物权客体的权利，使得“物”成为一个开放性概念，只要是能特定化的客观物质，无论其形态如何，都可以成为物权支配的特定的物。

3. 物权是对特定的物的直接支配权

直接支配是民事主体实际支配特定的物的法律状态或事实状态，实际支配的要素是实际控制和自主控制。所有权人在法律上直接支配着特定的物的价值，无论特定的物是否为所有权人占有；用益物权人在法律上直接支配着特定的物的使用价值，一般同时具有占有特定的物的事实状态；非物权人占有特定的物也是直接支配的事实状态，有权占有如承租人，无权占有如小偷。应当注意，直接支配仅仅是表述民事主体与特定的物之间的直接关联性，无须他人行为或权利作为媒介，并不意味有一个对应的间接支配概念。同时还应当注意，物权是直接支配权，但直接支配权非物权特有，知识产权也是直接支配权。

4. 物权是具有排他性的直接支配权

物权对特定的物的直接支配权是一种排他性权利。同一物上不能有内容相同、效力相同的物权。具体而言，只能有一个所有权、一个以占有事实为要素的用益物权、一个顺序特定的担保物权。同一物上如果出现内容相同、效力相同的物权，必须依据事实和法律排除其中的一个或区分先后顺序。排他性决定了直接支配权的唯一性，确保民事主体井然有序实际支配特定的物。

第二节 物权的性质和效力

一、物权的性质

自《德国民法典》以来，物权定义表述或有不同，但物权概念内涵有高度的学理共识。我国《民法典》的物权概念基于学理共识，也是传统物权理论和物权二元理论[①]的共同起点。与之相应，物权内涵集中表现的物权性质也具有学理共识，一般归纳为：

1. 物权具有直接支配性

支配性是物权的主要属性。支配是主体直接控制客体的状态，物权支配是物权人直接控制特定的物的状态。物权人对特定的物的直接支配无须非物权人同意，所有权人依法处分自己财产无须征求非物权人的许可，用益物权人依法占有、使用所有权人财产也无须征求非物权人的许可。

2. 物权具有对世性

对世性、对人性是一组学理概念。[②]依据义务人是否特定，权利区分为绝对权和相对权。绝对权约束世上任何不特定的非权利人，具有对世性。相对权只约束特定的义务人，不能约束其他人，具有对人性。对世性的意义在于权利人以外的人都是义务人，无论义务人是否知晓权利和权利人。绝对权中，物权的对世性最为清晰，正如债权的对人性在相对权中最为清晰。物权人行使物权，无须义务

① 物权二元理论是孟勤国教授1994年提出的以所有权表述财产归属，以占有权表述财产利用的理论。参见孟勤国：《占有概念的历史发展与中国占有制度》，载《中国社会科学》1993年第4期（中文版），1994年第4期（英文版）。

② 参见［德］鲍尔/施蒂尔纳：《德国物权法》（上册），张双根译，法律出版社2004年版，第12页。

人履行作为或积极性义务，物权的义务人只承担不作为或消极性的不妨害义务。

3. 物权具有排他性

排他性是事物在一定范围内独一无二、不容相同事物并存的属性。支配性不等于排他性。支配虽有排他的意义，但有些支配可以并存，并非独一无二，如专利权人可以同时授权多人使用，多个专利使用权人同时支配专利技术。物权的支配要求独一无二，因而必须具有排他性。排他性和支配性的结合，使得物权成为对世性最强的绝对权。

二、物权与其他权利

物权与相关民事财产权的比较有助于准确理解物权性质。

1. 物权与债权

将财产权分为物权和债权是《德国民法典》体系的逻辑基础。德国法学家雅科布斯指出：《德国民法典》编纂的体系特点不是五编制和总则，而是物法和债法的截然区分。[①]物、债两分是潘德克顿法学的一种逻辑方法，清晰区分物权与债权是这种逻辑方法合理存在的条件和目的。我国《民法典》采纳了物、债两分逻辑，需要清晰区分物权与债权。

物权与债权可以找出许多不同点，关键是法律关系三要素不同。

（1）主体不同。物权人是特定的，义务人是不特定的。例如，甲是房屋所有权人，其他人都是房屋所有权的义务人。债权人和债务人都是特定的，例如，买卖合同只是出卖人和买受人的债权债务关系，与其他人无关。

（2）客体不同。物权客体是特定的物，物权的设立、变动、消灭都以特定的物为支点，没有特定的物无所谓物权，特定的物一旦灭失物权随之消灭。债权客体是行为，即债务人履行义务的行为和债权人接受履行的行为，有些履行行为如买卖、租赁、保管需要交付物品，这物品是交付行为的对象，不是交付行为本身，只能称为标的物，不是债权客体，标的物是否存在或灭失不影响债务人交付标的物的义务。

（3）内容不同。物权是支配权，直接针对特定的物，可以对抗无权支配特定的物的任何人。债权是请求权，只能请求特定债务人履行义务，对抗特定债务人，不能对抗特定债务人以外的任何人，也不能直接支配债务人未交付的标的物。

物权和债权常有模糊情形。例如，租赁合同是债权，但承租人占有、使用租

---

① 参见［德］霍尔斯特·海因里希·雅科布斯：《十九世纪德国民法科学与立法》，王娜译，法律出版社2003年版，第182—183页。

赁物，是对租赁物的直接支配；租赁物所有权移转给他人，承租人权利不受影响，即“买卖不破租赁”。由此，学理上流行“现代社会出现物权债权化和债权物权化趋势”之类模糊物权和债权区别的说法，[①]这纯属基于表面现象产生的误解。[②]租赁关系是债权和占有事实的结合，占有事实是承租人直接支配租赁物和“买卖不破租赁”的基础。

物权和债权是财产关系的不同节点和形态。物权是债权的起点和终点，债权是物权取得和行使的运动过程。物权反映财产的静态关系，物权人占有、使用财产和取得收益，等等；债权反映财产的动态关系，转移财产、取得财产、在财产上设置义务，等等。物权是财产安全的保障，实行物权法定主义，一般情况下，物权的种类和内容由法律规定；债权是财产交易的保障，实行债权意思主义，一般情况下，债权由当事人意思自治。

2. 物权与知识产权

《德国民法典》确立物、债两分体系时，尚无知识产权一说，专利制度也才萌芽。1967年世界知识产权组织成立后，知识产权制度随着现代科学技术发展而迅猛发展，其重要性丝毫不亚于物权、债权。我国《民法典》第123条规定，“知识产权是权利人依法就下列客体享有的专有的权利：（一）作品；（二）发明、实用新型、外观设计；（三）商标；（四）地理标志；（五）商业秘密；（六）集成电路布图设计；（七）植物新品种；（八）法律规定的其他客体”。

知识产权和物权一样是支配权，与债权请求权截然不同，物权与债权的区别基本上也是知识产权与债权的区别，知识产权和债权也与物权和债权一样呈现两分结构。作为支配权，知识产权也有占有、使用、收益和处分的权能，有“知识所有权”之说，[③]知识产权是与物权并列的财产权体系这一表述比较准确。[④]物权和知识产权的区别主要有：

（1）客体不同。物权客体是特定的物，知识产权客体是特定的智力成果。智力成果是人类创造性思维的判断或结论，包括独特的原理、方法、方案等。与特定的物不同，智力成果是以文字、数字、符号、造型等表现的思维状态。智力成果自身不具有货币价值，但其应用可以创造货币价值，从而具有财产的意义和功能。智力成果推动人类的进步和发展，与公共利益直接相关，其支配权由法律规

---

① 参见梁慧星主编：《中国物权法研究》（上），法律出版社1998年版，第30页。

② 参见孟勤国：《物权二元结构论——中国物权制度的理论重构》，人民法院出版社2002年第1版，第35—38页；2004年第2版，第35—39页；2009年第3版，第35—39页；法律出版社2020年修订版，第33—36页。

③ 参见寇孟良：《对劳动力所有权的再研究——关于劳动力所有制讨论的一个侧面》，载《经济问题探索》1983年第3期。

④ 参见高富平：《物权法原论》（第二版），法律出版社2014年版，第264页。

定和授予，只能存续一定期限，而且必要时法律可以强制许可的方式限制权利人的支配权。智力成果的法律保护具有地域性，一国保护的智力成果在别的国家并不当然受保护，各国以国际条约和本国政策独立审查和决定是否给予法律保护。

（2）支配方式不同。物权以所有权和占有作为支配方式，所有权转移了，原所有权人与特定的物不再有任何关系；知识产权转移了，创造智力成果的作者或发明人的身份不变，署名权永远属于作者或发明人。特定的物在特定时空中只有一个占有，或者是所有权人自己占有，或者是用益物权人占有，或者质权人、留置权人占有，或者承租人、保管人、拾得人、无权占有人等占有；智力成果的占有在特定时空中可有多个占有，知识产权人可以授予或许可多人同时使用智力成果，有些知识产权虽授予独家使用，但他人可依据知识产权合理使用的法律规定自行使用，无须知识产权人同意。

3. 物权与继承权

自然人死亡，其财产成为遗产。遗产是财产在继承期间的一种特有的财产形态，物权是遗产之一。继承权是取得遗产的权利，继承人依照法定继承或遗嘱继承的方式取得遗产。继承人未取得遗产前，继承权是一种资格权；取得遗产之后，继承权消灭，遗产成为继承人的财产。

4. 物权与股权

股权是有限责任公司或者股份有限公司的股东支配公司资产的权利。公司是独立民事主体，股东财产出资公司后成为公司独立财产，与股东名下财产分离，股东不能再直接支配出资财产，但公司资产来自股东财产并最终回归股东，而且股东始终参与公司资产的经营。

股权现象比较复杂，导致股权性质众说纷纭，债权说[①]、社员权说[②]、股权独立说[③]、所有权说[④]等以各自的视角和方法诠释股权。其中，债权说是常识错误，股东出资形成的股权和股东借给公司的债权从来泾渭分明；社员权说以偏概全，未意识到社员权的基础和目的是公司资产；股权独立说依据不足，新增一项独立权利涉及民法体系变动。比较而言，所有权说最贴近股权本质：公司资产起源于股东出资，公司经营兴衰取决于股东决策，公司清盘所余资产归属于股东所有，公司股份体现和保障股东对公司资产的按份共有，这是股东直接支配公司资产而不是公司某一项财产的四个基本事实，只要将公司资产整体理解为一个特定的物，

---

① 参见郭锋：《股份制企业所有权问题的探讨》，载《中国法学》1988年第3期。
② 参见梁慧星：《论企业法人与企业法人所有权》，载《法学研究》1981年第1期。
③ 参见张西建：《关于股权的几个问题》，载《法学杂志》1987年第2期。
④ 参见李开国：《国营企业财产权性质探讨》，载《法学研究》1982年第4期；孟勤国：《也论法人所有制》，载《中青年经济论坛》1988年第4期。

就可以理解马克思的股票是所有权的凭证的论断。[①]

股权本质上就是所有权，是所有权的特殊形态。其特殊性表现为：客体是公司资产，公司资产是一个集合物，一般所有权客体是单一物；除了股东持有100%股权，股权是公司资产的按份共有份额，股东作为按份共有人必须依照公司法等法律规定的范围、方式、程序行使共有权，而一般所有权的按份共有内容和行使由按份共有人依据物权法的共有规则协商确定。

三、物权的效力

物权的效力是物权支配特定的物的法律效果，包括积极效力和消极效力。积极效力是指物权人依据物权按照自己的意愿实现对特定的物的支配。物权的支配一般表现为对特定的物的占有、使用、收益和处分，学理上称之为占有权能、使用权能、收益权能和处分权能。消极效力是指物权具有不受他人非法干涉的效力，这是物权排他性的直接效果。积极效力和消极效力由物权性质和内容决定，是物权的基本效力。

物权的消极效力也称排他效力。除了排他效力，学理上还有优先效力、追及效力、物权请求权的具体表述。

1. 优先效力

传统学理中，优先效力是指一个物权优先于另一个物权和物权优先于债权的效力。

（1）一个物权优先于另一个物权效力。同一物上可以设定和存续两个或两个以上的物权，并存的既可以是不同种类的物权如所有权、用益物权，也可以是同一种类的物权如数个抵押权。数个物权并存于同一物是物尽其用的客观要求，前提是各个物权对物的支配有各自范围和方式，相互之间不发生利益和效力冲突。特定时空中，物权支配具有唯一性，房屋由居住权人占有时，房屋所有权人不能以占有方式支配，但所有权支配不受影响。同样，居住权人只能以居住权和占有支配房屋，不具有所有权意义的支配。

各个物权在各自范围内以各自方式支配物，严格而言，数个物权并存于同一物并不发生物权的冲突。但是，如果物权支配逾越自身范围和方式，或者物权支配涉及物的处分，前者如房屋新所有权人要求居住权人交还房屋，后者如数个抵押权人要求以房屋拍卖款清偿债权，就可能出现物权的实际冲突。为了防止和解决物权的实际冲突，需要确定保护或优先保护哪一个物权，从这个意义上，一个物权优先于另一个物权之说可以成立。

---

① 参见马克思：《资本论》（第三卷），人民出版社1975年版，第506页。

我国《民法典》没有明确一个物权优先于另一个物权效力，但有众多解决物权之间冲突的规则。这些规则主要体现在三个方面：一是用益物权优先于所有权。用益物权存续期间，所有权人不得干涉用益物权人对物的占有、使用或取得收益，更不能违反法律规定或当事人约定减损用益物权的权益。二是用益物权或担保物权作为物上负担，不随着所有权变动而变动，除非出现物的灭失。三是担保物权依照法律规定确定优先受偿的顺序。我国《民法典》第414条规定了抵押权之间的优先受偿顺序，第415条规定了抵押权与质权之间的优先受偿顺序。但是，担保物权是不是物权，学理上有着深刻分歧，物权二元理论认为担保物权不是物权。[①]

（2）物权优先债权效力。传统学理认为同一物上并存物权和债权时，物权优先于债权。然而，这仅仅是传统学理的一个幻觉，因为同一物上不可能并存物权和债权。[②]从《德国民法典》确立物、债两分以来，物权、债权定义从未实质性改变，支配权定义决定了物权客体是物，请求权定义决定了债权客体是行为。特定的物上只能设定和存续物权，不能设定和存续债权，物权和债权不在可以相互冲突的同一空间。物权是债权的起点和终点，债权是物权取得和行使的过程，物权和债权不在可以相互冲突的同一时间。

传统学理的幻觉源于有些债权以物作为交易对象即标的物，如买卖合同、租赁合同、借用合同等。但是，标的物仅仅是交付和受领行为的对象，交付和受领行为才是这些债权的客体，债权设立于交付和受领行为。标的物尚未生产不影响买卖合同成立，标的物灭失不导致买卖合同终止，无标的物可交付，出卖人或者另寻同类标的物履行交付义务，或者承担违约责任，这些事实说明债权并非设立于标的物上。如果债权设立于标的物上，就会像物权那样要求标的物现实存在，标的物消灭债权随之消灭。若真如此，债权原理全需改写。

"一物二卖"常被用于证明物权优先于债权。[③]这也是学者的误解。"一物二卖"规则并非物权优先于债权，而是已履行债权优先于未履行债权，先取得标的物所有权仅仅作为买卖合同履行完毕的事实。已履行债权之所以优先于未履行债权，一是基于债权的相对性，一物多卖只是违约行为，不是违法行为，各买方之间并无审查标的物是否出卖和不得买受已出卖于他人标的物的义务。二是基于交易便

---

① 参见孟勤国:《物权二元结构论——中国物权制度的理论重构》，人民法院出版社2002年第1版，第222—225页；2004年第2版，第225—228页；2009年第3版，第225—228页；法律出版社2020年修订版，第216—219页。

② 参见孟勤国:《物权二元结构论——中国物权制度的理论重构》，人民法院出版社2002年第1版，第88页；2004年第2版，第89页；2009年第3版，第89页；法律出版社2020年修订版，第84页。

③ 参见钱明星:《论物权的效力》，载《政法论坛》1998年第3期。

捷，如果买方必须审查是否存在一物多卖，会徒增交易成本，抑制交易几率。三是基于违约责任的保障，未履行债权可以请求卖方另寻标的物履行，如果卖方无法另寻到标的物或者标的物独一无二，可以请求卖方支付违约金或赔偿金。

同样，抵押权也不适用物权优先于债权，而是有抵押权的债权优先于一般债权，抵押权本身与一般债权无关。这是因为抵押权所担保的债权优先于一般债权受偿，才与一般债权发生利益冲突。

2. 追及效力

追及效力是指物不论辗转流入何人手中，物权人都可以就该物主张其权利。追及效力是物权人与特定的物之间关系的一种形象表述，表明物权支配力始终与特定的物不可分离，即便物在天涯海角，物权人也可以追回。由于物权优先效力或物权请求权具有同样的功能，有学者认为追及效力没有必要单列。[①]而且，追及效力也不是绝对的，如果特定的物在善意取得人手中，物权人并不能追回，追及效力不是一个严谨的概念。

追及效力在实务中有一定意义。追及效力赋予物权人对物的返还诉请，在物的返还之诉中，原告只需证明对物拥有物权和被告占有着物，无须证明被告从何处取得物，从而可以针对任何第三人主张其物权，不像不当得利之诉只能针对特定的人。

3. 物权请求权

物权请求权是指物权人请求他人返还原物、排除妨害、恢复原状的权利。返还原物、排除妨害、恢复原状均为排除对物权的不法侵害，是有效实现物权排他效力的方式。效力和实现效力的方式是有区别的，物权请求权的合理定位是物权保护。

第三节 物权的分类

根据不同标准和目的可以对物权进行分类。

一、自物权与他物权

依据物权支配性质和范围，物权分为自物权和他物权。自物权是指物权人支配自己所有的物的权利，也就是所有权。他物权是物权人支配他人所有的物的权

---

① 参见［日］我妻荣：《新订物权法》，［日］有泉亨补订，罗丽译，中国法制出版社2008年版，第20页。

利，包括用益物权和担保物权。

自物权与他物权的区别有：

1. 主体区别

自物权的主体是所有权人，他物权人的主体是特定的非所有权人。自物权，顾名思义，是权利人在自己的物上享有的权利，只能是所有权。除了所有权人以外，其他任何人都是非所有权人，一个物上只有所有权时，非所有权人是不特定的；有他物权时，他物权人是特定的非所有权人。他物权人负有不特定的非所有权人义务，同时负有因享有他物权而产生的特定的非所有权人义务，例如，不特定非所有权人无义务保管所有权人的物品，但对于他物权人而言，妥善保管所有权人的质押物品，是法定义务。

2. 支配力区别

自物权的支配力完整，他物权的支配力有限。所有权是对物的全面、充分、持续支配的权利，所有权人在法律范围内可随心所欲地支配特定的物，既可以占有、使用、收益、处分方式支配，也可以其他方式支配。他物权是对物的特定、有限、暂时的权利，他物权人必须依照法律和与所有权人的约定支配特定的物，只能占有的不能使用，只能使用的不能收益，可以收益的不能处分，等等，而且他物权不是一成不变的，一个物上的他物权时有时无。学理上，他物权又称限制物权或定限物权。

3. 期限区别

自物权的存续无期限，他物权的存续有期限。所有权是对物的永久支配权，以物的存在为前提，物在所有权在，物灭所有权灭。他物权是对物的一定期限的支配权，一定期限或由法律规定，如我国《民法典》第332条规定的耕地的承包经营权期限为30年，或由当事人约定，如担保物权的存续期限。

传统学理认为，他物权内容是所有权权能中分离出来的部分权能如占有权能、使用权能、收益权能，属于所有权派生的权利。这一观点无法解释他物权独立于所有权而且对抗所有权的事实，而且权利与权能是内容和形式的关系，不存在分离可能。物权二元理论认为，所有权权能分离论是违背生活常识和逻辑常识的。[①]

二、用益物权与担保物权

依据他物权支配的内容，他物权分为用益物权与担保物权。用益物权是指以占有、使用他人的物以及取得收益为目的而设定的物权。担保物权是指以担保债

① 参见孟勤国：《物权二元结构论——中国物权制度的理论重构》，人民法院出版社2002年第1版，第14—20页；2004年第2版，第14—21页；2009年第3版，第14—21页；法律出版社2020年修订版，第13—19页。

权实现为目的设定的物权。用益物权本是学理概念，用来概括传统民法的地上权、永佃权、地役权、人役权等，我国《民法典》将其确立为法律概念，规定了土地承包经营权、建设用地使用权、宅基地使用权、地役权、居住权五种有名用益物权。担保物权本是学理概念，用来概括传统民法的抵押权、土地债务、定期金土地债务等，[①]我国《物权法》和《民法典》将其确立为法律概念，并规定了抵押权、质权、留置权三种担保物权。

用益物权与担保物权的区别有：

1. 功能区别

用益物权利用物的使用价值。物尽其用是物的使用价值的最高体现，土地以及其他重要财产的物尽其用是社会和个人的共同利益，非所有权人也能参与物的利用，用益物权增加了利用主体，有利于物尽其用。占有是利用物的使用价值的基础，一物只能有一个占有，一般只有一个用益物权。

担保物权担保债权实现。担保物权不以占有、使用、收益为目的和方式，仅仅是债权实现的保障，即债务人不履行债务时，将担保财产价值变现，以包括变卖、拍卖、以物抵债等方式清偿债务。一个物可以多次用于担保，同一物可以设立多个相同或不同的担保物权。

2. 地位区别

用益物权是独立、现实的权利。所有权人和用益物权人在平等互利基础上依法设定用益物权。对内，用益物权具有对抗所有权的功能，所有权人不能干预用益物权人对物的依法占有、使用和收益。对外，用益物权几乎具有和所有权一样的功能，不特定非所有权人应像尊重所有权那样尊重用益物权。

担保物权是附属、期待的权利。担保物权基于其担保债务的清偿预期设立和存续，随着其担保债务的清偿完毕而消灭，与其担保债权不可分离，是依附于其担保债权的权利。担保物权存续期间，担保物权人不实际支配担保财产的价值或使用价值，其担保的债权如正常清偿，则无须变现担保财产的价值。担保物价值变现之前，担保物权人对担保物价值只有期待利益。

三、主物权与从物权

依据物权的独立性，物权分为主物权和从物权。主物权是指独立存在，不从属于其他权利的物权。所有权和用益物权是主物权，有学者认为地役权是从物权，[②]可能是误解了地役权与需役地的关系。从物权是指不能独立存在，从属于其

---

① 参见［德］鲍尔/施蒂尔纳：《德国物权法》（下册），申卫星、王洪亮译，法律出版社2006年版，第5页。

② 参见崔建远：《物权法》（第四版），中国人民大学出版社2017年，第26页。

他权利的物权，担保物权是从物权，但德国民法也有独立型的担保物权。[①]

第四节　物权的功能

一、定分止争

物或财产的重要性不言而喻。就个人而言，财产是日常生活和工作的必需物质，财产多少决定着衣食住行的状态。就社会而言，财产是人类生存和发展的物质基础，财产尤其是生产资料的分配和占有，决定着人类的文明状态。人类几千年文明史也是财产不断增长和丰富的历史。但是，财产也是不能完全满足社会和个人需要的有限资源，财产的获取和利用是人类社会最富于争议的问题。国与国的领土之争本质上是财产问题，资本与劳动的利益冲突是财产问题，婚姻与家庭的许多矛盾也是财产问题。

在资源有限的条件下，财产争议是源于人的生存本能而产生的利益冲突。人类有自我意识以来，控制和解决财产争议从来没有消停。原始部落的狩猎品分配习惯、古罗马的奴隶即财产的规则、明清时期江浙一带的田面权与田地权、[②]英美法系的财产法和大陆法系的物权法等，都是控制和解决财产争议的规则。这些规则是否合理属于特定时代和国家的认识范畴，但在减少和解决财产争议上都有一定的定分止争效果。明确了财产的归属和利用，财产争议不易发生，发生了也容易解决。

物权是财产领域定分止争的主要工具。所有权、用益物权固定所有权人、用益物权人与特定的物的关系，确认所有权人、用益物权人直接支配特定的物的合法性，赋予所有权人、用益物权人保护特定的物的权利。担保物权确立担保物权人对担保财产的预期利益和监督权利，必要时以担保财产变现价值清偿所担保债权。从古罗马物权萌芽到近代物权成型，再到现代物权的张扬，物权的定分止争功能日趋成熟。

二、物尽其用

定分止争解决财产由谁支配的问题，但财产由谁支配不是财产的终极问题。财产之所以重要，归根结底是因为财产能够满足人的生存和发展需要，利用财产

---

① 源自德国自普鲁士以来的担保传统，德国法上的土地债务可以独立于所担保的债权。参见［德］鲍尔/施蒂尔纳：《德国物权法》（下册），申卫星、王洪亮译，法律出版社2006年版，第29页。

② 参见童光政：《“一田两主”的地权结构分析及其改造利用》，载《北方法学》2007年第2期。

是支配财产的终极目的。物权不仅要解决财产由谁支配的问题，还要解决财产如何利用的问题，才能实现财产的终极价值。物权应当促进和保障财产有效利用，致力于财产的物尽其用。

物尽其用是物权的固有功能，物权的常态权能均基于财产的利用，占有权能、使用权能、收益权能，无一不是利用财产的使用价值，处分权能和担保权能则是利用财产的变现价值。所有权解决财产归属问题，同时赋予所有权人全面利用财产的可能。用益物权、担保物权解决财产利用问题，具体权利设置完全出于财产的有效利用。古罗马地上权延续至今，是因为土地作为人类最重要财产不能闲置浪费，非所有权人利用土地是提高土地利用效率的不可或缺的路径。

物权的物尽其用功能在现代社会得到了充分展现。现代社会，所有权人将财产交给非所有权人利用相当普遍，因为非所有权人往往具有专业优势、资源优势、规模优势，可比所有权人更有效地利用财产，如委托理财。与以往时代解决了财产归属问题就基本解决了财产利用问题不同，现代社会既要解决财产归属问题也要解决财产利用问题，现代物权由财产归属即以所有权为中心转向财产归属和财产利用并重，所有权和他物权并列，用益物权和担保物权有了与所有权同等的地位。我国《民法典》物权编充分反映了物权的时代特色。

我国《民法典》物权编还充分反映了中国特色。社会主义公有制下，国有财产、集体财产的归属和利用普遍分离，国家和集体作为所有权人一般不直接利用国有财产、集体财产，而是交给自然人、法人或非法人组织使用或经营。用益物权是利用国有财产、集体财产的重要路径和方式，国有土地出让给自然人和法人，集体土地承包给农户和其他承包人，建设用地使用权和土地承包经营权实现了土地资源的有效利用。

第五节 物权法调整对象

一、物权法范围

物权法有狭义和广义之分。狭义的物权法注重形式，专指民法典的物权编或单行的物权法，我国《民法典》吸收了2007年颁布实施的《物权法》，形成物权编。广义的物权法注重实质，是指调整物权关系的法律规范的总和，除了民法典物权编，还包括民法典总则编、单行法律、地方性法规、司法解释、部门规章等。物权具有对世性、排他性，涉及不特定的非物权人的利益，同时，物权客体有许多事关国计民生，如土地、矿藏、水流等，涉及社会公共利益，形成了数量众多、作用重要的物权编以外的物权规范。相关人员释义、适用、研究物权法应以广义物权法为范围。

我国《民法典》以外的物权规范主要有：

1. 以重要财产行政管理为主的物权规范

基于不动产、特殊动产涉及的公共利益，国家对不动产、特殊动产予以必要的行政管理，相关的行政管理法规中多有物权规范。例如，涉及土地的有《土地管理法》《土地管理法实施条例》《城镇国有土地使用权出让和转让暂行条例》《农村土地承包法》《农村土地承包经营权流转管理办法》等；涉及房地产的有《城市房地产管理法》《国有土地上房屋征收与补偿条例》《不动产登记暂行条例》《最高人民法院关于审理房屋登记案件若干问题的规定》《最高人民法院关于办理申请人民法院强制执行国有土地上房屋征收补偿决定案件若干问题的规定》等；涉及船舶、航空器和机动车特殊动产的有《海商法》《民用航空法》《道路交通安全法》《船舶登记条例》《民用航空器权利登记条例》等。

2. 确认重要财产权益和管理并重的物权规范

现代社会涌现出许多以往时代没有或缺失的财产，需要国家予以确认和管理，形成了众多确认财产权益和管理并重的法律法规，如《水法》《矿产资源法》《草原法》《海域使用管理法》《森林法》《渔业法》《公司法》《票据法》《文物保护法》《公路法》《电力法》《建筑法》《森林法实施条例》《野生植物保护条例》《无线电管理条例》《物业管理条例》等。

二、物权法调整对象

法律的调整对象是指法律所要规范和保护的社会关系。民法调整平等民事主体之间的人身关系和财产关系，物权法调整其中的财产关系。物权法不是调整财产关系的唯一法律，合同法、婚姻家庭法、继承法、侵权责任法以及人格权法，都有涉及财产关系的内容。但是，物权法是规范和保护财产关系的基本法律，是其他涉及财产关系法律规范的基础。

传统学理将财产关系理解或限定为财产归属关系，表述为“物权法调整财产归属关系”[①]。这符合《德国民法典》物权编的定位：所有权是最重要的物权，他物权源自所有权，最终也将回归所有权，他物权不过是所有权的一种存在形态和实现方式，如德国学者维甘德所言，他人之物上的物权只是所有权负担、一种暂时现象，所有权最终会从他物权中解放出来。[②]《德国民法典》物权编的定位与

① 参见中国社会科学院法学研究所物权法研究课题组：《制定中国物权法的基本思路》，载《法学研究》1995年第3期。

② ［德］沃尔夫冈·维甘德：《物权类型法定原则——关于一个重要民法原理的产生及其意义》，迟颖译，载《中德私法研究》（第2卷），北京大学出版社2006年版，第93页。

其所处的时代吻合，当时，财产利用主要由所有权人实施或控制，明确了财产归属也就基本解决了财产利用问题。有些财产如土地客观上无法由所有权人充分利用，那就以他物权的方式授权特定的非所有权人利用，所有权人分享财产利用利益。

这一定位不符合财产的功能逻辑。财产的价值和功能在于满足人类生活和生产需要，实现财产价值和功能的路径和方式是财产的利用，财产归属只是财产利用的基础和条件，并非财产的终极目标。所有权人利用财产自然无须区分财产归属和财产利用，财产由非所有权人利用，财产归属和财产利用就成为两个不同主体的行为。此时，财产关系不只是所有权人与非所有权人的关系，多了所有权人与财产利用人之间、财产利用人与其他非所有权人之间两层关系，财产归属无法涵盖财产利用。基于所有权人的利用属于财产归属范畴、非所有权人的利用不属于财产归属的范畴，物权二元理论以"财产利用"特指非所有权人利用所有权人财产的情形和关系。①

《德国民法典》物权编时代，财产利用是个别的、少量的、有限的社会现象，没有资格与财产归属平起平坐可以理解，也无大碍。现代社会，随着科学技术不断发展，社会生产规模不断扩大，社会分工不断细化，非所有权人利用他人财产是普遍的生活事实，忽略或轻视财产利用势必导致财产利用的无序和低效。定位于调整财产归属关系的传统物权法，难以深刻理解现代社会层出不穷的财产利用形态，难以有效容纳与传统不合的交易模式与规则，难以正确处理财产利用关系当事人之间的利益冲突，举例而言，信托是公认有效的现代交易模式，一些大陆法系国家引进后未能融入物权法，就是因为物权法的因循守旧。

物权二元理论认为，现代物权法必须既调整财产归属关系也调整财产利用关系，这既是财产关系的逻辑要求，也是财产关系的时代要求。缺了财产利用关系这一调整对象，物权法不可能是现代社会的财产基本法。现代物权法对财产归属关系和财产利用关系必须一视同仁，以所有权和他物权地位平等作为调整财产关系的价值取向和基本原则，不能像传统学理那样将所有权视为他物权的母权。②为此，物权二元理论的《中国物权法草案建议稿》第1条规定，"为规范和调整一定的财产归属关系和利用关系，保护当事人合法财产权益，制定本法"。③经过长达5年的争论，我国《物权法》第2条规定："因物的归属和利用产生的民事关

---

① 参见孟勤国：《物权二元结构论——中国物权制度的理论重构》，人民法院出版社2002年第1版，第8—14页；2004年第2版，第8—14页；2009年第3版，第8—14页；法律出版社2020年修订版，第7—13页。

② 参见中国人民大学民法教研室编：《外国民法论文选》，1984年版（校内用书），第185页。

③ 孟勤国：《中国物权法草案建议稿》，载《法学评论》2002年第5期。

系，适用本法。”再13年后，我国《民法典》第205条规定：“本编调整因物的归属和利用产生的民事关系。”

财产利用关系明确进入物权法调整范围，而且以“和”字并列财产归属关系，表明我国立法抛弃了传统的物权一元结构体系，采纳了物权二元理论的物权二元结构。这一选择决定了我国物权法的性质、功能、价值。由此，我国物权法结束了与德国、日本、我国台湾地区“物权法”一脉相承的历史，摆脱了近代物权法和传统物权理论的根本束缚，打开了物权法适用现代社会生产方式和生活方式发展变迁的空间。我国物权法能够解释、约束、应对传统物权法难以解释、约束、应对的财产利用问题，是人类社会第一个真正的现代物权法。

思考题

1. 论述物权的定义。
2. 论述物权的效力。
3. 论述我国物权法的调整对象及其意义。

延伸阅读

1. 郑成思:《关于制定“财产法”而不是“物权法”的建议》，载《私法》2004年第2期。
2. 王利明:《物权立法若干问题新思考》，载《法学》2004年第7期。
3. 孟勤国:《物权法研究的新进展》，载《新华文摘》2004年第15期。
4. 屈茂辉:《物尽其用与物权法的立法目标》，载《当代法学》2006年第4期。
5. 汪洋:《罗马法“所有权”概念的演进及其对两大法系所有权制度的影响》，载《环球法律评论》2012年第4期。

第二章 物权的客体

导 语

物权客体为物，但物的内涵和外延是大陆法系物权法乃至民法争论不休的问题。对物权客体的物作准确界定须冲破传统概念的束缚，立足于现代社会的财产现实。

物是指人力包括智力和体力所及的、能够承载物权的客观事物。这不是一般意义的物，必须是有“这”或“那”具体指代的物，即特定的物。特定的物和特定物是两个概念，两者不能混淆。

《德国民法典》将物限定为有体物是特定时空的产物，不是事物的必然。现代社会，社会财富除了有体物，还普遍体现为没有物质形体的以金钱价值计量的物，包括等价物、企业资产、自然资源和新型财产如空间、数据资产、虚拟财产、公共资源等。我国《物权法》《民法典》摒弃了“有体物”一词。这一创新确立了我国物权法的财产基本法地位，推动了物权客体现代化进而推动了物权现代化和民法现代化。

依据物的分类标准不同，物有多种学理分类，每一分类有着自身的分类意义。

第一节 物之辨析

一、物的概念

“客体”一词源于哲学，是指人类所要认识、适应、改变的客观事物。法学上的客体是指法律主体之间的权利义务共同指向的客观事物。客体、主体、内容是建构民事法律关系的三大要素，民事主体之间以一定客体为媒介形成一定的权利义务关系。任何民事权利都有相应的客体。

物权的客体是物。物是指人力，包括智力和体力所及的、能够承载物权的客观事物。这一概念有四个要点：

1. 物是人身以外的客观事物

物理意义上，人身也是一种客观事物，古罗马奴隶是奴隶主的财产。自近代社会确立人人生而平等原则以来，人永远是主体而不是客体。人类文明将人身排除于客观事物之外，人身器官和组织不与人身分离就不属于客观事物。

2. 物是人力所能控制的客观事物

日月星辰是客观事物，但人力无法控制，也不能支配；空气不是物，氧气瓶中的氧气是物，区别在于后者是人力能控制。人力不仅是指体力，也包括智力。现代科学技术是人类智力控制客观事物的主要手段。

3. 物是需要承载物权的客观事物

浩瀚宇宙，气象万千，绝大多数客观事物与人类生存和发展无关，无须确定归属和利用的主体，无须确定法律的权利义务责任。只有能够满足人类生活和生产需要的客观事物，才需要物权定分止争、物尽其用。

4. 物是被特定指代的客观事物

客观事物有泛指和特指之分。汽车是泛指，可以指代任何一种或一辆汽车；这辆汽车是特指，不能指代其他的汽车。客观事物在特指之前不是物权客体，因为人力无法支配和控制汽车，只能支配和控制有“这”“这些”或“那”“那些”之类指代词的汽车。客观事物经特定指代成为物权意义的物。

满足人类生活和生产需要是客观事物转化为物权意义的物的关键。客观事物满足人类生活和生产需要是人类社会不断发现、改造、创造自然世界的结果，也是人类社会特有的自主行为和群体行为作用的过程。哪些客观事物承载物权，也不是客观事物自然属性所决定的，而是人类社会立法选择和司法实践的结果。物权的物具有自然属性，更为重要的是其社会属性。物权法的“物”是一个专业术语，与日常生活所言的“物”有着本质区别。

二、物与财产

“财产”是与物相关的名词。财产也是指能够满足人的生活和生产需要的客观事物，但更显社会性。“财产”一词洗脱了客观事物的自然形态，内涵集中在客观事物的金钱价值，以金钱价值概括和替代客观事物满足人的生活和生产需要的具体用途。金钱价值是人类社会最伟大的发明之一，是客观事物价值的本质表现和使用价值的量化标准，直接推动人类走出以物易物的蒙昧时代，走向商品经济和市场经济，形成现代社会的财产资产化、资产证券化。相比物这个物权法专业术语，“财产”一词岁月久远、路人皆知，既是法学名词，也是经济学、政治学、社会学、伦理学等人文社会科学的名词，更是人类社会的日常用语。

“财产”一词准确表述了客观事物的金钱价值属性，是影响力最为深远的法律概念。英美法系只有财产法，大陆法系民法的法国分支同样只用“财产”这一概念。自清末民初借道日本引进《德国民法典》，物在我国有了一个多世纪的历史，但影响有限，中华法系也只论财产。我国《物权法》立法之初，郑成思先生曾主张采用"财产法"的名称[①]来消除物权法名词的冷僻性。立法虽未采纳，但对物与财产的关系作出了有别于《德国民法典》的选择。我国《物权法》和我国《民法典》物权编均未清晰区分物和财产，而是混用物与财产，例如国有财产不称为国有物，抵押物称为抵押财产。物和财产都是我国《民法典》的重要名词，从实践意义上，物和财产可以通用，我国的物权法是财产基本法。

但是，物与财产毕竟是两个名词，其内涵还是有所区分。物是财产，但物不等于财产，这是基于德国民法物、债两分逻辑和体系形成的理念。物权是《德国民法典》创造的概念，只要与之对话，就须认可物、债两分的语境。债权既然是与物权对应的权利，就有相应的债权财产、物权财产。从德国民法教义学的逻辑意义上，物是财产的下位概念。

三、物与有体物

《德国民法典》第90条规定："法律意义上的物，只是有体的标的"，[②]德国民法学者将物定义为"有形、可触觉并可支配的"。[③]日本学者认为有形物是物权客体，物权是以有形物为中心发展起来的制度。[④]法国学者对物也强调有形物(choses corporelles)。[⑤]在我国，自史尚宽先生定义"物是指有体物及物质上、法律上俱能支配之自然力"以来，台湾地区学者对物的认识一直未变，即"人体之外，人力所能支配，并能满足人类生活需要之有体物与自然力"[⑥]，大陆学者也普遍将物与有体物相连，将物定义为是或主要是有体物。[⑦]由此可知，在《德国民法典》和传统学理中，物与有体物是同一概念，学者将物表述为"主要是有体物"时并没有改变理念，不过是掩饰"物是有体物"的逻辑缺陷。

有体物是罗马法的一个概念，与无体物相对。罗马法的有体物和无体物，不能按照汉语字面意义理解为有无形体。史尚宽先生指出：罗马法的有体物（res corporals）实际上等同于所有权，而无体物（res incorporales）指所有权之外的财

---

① 参见郑成思：《关于制定"财产法"而不是"物权法"的建议》，载《私法》2004年第2期。
② 陈卫佐译注：《德国民法典》，法律出版社2004年版，第24页。
③ [德]鲍尔/施蒂尔纳：《德国物权法》(上册)，张双根译，法律出版社2004年版，第22页。
④ [日]田山辉明：《物权法》(增订本)，陆庆胜译，法律出版社2001年版，第10页。
⑤ [法]弗朗索瓦·泰雷、[法]菲利普·森勒尔：《法国财产法》(上册)，罗结珍译，中国法制出版社2008年版，第78页。
⑥ 林诚二：《民法总则》(上册)，法律出版社2008年版，第256页。
⑦ 参见王利明：《物权法论》(修订本)，中国政法大学出版社2003年修订版，第29页；马俊驹、余延满：《民法原论》(第二版)，法律出版社2005年版，第67页；梁慧星：《民法总论》，法律出版社2004年版，第88页；崔建远等：《民法总论》(第三版)，清华大学出版社2019年版，第55页；等等。

产权。[①]《德国民法典》深谙罗马法精神，德国学者施瓦布认为，所有权是一种排除他人对有体世界（Physische Welt）一个部分的支配，权利过于强大，需要一种明确划定界限的基准客体（Bezugsobjekt）。[②]德国学者克尼佩尔认为，将所有权限定于有体物，是因为德国私法希望确立单一的所有权概念，反对封建式的多重财产负担观念，这样就不会让所有权客体范围无限扩大。[③]但是，《德国民法典》在东传日本和我国的过程中，似乎丢失了有体物的所有权信息，有体物的形态意义似乎成了物的本质或全部，以致于至今许多学者依然以有体物形态作为判断物的根本标准，拒绝将有体物以外的物作为物权的客体。[④]

我国物权法立法时，全国人大法工委物权法立法草案第一、二稿曾有“物是有体物”的定义条款，第三稿采纳了郑成思先生和物权二元理论的建议予以删除，之后的《物权法》和《民法典》再无“有体物”一词。有体物不是我国的法律概念，只是一个学理概念，不具有罗马法和《德国民法典》的所有权意义，也不具有判别物与非物的标准意义。

这是物权中国化、现代化的一个关键点。近代之前的社会财富主要表现为有体物，如土地、房屋、金银珠宝等，物等于或约等于有体物的认识误差对社会生活的影响可忽略不计。现代社会，除了有体物，社会财富普遍体现为没有物质形体的金钱价值或货币价值，如货币、票据、股票等，将物等于或约等于有体物，物权法只能是有体财产法，难以解决有体物以外的财产问题。我国物权法能够覆盖可承载物权的财产，包括有体物、货币、票据、股票、数据、虚拟财产等，是现代社会的财产基本法。

四、物之辨析的意义

物是物权法的基础概念，清晰辨析这一概念才能准确理解物权法的制度和规则。物的内涵和外延，直接决定物权法的调整范围。物限定于有体物，物权法只能调整基于有体物形成的财产关系，如《德国民法典》；物不限于有体物，物权法不仅能调整基于有体物形成的财产关系，也能调整基于金钱价值形成的具有物权支配性的财产关系，如我国《民法典》。

辨析物的概念，具有重要的学理意义，但是，物的内涵和外延最终是时代选择。《德国民法典》时，也有学者认为，物限于有体物“非自然、无法实践”，

---

① 参见史尚宽：《民法总论》（第3版），正大印书馆1980年版，第221页。
② 参见［德］迪特尔·施瓦布：《民法导论》，郑冲译，法律出版社2006年版，第226页。
③ 参见［德］罗尔夫·克尼佩尔：《法律与历史——论〈德国民法典〉的形成与变迁》，朱岩译，法律出版社2003年版，第250—251页。
④ 参见李永军：《物权的本质属性究竟是什么？——〈物权法〉第2条的法教义学解读》，载《比较法研究》2018年第2期。

过分罗马化，[1]未被回应，因为近代社会只需要有体物。我国物权法立法时，学者普遍认为物是有体物，但立法最终采纳了“物不限于有体物”的少数建议，因为立法者明了现代中国已不是只需要有体物的时代。从《德国民法典》的物到我国《民法典》的物，物权客体现代化是物权法和民法现代化的重要组成部分。

第二节 物的常见形态

一、有体物

物权法意义上，有体物是除人身之外的能为人力所支配的可以满足人类需要的具有一定物质形体的物。对此，需把握以下几点：

1. 有体物不包括人的身体

自然属性上，人的身体也是有体物，奴隶社会曾将奴隶作为物品由奴隶主支配，如古罗马法。近代社会以来，人类确立了人的主体地位，人的身体，无论是整体或部分，都不能作为被支配的物。人体组织如血液、内脏、精子、卵子等只有在与人的身体合法分离的情况下，才可以经法律特许作为物。人的遗体可否成为物，学理上有争议，[2]在合法条件下，人的遗体可以成为物，如捐献遗体用于公益事业。

2. 有体物限于人力所能支配的物

太阳、月亮、星星是客观物质，目前人类还没有能力支配，不是有体物，我国“嫦娥五号”探测器取回的月球土壤是有体物。人力所能支配是有体物的客观要素，有体物的意义在于设定一定的权利义务，人力不能支配的物不可能设定有实际意义的权利和义务。人力所能支配是一个动态标准，原始时代的人力支配主要依赖于人的体力，现代社会的人力支配主要依赖于科学技术。随着科学技术的不断进步，人力所能支配的有体物范围不断扩大，形态不断变化，电、热、油、气已是普遍的有体物，自然空间、虚拟空间也在逐渐成为有体物。

3. 有体物是能够满足人的需要的物

人力所能支配的物不一定就是有体物，为人所需的物才能成为有体物，因为物权本身是为了确立和实现人的各种需要。人的需要分为物质需要和精神需要，有体物主要满足人的物质需要，既包括吃穿住行等生活需要，也包括制造销售等

① 转引自［德］罗尔夫·克尼佩尔：《法律与历史——论〈德国民法典〉的形成与变迁》，朱岩译，法律出版社2003年版，第249页。

② 参见王泽鉴：《民法总则》（增订版），中国政法大学出版社2001年版，第217页；［德］迪特尔·梅迪库斯：《德国民法总论》，邵建东译，法律出版社2000年版，第876页。

生产需要。有体物千差万别，为统一有体物满足人的需要的尺度，人类创造了货币作为衡量有体物对人的需要满足度的标准和凭据，各种有体物具有各自的货币价值。没有货币价值的物，即便能为人力支配，也不属于有体物。有体物也满足人的精神需要，财富容易使人产生欢愉的心情，有些有体物的货币价值微不足道，但可以承载人的感情，如日记、手稿、信件等。[①]

4. 有体物是具有一定物质形体的物

物质形体是人通过自然或技术感觉或测量到物的存在状态信息，不仅包括一目了然的土地、房屋、汽车等，也包括可控制的电、热、声、光、气等。物质形体承载着有体物满足人的需要的功能和价值，制约着有体物的货币价值，有体物的货币价值一旦不受制于物质形体，就不再属于有体物。例如，纸的货币价值一般受制于其物质形体，如果用作货币、票据、股票，意味着纸的货币价值挣脱了物质形体，不能以纸的物质形体将货币、票据、股票归入有体物，货币、票据、股票的货币价值与其物质形体无关，不属于有体物。

二、等价物

等价物是指法律拟制的以货币价值为形态的功能法定的物，包括货币、票据、股票、基金份额等。

1. 等价物是法律拟制的物

等价是人类生产和交换活动的价值共识。一定社会生产和交换的价值共识，通过相应的等价物体现和实现。人类早期，有贝壳、鸟类羽毛、石头等自发形成的等价物；[②]国家出现后，等价物由法律拟制或认可，未经法律拟制或认可的不具有等价物效力，如假币、无效票据。法律拟制的等价物中，历史最悠久、用途最广泛、使用最方便的是货币，国家直接以法定方式将货币值刻印在金属或纸张上，使之成为一国通行的一般等价物。商品经济发展到一定阶段，货币不能完全满足现实生活对等价物的需求，国家授权自然人和法人依据法律规定的种类、内容、方式拟制货币以外的等价物，如出票人签发票据、公司发行股票、投资者认购证券基金等。货币以外的等价物有着特定的用途、范围、形式、内容等，是特定等价物。

2. 等价物是标记或折算货币值的物

有体物的货币值是有体物用途和需求的体现，其货币值取决于特定的供需时

---

① 《民法典》第1183条第2款规定："因故意或者重大过失侵害自然人具有人身意义的特定物造成严重精神损害的，被侵权人有权请求精神损害赔偿。"可见我国承认物品上所附着之情感价值。

② 参见孙国峰：《货币创造的逻辑形成和历史演进——对传统货币理论的批判》，载《经济研究》2019年第4期。

空。同样的物，在不同供需时空中有不同的货币值，如司法拍卖价常常低于评估价或市场价。等价物与有体物不同：货币是国家标记货币值的物；票据是票据签发人依据票据法标记货币值的物，具有特定范围替代货币的功能；股票和基金份额外观为权利份额，权利份额按照投资额除以总股本或基金总额计算出来，以投资的货币值标记或折算。等价物材料不决定货币值，银元和铜钱曾是我国流通时间最长的货币，其货币值不取决于银和铜的材质价值，而是国家铸钱意志。货币价值是等价物的存在形态，犹如物质形体是有体物的存在形态。

3. 等价物是功能法定的物

有体物可有多种多样的自然或技术用途，权利人可在不违反法律的前提下自主选择有体物的功能。等价物不同于有体物，法律拟制具有特定、明确的目的性，等价物功能与拟制目的相符才能如期实现拟制目的。每一种等价物的功能都由法律直接规定，货币的支付、储藏、度量功能，票据的支付、结算、质押功能，股票的股权承载功能，基金份额的收益功能等，不由当事人意思自治。等价物流通是实现等价物法定功能的路径，如货币使用的自由、票据流转的无因性、股票转让的条件、基金份额赎回的程序等，也由法律明确规定。

等价物是依据现代生活事实提炼而成的学理概念。传统学理也有货币是一般等价物的表述，用于描述货币的特殊性，不涉及物的形态。传统学理相信有体物足以解释物的现象和本质，面对票据、股票、基金份额等新型财产，总是在物权法之外寻找解释。这些解释往往比不解释更令人困惑。例如，股票权利完全符合所有权的要义，由于股票不是有体物，不符合传统学理的客体标准，传统学理不承认股权是所有权，形成股权是债权、社员权、独立权利等不必要的争议。等价物概念可结束不必要的争议，让物权客体学理更贴近现代社会生活。

三、企业资产

企业资产是企业名下的依据会计准则确认的以货币计量的集合物，有法人资产、合伙资产、经营性国有资产等。

1. 企业资产是由企业名下财产聚合的集合物

企业是现代经济活动的基本组织形式，包括有限公司、股份有限公司、合伙企业以及我国特有的集体经济组织等，具有独立或相对独立的民事主体地位，其名下财产源于出资人出资或企业生产经营所得。企业名下的单一财产有土地、建筑物、机器设备、货币（现金）、专利、商标、商誉、应收账款等，这些单一财产聚合成企业资产这一特定的集合物。单一财产作为企业资产时不是“一物”，只是集合物的聚合部分，脱离企业资产时恢复“一物”的地位。企业资产的聚合价值往往高于企业名下单一财产的价值叠加。例如，我国联想集团整体购买美国

IBM公司个人电脑业务，中国石油化工集团有限公司整体购买哈萨克斯坦某石油公司。

2. 企业资产是依据会计准则确认的货币值

企业资产是经会计准则处理后形成的货币值，不是企业名下各单一财产的交易价格总和。对企业名下的单一财产，相应或不同会计准则处理后确认的货币值与其交易价格常有不同，例如，一辆汽车按年折旧的账面价值可能高于其交易价格，一块土地按年折旧的账面价值可能只是其交易价格的零头。企业资产的评估方法有成本法、收益法、市场法，不同评估方法确认不同货币值；企业资产的构成要素既包括所有者权益也包括负债，企业资产的货币值以净资产为准；企业资产存续呈现动态，单一财产有进有出，以一定时间段如年度确认企业资产的货币值。以会计准则确认企业资产货币值，是现代市场经济规律的客观要求，也是单一财产进入企业资产后的市场价值体现。

3. 企业资产是以企业为计算单位的货币值

企业资产作为一个整体，依据特定企业的特征，可以识别这个企业资产或那个企业资产。企业资产由企业名下单一财产聚合，具有“一物”[①]的独立性。作为“一物”，企业资产以货币价值为形态，即以企业为单位按照会计准则计算确定的货币值，企业名下单一财产的形态不影响企业资产的货币价值。企业资产货币值有多种财务指标，其中，净资产，即企业资产减去负债后的货币价值，以货币值体现归属于出资人，公司净资产归属于股东所有，合伙企业净资产归属于合伙人所有。

传统学理从未将企业资产视为“一物”，这可能是传统学理对物包括集合物的认识自闭于有体物中，也可能是民商分立的传统限制了传统学理对商事领域的关注。我国物权法是财产基本法，企业资产是现代社会重要而普遍的财产，必须纳入物权法。企业资产符合集合物概念。集合物在罗马法中称为聚合物或分离组合物，是指多数物的集合，但各物仍保持其独立存在，分为事实上的聚合物（如羊群）和法律上的聚合物（如遗产），法律上的聚合物由有体物与无体物组成[②]，企业资产是地地道道的集合物或聚合物。企业资产可以识别为“一物”，完全具备物权客体条件，纳入物权法没有任何技术障碍。企业资产以货币价值为载体，不同于有体物；企业资产的货币值由会计准则确认，不同于等价物直接标记或折算一定的货币值，这是有别于有体物、等价物的物的形态。

---

① 参见孟勤国：《论一物》，载《河南省政法干部管理学院学报》2005年第4期。

② 参见周枏：《罗马法原论》（上册），商务印书馆1994年版，第288页。

四、自然资源

自然资源是一定区域内的政府许可采集的客观物质，包括水、矿产、风力、动植物、无线电频谱等。

1. 自然资源是有待采集的客观物质

自然资源是劳动对象，与有体物是劳动产品不同。自然资源被采集之前是一种自然存在，不具有满足人的需要的功能，也不具有或显示人力所能支配的特征。矿藏是自然资源，矿产品是有体物；风能是自然资源，风电是有体物；海中的鱼是自然资源，捕捞的鱼是有体物。

2. 自然资源是特定区域内的客观物质

现代社会中，政府普遍控制自然资源的采集，这既是因为自然资源稀缺，也是因为自然资源的采集与自然环境保护等公共利益有关。政府控制自然资源采集的基本方式是许可，即政府划定自然资源采集的一定区域，许可一定的主体采集并严加监管。政府划定的一定区域，是识别和判断一定区域如某矿区或海域的依据。被政府划定的自然资源成为“一物”，就如土地的四至界定形成特定地块。

3. 自然资源是政府许可采集的客观物质

政府许可是自然资源采集的合法前提，未经政府许可的采集行为是非法行为，严重的构成犯罪，如非法采矿罪。政府许可是行政行为，但政府许可形成的采集自然资源的权利是民事权利，权利人一般需要向政府缴纳一定的费用作为对价，犹如土地使用权人缴纳土地出让金。我国《民法典》第325条规定：“国家实行自然资源有偿使用制度，但是法律另有规定的除外。”第326条规定，“应当遵守法律有关保护和合理开发利用资源、保护生态环境的规定”。探矿权、采矿权、狩猎权、捕鱼权、取水权等，都是设定在一定区域自然资源上的用益物权，权利人以采集方式直接支配特定区域的自然资源。

自然资源是物权客体，可以承载用益物权，也可以承载担保物权，我国《民法典》第324条规定：“国家所有或者国家所有由集体使用以及法律规定属于集体所有的自然资源，组织、个人依法可以占有、使用和收益。”广义上，土地也是自然资源，但归入有体物是罗马法以来的传统，我国《民法典》也不例外，自然资源概念不包括土地。自然资源有物质形体，也是有体物，但自然资源的货币价值一是取决于政府采集许可，二是取决于采集的自然资源产品，不同于有体物价值取决于自身，将自然资源作为物的一种独立形态有利于确认和保护自然资源物权。

五、物之形态的区分意义

区分物的形态是物权客体多样性的要求。在财富主要表现为有体物的时代，有体物形态足以表达财产的基本特征，罗马法和《德国民法典》的有体物代表了当时的财产。现代社会，有体物仅仅是财产的一部分，其他形态财产的普遍性和重要性丝毫不亚于有体物，等价物、企业资产、自然资源是常见的物的形态，还有一些新型财产正在进入现代生活，如空间、数据资产、虚拟财产、公共资源等。物权法应当面对现实生活的财产多样性，接受现代化的价值取向，避免因时代变迁沦落为有体财产法。我国物权法能够成为现代物权法，动力之一就在于删除了全国人大法工委物权法立法草案第一、二稿的“物是有体物”条款。如果等价物、企业资产、自然资源和其他新型财产均需在物权法之外寻找规则，我国财产关系就难以避免陷入混乱。

区分物的形态可以优化物权法的规则。传统物权法规则在有体物基础上形成，也有一些因社会生活变化的微调如所有权社会化之类，但其规范或只规范有体物的基本功能没有变。我国物权法摆脱了有体物的束缚，但借鉴了不少传统物权法规则，很难避免隐形的缺陷、冲突、混乱。区分物的形态，是从有体物以外的视角认识各种形态的财产，准确把握等价物、企业资产、自然资源和新型财产的本质特征和规则需求，可以有的放矢地设计或改造物权法的规则，使之趋向于合理、可行。

第三节　物的分类

一、不动产、动产和权利

依据物可否移动或移动是否严重损害其用途和价值，物分为不动产和动产。不动产是指不可移动或移动严重损害物的用途和价值的物，主要是土地、建筑物和其他地上附着物。不动产之外的物是动产。这一分类是物的基本分类，贯穿大陆法系物权法或英美法系财产法。《德国民法典》依动产与不动产分类谋篇布局，英美法系的动产（personalty）和不动产（real property或real estate）的规则各异。我国《民法典》第115条规定，“物包括不动产和动产”。不动产和动产是学理分类，也是法律分类。

不动产和动产的分类自罗马法以来千年不衰，其原因主要是土地、建筑物和其他地上附着物是自然经济时代的主要财富，也是现代社会的基本生产和生活资料，将土地、房屋等“不动”的财产划出来重点管理和保护，有利于维护财产秩序。土地、建筑物和其他地上附着物具有不能移动或不适合移动的自然属性，以此作为不动产基本特征和财产基本分类标准，具有难以争辩的事实性和确定性，即便有些质疑，[①]也难以改变人们的直觉经验；土地、建筑物和附着物的财产价值主要取决于土地区位、面积和用途，而这些土地要素的确定和特定一般须经政府测量和登记。因而，不动产的固定性是自然属性，也是法律属性。

不动产和动产分类的意义主要在于：不动产一般需要登记，土地、房屋等不动产登记不仅是国家行政管理措施，往往也是不动产物权效力要件。动产一般无须登记，特殊动产的登记只涉及动产物权有无对抗第三人的效力。此外，不动产纠纷由不动产所在地法院管辖，涉外纠纷以不动产所在地法作为准据法。

权利可否成为权利的客体，学理上存在争议。传统学理认为债权、他物权、知识产权等权利可以成为物权客体，逻辑上就会出现和房屋所有权一样的债权所有权、他物权所有权、知识产权所有权。问题是，债权、他物权、知识产权本身就表明了权利归属，债权所有权之类完全是无意义重复。传统学理囿于物是有体物，无法解释票据、提单、股票、应收账款的归属，发明了权利的所有权，殊不知，这是对德国物权法物、债两分结构和体系的根本背叛，当债权也是物权客体时，对物权、债权的区分就失去了任何意义。

物权二元理论认为，能够成为物权客体的不是权利形式，而是权利中的特定财产利益，如票据中的货币价值、提单中的货物价值、股票中的资产价值。其实，票据就是票据货币的物权凭证，提单就是货物的物权凭证，股票就是企业资产的物权凭证。权利质权作为约定俗成的名词可以使用，但质押的是权利中的财产利益，这一点应该清晰。我国《民法典》第115条"法律规定权利作为物权客体的，依照其规定"的条文，应释义为：法律规定权利中的财产利益作为物权客体的，依照其规定。

二、主物和从物

根据数个独立的物之间价值或用途的关联性，物分为主物和从物。主物对数个相关物的价值或用途具有主导作用，从物对数个相关物的价值或用途起辅助作用。从物辅助主物，例如：一个门锁，锁是主物，钥匙是从物；一套茶具，茶壶是主物，茶杯是从物；一栋大厦，主楼是主物，变电房等配套设施是从物。

物有主从之分，但主物和从物本身是独立的物，主物和从物脱离主从关系，各自也可以成为独立的物。例如，当事人约定只买卖一套茶具中的一个茶杯。

主物和从物的分类意义在于：从物一般归属于主物的所有权人，一般随着主物而转移。我国《民法典》第320条规定："主物转让的，从物随主物转让，但

---

① 参见孟勤国：《物权二元结构论——中国物权制度的理论重构》，人民法院出版社2002年第1版，第121—125页；2004年第2版，第122—126页；2009年第3版，第122—126页；法律出版社2020年修订版，第115—119页。

是当事人另有约定的除外。”

三、原物和孳息

依据物衍生另一个物的事实，物分为原物和孳息。原物是自然产生或依法产生另一个物的物，孳息是由原物产生的物，分为天然孳息与法定孳息。天然孳息是原物自然产生的孳息，如树结的果、鸡生的蛋，非自然产生的如开采所得的矿石不是天然孳息，天然孳息与原物未分离时是原物的组成部分，分离后才成为独立的物。法定孳息是原物依据法律或合同产生的收益，如房屋租金、存款利息，法定孳息与原物的关系是法律拟制的，但效果与天然孳息相同。

原物和孳息的分类意义在于：孳息一般归属于原物的所有权人。《民法典》第321条规定：“天然孳息，由所有权人取得；既有所有权人又有用益物权人的，由用益物权人取得。当事人另有约定的，按照其约定。法定孳息，当事人有约定的，按照约定取得；没有约定或者约定不明确的，按照交易习惯取得。”

但是，原物作为担保财产时，孳息可由担保物权人收取。我国《民法典》第412条规定：“债务人不履行到期债务或者发生当事人约定的实现抵押权的情形，致使抵押财产被人民法院依法扣押的，自扣押之日起，抵押权人有权收取该抵押财产的天然孳息或者法定孳息，但是抵押权人未通知应当清偿法定孳息义务人的除外。前款规定的孳息应当先充抵收取孳息的费用。”第430条规定：“质权人有权收取质押财产的孳息，但是合同另有约定的除外。前款规定的孳息应当先充抵收取孳息的费用。”第452条规定：“留置权人有权收取留置财产的孳息。前款规定的孳息应当先充抵收取孳息的费用。”

四、消耗物和非消耗物

依据一经使用是否即时消灭，物可分为消耗物和非消耗物。消耗物是一经使用即时消灭的物，如粮、油、烟、酒等，一经消费不复存在。非消耗物是可以多次或长期使用的物，如衣服、家具、房屋。

消耗物和非消耗物的分类意义在于：消耗物一经使用所有权就消灭，不能发生租赁、借用法律关系，租赁、借用只能发生于非消耗物；消耗物在特定法律关系中需要作为例外处理，如鲜活易腐物，《民法典》第453条规定，“留置权人与债务人应当约定留置财产后的债务履行期限；没有约定或者约定不明确的，留置权人应当给债务人六十日以上履行债务的期限，但是鲜活易腐等不易保管的动产除外”。

五、单一物、合成物和集合物

依据“一物”的形体，物可分为单一物、合成物、集合物。单一物是自然形成的独立一物，如一头牛、一棵树。合成物是人力组合而成的独立一物。例如，由众多零部件组合而成的一辆汽车、四条桌腿一个桌板组合而成的一个桌子。集合物有事实上的集合物（如牛群、羊群），也有法律上的集合物（如企业资产、财团抵押财产）。[①]

合成物与集合物不同。合成物是物的组合。物的组合部分，又称物的成分，只是一个独立的物的组成部分，本身不是一个独立的物。例如，封面、内页加封底组合成一本书，封面、内页和封底均不是独立的物。集合物是物的聚合，参与聚合的均为独立的物，一头又一头的牛聚合成牛群，一头牛是独立的物，一群牛也是独立的物，集合物中存在两种含义不同的独立的物。

单一物、合成物和集合物的分类意义在于：独立的物可以是单一物或合成物，也可以是由独立的物聚合的集合物，“一物”既可以是自然形体，也可以是法律拟制的形体如企业资产。独立的物一旦成为合成物的组成部分即消灭原所有权，原所有权人只能向合成物所有权人请求补偿，不能对合成物主张所有权；集合物自身是一个独立的物，[②]和单一物或合成物一样只有一个所有权，股权是集合物所有权的典型，集合物中的物也是一个独立的物，其物权为集合物的物权所吸收，一旦脱离集合物即恢复其原有的物权。

六、流通物、限制流通物和禁止流通物

依据流通程度，物可分为流通物、限制流通物和禁止流通物。流通物可以自由处分和交易，绝大多数的物是流通物。限制流通物符合一定条件才能交易和处分，如在我国境内的外币、黄金、土地等。禁止流通物不能交易和处分，如在我国境内的毒品、军用枪支、珍稀野生动物等。

流通物没有法律限制，禁止流通物由法律明令禁止。比较复杂的是限制流通物，其限制条件各有不同：有主体的限制，如我国境内黄金、白银的专营；有客体的限制，如我国境内麻醉药品、民用炸药的用途；有权利的限制，如我国境内的土地只能以土地承包经营权或建设用地使用权流转的方式流通。应当注意，所谓限制和禁止，针对的是物的交易和处分，不影响限制流通物或禁止流通物的所有权，例如，在我国境内，军用枪支是国有财产。

流通物、限制流通物和禁止流通物的分类意义在于：限制流通物的限制条件

---

① 财团抵押以集合物作为一个抵押物，梁慧星教授不承认集合物是一个独立的物，因而将财团抵押解释为例外。对此，李锡鹤教授批评梁慧星教授“违背‘集合物’概念之宗旨，也违背民法之‘物’分类逻辑”“作茧自缚”。参见李锡鹤：《物权论稿》，中国政法大学出版社2016年版，第72页。

② 参见程淑娟：《论民法中的集合物及其现代应用》，载《河北法学》2008年第9期。

决定限制流通物交易和处分的效力，限制流通物的限制条件由法律或行政法规明确规定，属于效力性强制性规范，违反限制条件的交易和处分行为无效，有的须承担行政和刑事责任；禁止流通物不得交易和处分，违反者，交易和处分行为无效，同时引发相应的行政和刑事责任，例如，穿山甲由二级保护动物晋升为一级保护动物后，食用穿山甲情节严重的，根据《刑法》第341条，依照非法狩猎罪处罚。

七、特定物和种类物

依据是否具有可替代性，物分为特定物和种类物。特定物具有独一无二的特征，是不可替代的物，如齐白石的画。种类物是可以品种、规格、质量、数量等确定的同一类型的物，可以相互替代，如齐白石画的印刷品。种类物可以通过标记一定的特征转化为特定物，例如，齐白石画的印刷品的购买者在印刷品签上自己的名字，这份印刷品就有了独一无二的特征，不能为同类印刷品所替代。

特定物和种类物的分类意义在于：特定物在交付前意外灭失的，免除义务人的交付义务，权利人只能请求赔偿损失。种类物在交付前意外灭失的，不能免除义务人的交付义务，权利人可以要求义务人以同类的物为交付。

应当注意，特定物和特定的物是两个概念，特定物是与种类物对应的概念，旨在表达物自身的独一无二特性。特定的物是具体指代的物，“你的物”“我的物”“这批货”“那批货”，旨在表达物权支配对象的特定性。特定的物可以是特定物，如我有一幅齐白石的画；也可以是种类物，如我有一份齐白石画的印刷品。

八、有主物和无主物

依据是否确定归属，物分为有主物和无主物。有主物是已归属特定主体所有或占有的物，无主物是没有所有权人也没有占有人的物。应当注意，有主物和无主物中的主，不限于所有权人，也包括占有人。[①]

有主物和无主物的分类意义在于：无主物一般归国家所有；不必归国家所有的无主物按先占原则由先占有人取得所有权，例如，从垃圾中捡得的废品。

九、可分物和不可分物

依据分割是否损害物的价值或用途，物分为可分物和不可分物。可分物是分割后不损害物的价值或用途的物，例如，一大袋大米分拆为几小袋，价值和用途

---

① 参见李锡鹤：《物权论稿》，中国政法大学出版社2016年版，第68页。

不变。不可分物是分割后损害物的价值或用途的物，例如，一辆汽车分拆后就成为汽车零部件，价值减少，用途变更。

可分物和不可分物的分类意义在于：共有关系消灭时，共有的不可分物只能就出卖共有物所得价款进行分配，不能要求分割不可分物。

思考题

1. 现代社会的物权客体应作何理解?
2. 评析我国《民法典》关于物权客体的规定。
3. 简述特定的物与特定物的区别。

延伸阅读

1. 孟勤国:《物的定义与〈物权编〉》，载《法学评论》2019年第3期。
2. 林旭霞:《林业碳汇权利客体研究》，载《中国法学》2013年第2期。
3. 杨立新、王竹:《论自然力的物权客体属性及法律规则》，载《法学家》2007年第6期。
4. 申卫星:《论数据用益权》，载《中国社会科学》2020年第11期。
5. 李国强:《时代变迁与物权客体的重新界定》，载《北京师范大学学报（社会科学版）》2011年第1期。

第三章　物权法原则

导　语

物权法原则是物权法特有的基本准则。通说认为，物权法原则包括一物一权、物权法定和物权的公示公信三大原则。

一物一权原则是指一个独立的物上不能存在两个或两个以上的所有权，也不能存在内容、效力相互冲突的两个或两个以上的其他物权。“一物”是指一个独立存在的物，独立的物具有此物不同于彼物的自然属性和法律属性。“一权”不能理解为一个独立的物上只能设定一个物权，一个独立的物上可以设立性质和内容不相冲突的物权。

物权法定原则是指物权种类、内容由法律规定。这是严格物权法定主义，但学理主流观点是物权法定缓和主义，后者更能满足现实社会生活不断变化的需要。

物权的公示公信原则包括公示和公信两个相互联系的原则。公示原则是指物权人必须通过法定方式向第三人公开显示其物权设立和变动的法律事实。一般而言，不动产物权公示方式是登记，动产物权公示方式是交付，法律另有规定的从其规定。公信原则是指通过法定公示的物权具有公信力，相信公示而进行交易的善意第三人受公信力的保护。应当注意，我国《民法典》的公信原则完全不同于《德国民法典》的公信原则，物权公示的公信力有着中国特色。

第一节　物权法原则概述

一、物权法原则的功能

物权法原则是物权法特有的基本准则，体现物权法所调整财产关系的规律和需求，反映物权立法价值取向和目标，贯穿于物权具体制度、具体规则。物权法原则具有下列功能：

1. 纲领性功能

纲领性功能是指物权法原则决定物权法的性质、内容和价值取向，指引物权法的研究、制定和适用的方向和范围。

2. 适用性功能

适用性功能是指物权具体规则缺漏时可以物权法原则作为裁判依据，以使物权法足以规范社会生活纷繁复杂的财产关系。

3. 准据性功能

准据性功能是以物权法原则作为理解和适用具体规则的基本依据，确保疑难案件处理或具体规则解释符合立法意图。

二、物权法原则的辨析

我国《物权法》第一章为“基本原则”，共有八个条文。按照标题字面文义，该章似乎全是物权法原则，实际并不尽然，该章除物权法原则外，还有其他内容。我国《民法典》物权编将《物权法》第一章的“基本原则”改为“一般规定”，原有的八个条文留下四个条文，即第205条物权法调整范围，第206条社会主义基本经济制度，第207条物权平等保护，第208条物权公示原则。其中，物权法调整范围不属于物权法原则，社会主义基本经济制度是我国法律的共同原则，物权平等保护是民事权利平等保护的重申，也不专属于物权法。

物权法原则是物权法特有的原则，包括《民法典》第116条的物权法定原则、第208条的物权公示原则、《民法典》未规定但学理上公认的一物一权原则。[①]这三大原则分别从物权确认、物权变动、物权秩序三个方面建构了物权法的内在逻辑，成为物权法的基本支柱。

有些学者提出，物权法原则应包括平等保护原则、区分原则、物权特定原则。平等保护原则是指物权主体地位平等、适用规则的平等、法律保护平等，[②]这同样存在于其他民事权利，不专属于物权。区分原则是指法律行为引起物权变动时，应区分物权变动原因与物权变动结果，区分债权变动的法律行为和物权变动的法律行为，分别生效，[③]这只是物权变动的一般规则，不具有基本原则功能，且学理上有不同见解。物权特定原则是指物权客体必须特定化，与其他物有明确区分，要求物已存在和物必须特定，[④]这是物权客体属性之一，无基本原则的内涵。

三、物权优先债权原则的澄清

物权优先债权原则是指同一物上既有物权又有债权的，物权优先于债权。这一原则的依据是传统学理的物权优先债权效力，本书第一章第二节已论述物权与债权的客体不同，没有机会同一物上相互冲突，根本不存在物权优先债权的效力，因而，也就不存在物权优先债权原则。

---

① 参见杨立新:《物权法》(第三版)，中国人民大学出版社2009年版，第14页。
② 参见王利明:《物权法研究》(修订版)(上卷)，中国人民大学出版社2007年版，第147—148页。
③ 参见孙宪忠:《中国物权法总论》(第三版)，法律出版社2014年版，第279页。
④ 参见孙宪忠:《中国物权法总论》(第三版)，法律出版社2014年版，第322页。

物权优先债权虽然是一个常识错误，却一直深刻影响学理。我国物权法立法时，基于学者普遍认同物权优先债权，全国人大法工委物权法立法草案第一、二稿出现了物权优先债权原则。基于物权二元理论比较充分地证明了物权优先债权原则是一个伪命题，全国人大法工委物权法立法草案第三稿删除了物权优先债权原则。立法机关的这一决定引发众多学者的批评，立法机关于2005年4月召开“物权优先债权专题研讨会”听取不同意见争辩，[①]最终，我国《物权法》抛弃了物权优先债权原则。尽管如此，曾有最高人民法院学者编著的《〈中华人民共和国物权法〉条文理解与适用》依然将物权优先债权列为物权法原则，司法实践中有依据物权优先债权原则的生效判决，不少学者依然将物权优先债权原则作为课堂讲授的必有内容。[②]消除物权优先债权原则的错误认识和不良影响任重道远。

第二节　一物一权原则

一、一物一权原则的含义

一物一权原则的初始含义是指一个物上只能有一个所有权，一个所有权只能存在于一个物上。[③]具体而言：

1. 一物是一个独立的物

独立的物具有此物不同于彼物的自然属性和法律属性。有些物可从形体或外观上区分，例如，这把椅子不同于其他椅子；有些物在形体或外观上不易区分，需要一定标识，例如，这块土地依靠四至标识区别于其他土地。但是，独立的物最终取决于法律属性，一把椅子是否为独立物取决于交易内容，交易的是一个椅子，这个椅子是独立物；交易的是一套桌椅，这套桌椅是独立物，椅子只是桌椅的组成部分。物的一部分不能设定所有权，一物的某一部分未与该物分离不能成为所有权客体。

2. 一权是一个所有权

一个独立的物只能有一个所有权，不能同时设立两个或两个以上的所有权，因为一个独立的物并存数个所有权会产生该物归属于谁的争议，难以定分止争。一权，不是指一个独立的物上只能设定一个物权，一个独立的物上可以设立性质

① 会议邀请了赞成物权优先债权原则的崔建远教授、陈小君教授，反对物权优先债权原则的孟勤国教授、戴孟勇教授，全国人大法律委员会主任委员杨景宇同志主持会议，全国人大法律委员会和法工委的副主任与会听取了一个上午的辩论。

② 参见崔建远：《物权：规范与学说——以中国物权法的解释论为中心》（上册），清华大学出版社2011年版，第87—89页。

③ 参见谢在全：《民法物权论》（修订五版）（上册），中国政法大学出版社2011年版，第13页。

和内容不相冲突的物权，所有权和用益物权性质和内容不同，相互之间不产生非此即彼的冲突，可以并存于同一物。

3. 数个独立的物可聚合为一个集合物

一个集合物上可以也只能设定一个所有权。所有权一般设定于单一物或合成物，也可以设定于集合物，因为集合物如企业资产是现代社会重要而普遍的物权的客体。数个独立的物可依据法律规定聚合为一个集合物，我国《民法典》第396条规定的生产设备、原材料、半成品、产品抵押，即为动产集合物的抵押。

一物一权原则最初基于一物一所有权的认识，但一物一权原则的实际意义和功能覆盖整个物权，不限于所有权。一物一权原则的核心要义是一个独立的物，无论是单一物、合成物或集合物，都不能有内容和效力相互冲突的物权，所有权如此，其他物权也如此。由此，一物一权原则有了更为具体的含义，即一个独立的物上不能存在两个或两个以上的所有权，也不能存在内容、效力相互冲突的两个或两个以上的用益物权或担保物权。

二、一物一权原则的理由

一物一权原则是学理通识，但我国《物权法》未作规定，有学者认为一物一权不是也不应成为物权法基本原则。[①]这值得商榷。我国《民法典》也未规定一物一权原则，但就物权编内容而言，无违背一物一权原则的制度和规则，贯彻的依然是一物一权原则，这是因为：

1. 一物一权原则全面反映了物权法本质特征

（1）一物一权原则体现物权的直接支配性。支配权的存在和实现以支配对象的特定性为前提，一物一权首先要求明确“一物”，进而要求“一权”，使得物权人能以直接支配特定的物的方式行使所有权和其他物权。

（2）一物一权原则体现物权的排他性。物权的排他性产生物权的排他效力，一个独立的物不能有两个性质和内容冲突的物权，物权排他效力才能实现。一物一权原则维护了物权的基本秩序，一个独立的物只能有一个所有权，但可以存在不相冲突的他物权；构建了物权的内在秩序，物权人依法按照自己的意思行使和实现物权，排除第三人干涉，维护了物权的外部秩序。

2. 一物一权原则功能有别于其他物权法原则

（1）有别于物权法定原则。物权法定原则确定哪些权利能够纳入物权体系和物权有什么权利义务，一物一权原则解决的是同类物权能否并存同一物上的问题，两者范畴完全不同。

---

① 参见孙宪忠：《中国物权法总论》（第三版），法律出版社2014年版，第259—260页。

（2）有别于物权公示公信原则。物权公示公信原则解决的是物权变动事实如何得到社会承认和保护的问题，一物一权原则是公示公信原则的前提和目的，没有一物一权原则，物权的公示公信只能显示混乱的物权，无法确认物权、保护交易安全。

3. 我国《民法典》贯穿了一物一权原则

（1）一物一权的结构体系。我国《民法典》借鉴了《德国民法典》的所有权、用益物权、担保物权体系，这一体系的基石是一物一权原则。一个独立的物只有一个所有权，但允许数个所有权人共享一个所有权，只要采用这一所有权结构，就不能违背一物一权原则。我国《民法典》规定的国家所有权、集体所有权、私人所有权都体现了所有权的独一无二性。所有权内部层次性不影响所有权的唯一性，集体组织成员权、出资人权利属于所有权内部权利，不是另一个所有权。

（2）一物一权的具体规则。我国《民法典》具体规则贯穿了一物一权原则。例如，我国《民法典》第322条规定："因加工、附合、混合而产生的物的归属，有约定的，按照约定；没有约定或者约定不明确的，依照法律规定；法律没有规定的，按照充分发挥物的效用以及保护无过错当事人的原则确定。因一方当事人的过错或者确定物的归属造成另一方当事人损害的，应当给予赔偿或者补偿。"加工、附合、混合均为添附，添附物是一物，只有一个所有权，必须确定所有权归属。

反对一物一权原则的主要理由是没有必要和易生歧义。没有必要是指物权排他效力等同于一物一权原则，易生歧义是指一物一权原则难以解释建筑物区分所有权。这两个理由明显不当。首先，"没有必要"推导不出一物一权不是物权法原则，因为物权效力和物权原则是不同语境下的概念，功能上相互不可替代，如果物权效力可以取代一物一权原则，物权法定原则和物权公示公信原则同样可被取代。同时，一物一权原则的内涵从无歧义，建筑物区分所有权没有丝毫违背一物一权原则之处，只不过一物形态和一权内容因时代变迁而有所差异。

三、一物一权原则的意义

一物一权原则起源于罗马法。罗马共和国晚期出现所有权这一财产权形态，此前的家父权转化为所有权，财产权成为一种完全的控制权。罗马法的所有权具有唯一性，所有权遍及物的全部，不得属于两人。罗马法区分了所有和占有，某物在所有权确定的情况下为他人占有，占有人非依法律规定不能成为所有权人，即使是合法占有，占有人也只享有占有权。[①]近代以来，物的商品性和交易性不

① 参见王利明：《一物一权原则探讨》，载《法律科学（西北政法大学学报）》2009年第1期。

断扩大和深化，交易安全的需求越来越强烈，一物一权原则逐渐清晰为物权法原则。[①]

一物一权原则的根基是罗马法的所有权。大陆法系内尽管存在法国财产法体系和德国物权法体系，但在一物一权原则上没有分歧，因为他们有着共同的所有权概念。所有权遍及物的全部，只能有一个所有权。同时，要落实一个所有权，先要界定一物。一物一权原则是罗马法所有权的产物，其使命在于维护罗马法所有权。现代社会出现大陆法系和英美法系相互融合的趋势，但财产权上依然泾渭分明，英美法系财产法从来没有罗马法意义上的所有权，一项财产上可以存在各自独立的财产权，将英美法系中的财产权理解为“所有权的分割”是大陆法系学者常有的错觉。罗马法所有权之所以至今没有被英美法系财产法所异化，大陆法系民法体系之所以至今没有被英美法系私法体系瓦解，一物一权原则功不可没。一物一权原则是大陆法系财产法的基石。

一物一权原则在我国具有重大实践意义。企业法人财产权性质一直是重大争议问题，有学者提出国有企业法人所有权，[②]全国人大法工委物权法立法草案第二稿出现法人所有权名词，引发国家对国有企业有无所有权的疑问。物权二元理论坚持一物一权原则，国家对国有企业资产享有所有权，国有企业法人财产权仅为经营权。[③]也有学者认为国有企业上既有国家所有权也有国有企业法人所有权，是一物一权原则的例外。[④]一物一权原则是物权法根本原则，决定物权的“是或不是”，一旦有例外也就否定了事物的根本属性，最终，我国《物权法》和《民法典》删除了“法人所有权”一词。

第三节 物权法定原则

一、物权法定原则的含义

我国《物权法》第5条规定:“物权的种类和内容，由法律规定。”我国《民法典》第116条作了同样规定。这是物权法定原则的概括性规定。物权法定，是指物权的种类、内容由法律规定，具体而言：

---

① 参见［日］川岛武宜:《民法总则》，有斐阁1965年版，第145页。转引自梁慧星、陈华彬:《物权法》(第四版)，法律出版社2007年版，第42页。

② 参见梁慧星:《以股份公司和有限责任公司形式改组国有大企业》，载《法学》1996年第9期。

③ 参见孟勤国:《也论法人所有制》，载《中青年经济论坛》1988年第4期;《国有企业法人所有权不可行》，载《人民法院报》理论版，2004年11月5日。

④ 参见王利明:《物权法论》，中国政法大学出版社1998年版，第131页；尹田:《论一物一权原则与“双重所有权”理论冲突》，载《中国法学》2002年第3期。

1. 物权的种类法定

这是指哪些权利属于物权由法律明确规定，法律没有规定的，可以是债权或其他权利，但不是物权。我国《民法典》规定了所有权、用益物权和担保物权的种类。当事人可以在法定的物权种类中设定物权，如设定土地承包经营权或土地经营权。如果当事人自行设定一项法定物权种类中没有的权利，即便当事人约定为物权，也不产生物权的效力。

2. 物权的内容法定

这是指物权的关键性权利、义务由法律明确规定，当事人不得改变物权的关键性权利、义务。所谓关键性权利、义务，是指强制性规范确立的权利、义务，例如，农村土地承包经营权的使用权能限于农业生产，当事人不能约定将土地用于建设用途，因为非经批准不得改变土地用途是土地承包经营权人的强制性义务。

学理上，对物权法定原则的“法”有不同理解，有主张包括行政法规、司法解释[①]，有主张包括司法解释、习惯法、我国所参加的造法条约[②]。我国《民法典》第11条规定：“其他法律对民事关系有特别规定的，依照其规定。”一般认为，我国《民法典》采用的是将法律和行政法规并列的用词方式，因而，《民法典》第11条所讲的“其他法律”是指狭义的法律，不包括行政法规、部门规章、地方性法律。狭义的法律如《土地管理法》《矿产资源法》《森林法》《渔业法》《民用航空法》《海洋环境保护法》《水污染防治法》《海商法》等。

二、物权法定原则的历史

物权法定原则起源于罗马法。罗马法只有具体的物权类型，实体权利需要类型有限的诉权保障，自然形成物权法定主义。《德国民法典》出现抽象的“物权”概念，物权不是具体物权的简单集合，可依据性质与构成要件识别，存在物权泛滥的逻辑风险，需要物权法定原则封闭物权。

日本、韩国以及我国台湾地区“民法典”均有物权法定原则。《日本民法典》第175条规定：“物权，除本法及其他法律所定者外，不得创设。”《韩国民法典》第185条规定：“物权，除依法律或习惯法外，不得任意创设。”我国台湾地区“民法典”第757条规定：“物权除依法律或习惯外，不得创设。”瑞士、德国民法典没有规定物权法定原则，主要是学理认为不规定不影响民法基本原理解释和适用法律规范的功能，从立法文件、制度设计以及法律解释上，物权法定原则是

① 参见温世扬、廖焕国：《物权法通论》，人民法院出版社2005年版，第75—76页。

② 参见马俊驹、余延满：《民法原论》（上），法律出版社1998年版，第345页。

物权法原则。[①]

物权如何法定是一国或地区政治、经济以及法律传统等多种因素影响的结果。现代社会，随着全球化，各国或地区法律尤其是民事法律出现趋同化趋势，唯有物权法表现出强烈的时代性、地域性。各国或地区都有一些独特的物权类型，《德国民法典》的土地债务、实物负担，《日本民法典》的先取特权，我国《民法典》的建设用地使用权、土地经营权，我国台湾地区“民法典”的典权等。相同物权的具体类型和实现方式也不一致，如担保物权。

三、物权法定原则的意义

物权法定原则确定物权的种类、内容，规范物权关系，明确物权的权利义务，具有定分止争的作用。例如，为避免土地所有权人、土地承包经营权人与地役权人之间的利益冲突，我国《民法典》第378条规定：“土地所有权人享有地役权或者负担地役权的，设立土地承包经营权、宅基地使用权等用益物权时，该用益物权人继续享有或者负担已经设立的地役权。”第379条规定：“土地上已经设立土地承包经营权、建设用地使用权、宅基地使用权等用益物权的，未经用益物权人同意，土地所有权人不得设立地役权。”

物权法定原则有利于物尽其用。物权的种类和内容是一种标准化的法律模板，指引和规范所有权人和其他物权人对物的利用。当事人无须磋商和争议其他物权的内容，直接依据法律模板设定和行使物权，减少交易成本和行权成本。所有权可以激发所有权人创造财富的积极性。非所有权人依据他物权享有对物的支配权，可以减少物因所有权人不能或不愿而产生的闲置或低效，充分发挥物的效用。

物权法定原则应适应社会生活需求。例如，我国《物权法》颁布以来十多年，我国农村土地承包经营方式向技术化、规模化转变，为适应农村土地流转需要，我国《民法典》新增了土地经营权，允许土地承包经营权人将土地经营权流转他人。

四、违反物权法定原则的后果

我国《民法典》未直接规定违反物权法定原则的法律效果。一般而言，违反物权法定原则可产生三种法律效果：

1. 违反种类法定不被认可为物权

当事人设定法律所没有的物权类型不具有物权效力。例如，有一些学者主张

---

① 参见朱岩、高圣平、陈鑫：《中国物权法评注》，北京大学出版社2007年版，第51页。

我国《民法典》应规定典权。典权确是我国历史上的特有物权，但我国《民法典》没有规定典权，表明典权不是我国《民法典》的物权，当事人即便约定典权也不产生物权效力，我国当下的典当公司只从事“动产当”的业务，无“不动产典”的业务。

2. 违反内容法定不发生物权效果

当事人按照物权种类设定物权，但内容违背法定内容，不发生物权效果。[①]例如，名为“建设用地使用权”实为租赁关系。当事人设定的物权不符合法定内容，以物权法定内容为准，例如，我国台湾地区“民法典”第912条规定：“典权约定期限不得逾30年，逾30年者缩短为30年。”当事人设定的物权有违反禁止性规定的内容，违反禁止性规定的部分无效。[②]

3. 无效法律行为的效力转换

物权的设定、移转行为因违反物权法定原则而无效，如果符合其他法律行为的生效要件，可产生其他法律行为的法律效果。物权的设定或移转欠缺某些条件，依法不能被认可或产生物权效果，但当事人意思表示真实自愿，其行为可产生相应的法律效果。[③]

五、物权法定原则的缓和

我国《物权法》和《民法典》立法时，不少学者主张物权法定原则的缓和。[④]全国人大法工委物权法立法草案一直采用物权法定缓和主义，第七稿也是最后一稿第5条规定：“物权的种类和内容，由法律规定；法律未作规定的，符合物权性质的权利，视为物权。”但《物权法》表决前，有学者指责物权法定缓和主义就是物权自由主义[⑤]，《物权法》删除了物权法定缓和的内容，转为严格的物权法定主义。我国《民法典》也延续了《物权法》的这一规定。

严格的物权法定主义，建立在法律规定的物权种类和内容与社会需要相一致的基础上，是一种理想化设计。事实上，法律规定的物权种类和内容很难与社会需要完全一致，即便立法时一致，随着社会生活变迁也会出现脱节，物权法定主义不应绝对和僵化，以免成为社会发展的绊脚石。物权法定原则应有一定的弹性空间：对赋予一定物权效力且有益于社会生活的，可依具体情形赋予若干物权效

---

①③　参见孙宪忠：《中国物权法总论》（第三版），法律出版社2014年版，第266页。

②　参见刘家安：《物权法论》（第二版），中国政法大学出版社2015年版，第34页。

④　参见张志坡：《物权法定缓和的可能性及其边界》，载《比较法研究》2017年第1期；申卫星：《物权法定与意思自治——解读我国〈物权法〉的两把钥匙》，载《法制与社会发展》2013年第5期；杨立新：《民法分则物权编应当规定物权法定缓和原则》，载《清华法学》2017年第2期。

⑤　参见梁慧星：《是“物权法定”还是“物权自由”》，载《人民法院报》2006年11月20日，D005版。

力；在不逾越或抵触物权核心内容的条件下类推适用，形成与物权相同或相当的法律利益；习惯法意义的物权只要固定、合理、有效，可以视为物权。[①]

物权法定原则缓和不是否定物权法定主义。物权法定原则缓和的前提是坚持物权法定原则。与物权法定主义对立的是物权自由创设主义，这不是物权法定原则缓和。物权法定原则缓和是缓和物权法定原则的僵化性，目的是平衡与协调物权领域的自由与秩序。坚持物权法定主义与物权法定原则缓和相一致，本质上是意思自治原则在物权法上的体现。[②]

第四节 公示公信原则

一、公示原则的含义

物权具有对世性、排他性，可以对抗特定或不特定的人，但前提是特定或不特定的人知道或能够知道物权的存在和内容。物权必须以一定方式公开示之，使特定或不特定的人能从外部认识到物权的存在和内容。公示原则是各国物权法的基本原则，我国《民法典》也不例外。

公示原则是指物权人必须通过法定方式向特定或不特定的人公开显示其物权设立和变动事实。公示将物权设立和变动事实对外公开，使得物权具有可识别性。公示不是广而告之，而是在一定范围内向社会公开，特定或不特定的人能以一定方式了解物权状态。一般而言，不动产物权的公示方式是登记，动产物权的公示方式是交付或占有。

物权公示属于强制性规则，其特点是：

1. 物权变动以法定方式公示

例如，我国《民法典》第209—214条规定房屋买卖必须办理登记，第425条、第429条规定动产质权的设定必须移转动产占有。物权公示方式由法律规定，法定的公示方式只有登记和交付，不动产不经过登记，动产不经过交付，不发生物权变动的效力。

2. 物权公示的效力法定

例如，登记的效力有成立要件和对抗要件的区分，法律规定是成立要件的，不办理登记不发生物权变动效力；法律规定是对抗要件的，不办理登记不影响物权变动，但不能对抗第三人。

---

① 参见谢在全：《民法物权论》（修订五版）（上册），中国政法大学出版社2011年版，第37—38页。
② 参见杨立新：《民法分则物权编应当规定物权法定缓和原则》，载《清华法学》2017年第2期。

3. 违反公示原则后果法定

例如，我国《民法典》第232条规定："处分依照本节规定享有的不动产物权，依照法律规定需要办理登记的，未经登记，不发生物权效力。"

关于物权公示的对象，有多种学理观点，主要有物权变动说、物权状态与变动说、物权状态说。[①]这些学说意义不大也不够准确。其实，物权公示的对象就是物权本身，包括物权的主体、客体和内容。特定或不特定的人需要知晓的是静态的物权，而不是物权变动行为，不动产登记可显示物权变动轨迹，但审查物权变动轨迹不是特定或不特定的人的义务，特定或不特定的人只需知道物权状态就可以决定是否与之交易，或予以应有的尊重。

二、公示原则的历史发展

历史上，不动产物权公示方式曾有交付和登记两种。古罗马法时，动产或不动产都以交付作为物权的公示方法。我国唐代有立契、申牒或过割制度，宋代出现以征收税赋为主要目的的田土登记。通说认为，登记成为不动产物权公示的主要方式源于12世纪左右的德国，当时德国北部都市的不动产物权变动须记载于市政会的都市公簿。18世纪，普鲁士联邦和法国的抵押权登记得到复活。[②]随着物权的发展，登记成为近代社会以来不动产物权的普遍公示方法。

动产物权公示方法自古以来就是交付。不论是罗马法还是日耳曼法，移转动产占有标志着动产物权转移。动产物权以交付为公示方式是生活经验的必然，动产无所不在，随时交付，一般情况下其物权难以登记方式公示。近代以来，动产的形式和价值不断变化，一些对社会生活具有重要影响的动产，其物权也采用登记的公示方式，这就是所谓的特殊动产。例如，船舶、飞机、车辆的物权变动需要登记才具有对抗善意第三人的效力；仓单、提单、票据、证券等物权凭证用于担保也需要登记。但是，动产物权登记不代替交付，也不改变动产物权随动产交付变动的原则，仅仅产生对抗第三人的效力。

公示原则具有明确物权状态、维护交易安全和发挥物的效用的功能。不动产物权登记显示不动产的位置、面积、形状、结构、用途等不动产的自然要素，而且显示不动产现有的和曾有的物权种类、物权存续期间、物权享有人等不动产物权的法律要素，使得特定或不特定的人可以清晰了解不动产及其物权的状态，放心与物权人进行不动产及其相关的交易，在占有、使用或其他方式利用不动产上无后顾之忧。动产交付显示动产的占有状态，动产占有一般是动产物权人的一种

① 参见屈茂辉：《物权公示对象辨正》，载《长沙理工大学学报（社会科学版）》2004年第3期。
② 参见谢在全：《民法物权论》（修订五版）（上册），中国政法大学出版社2011年版，第48页。

生活经验，只要没有证据证明动产占有人并非动产物权人，特定或不特定的人就可以推定动产占有人即是动产物权人，放心与动产占有人进行动产及其相关的交易，占有、使用动产和取得收益。

三、我国《民法典》上的公示原则

我国《民法典》第208条规定："不动产物权的设立、变更、转让和消灭，应当依照法律规定登记。动产物权的设立和转让，应当依照法律规定交付。"一般情况下，不动产物权以登记公示，动产物权以交付公示，但法律另有规定的从其规定。

1. 不动产物权公示

我国《民法典》第209条至第221条是不动产物权公示的规定。第209条第1款规定："不动产物权的设立、变更、转让和消灭，经依法登记，发生效力；未经登记，不发生效力，但是法律另有规定的除外。"这里"法律另有规定的除外"情形主要有：（1）不动产物权设立和变动不以登记为要件，不动产登记只具有对抗第三人的作用，如土地承包经营权、土地经营权、宅基地使用权的登记。（2）自然资源的国家所有权无须登记，我国法律明确规定国家所有的自然资源无须所有权登记。

我国《民法典》第209条至第223条是不动产登记基本规定，包括不动产统一登记制度、预告登记、变更登记和异议登记等。

2. 动产物权公示

我国《民法典》第224条、第225条至第231条是动产物权公示的具体规定。第224条规定："动产物权的设立和转让，自交付时发生效力，但是法律另有规定的除外。"这里"法律另有规定的除外"情形主要有：（1）法律行为以外的原因引起的物权设立和变动，即《民法典》第229条、第230条、第231条规定的因征收、生效法律文书、继承等法律事实取得动产物权的情形。（2）我国《民法典》确认动产抵押的设立无须转移抵押财产的占有，不需要交付动产。（3）留置权是法定担保物权，不因当事人合意而设立，留置权人已先行占有留置物，不存在动产交付问题。

四、公信原则的含义

公信原则是指通过法定方式公示的物权具有公信力，相信公示而交易的善意第三人受公信力的保护。这里的公信力是指赋予物权具有特定或不特定的人基于信赖物权公示而进行的法律行为受法律保护的效力，即便公示的物权与真实的物权状况不相一致也受法律保护。

公信原则源自日耳曼法和法国法。日耳曼法的“以手护手”原则和“所有人任意让与他人占有其物，则只能对该他人请求返还”的规则，[①]类似于占有公信力。法国法的“动产无追及力”原则赋予了动产交付的公信力。一般认为，《德国民法典》确立了公信原则。《德国民法典》第892条规定：为依法律行为取得土地上的某项权利或此项权利上的某项权利的人的利益，土地登记簿的内容视为正确，但对正确性的异议被登记或者不正确性为取得人所知的除外。为特定人的利益，权利人在处分已登记于土地登记簿的权利方面受限制的，只有在该项限制可由土地登记簿看出或者为取得人所知时，该项限制才对取得人有效力。

《德国民法典》规定的公信原则只适用于不动产登记，不涉及动产。对于不动产，取得人只要不知登记内容是错误的，取得人就可以按照登记取得不动产物权。动产适用善意取得，取得人只有符合善意取得构成要件时，才能按照交付取得动产所有权。善意取得构成要求严苛，不仅要求交易对价合理，且要求取得人的主观认知不限于不知，取得人应知而不知也不属于善意。只要不构成善意取得，取得人就须返还动产给动产物权人，这意味着无权处分人的动产交付公示不产生公信力。

五、我国《民法典》上的公信原则

我国《民法典》不存在《德国民法典》意义上的公信原则。[②]但是，不动产登记和动产交付作为法定公示方法，也会产生一定的公信力，我国《民法典》第217条、第311条、第462条确认了物权公示的公信力。从我国《民法典》特有意义上，可以说我国《民法典》也有物权公信原则。

我国《民法典》上的公信原则的含义：

1. 经过公示的物权人推定为真实的物权人

我国《民法典》第216条“不动产登记簿是物权归属和内容的根据”的规定，确立了登记物权的权利推定效力。一般情况下，登记权利人与实际权利人是一致的，但有时会发生登记簿记载内容与产权证书不一致或与真实的权利状况不一致的情形，当事人由此争议，应以不动产登记簿为确认依据，一方当事人主张不动产登记簿记载错误应承担举证责任。具体而言，依据产权证书推定产权证书记载的权利人为实际权利人，但产权证书与不动产登记簿记载不一致的，以不动产登记簿为准。产权证书一旦被登记机关注销或变更，产权证书记载的权利人就不再是权利人。依法必须登记的物权未经登记，不发生物权设定或变动的效力。登记

---

① 参见谢在全：《民法物权论》（修订五版）（上册），中国政法大学出版社2011年版，第50页。
② 参见孟勤国、申惠文：《我国〈物权法〉没有承认登记公信力》，载《东方法学》2009年第5期。

的物权即使实际发生物权变动，未经登记不能对抗第三人。

2. 信赖公示而为的物权交易受法律的保护

我国《民法典》第311条规定的善意取得包括动产和不动产。善意取得是取得人从无权处分人处通过交易取得物权，原物权人丧失物权。取得人之所以能取得物权，是因为不动产登记或动产交付已经公示权利人，取得人信赖物权公示与之交易没有过错，应保护取得人的物权交易。交易安全是市场经济的基本秩序，是人们衣食住行的基本保障，善意取得是维护交易安全的基本要求，是人类生活经验的法律体现。

我国动产和不动产都适用善意取得，这是我国《民法典》公信原则与《德国民法典》公信原则的根本区别之处。《德国民法典》公信原则以第三人不知为善意要件，我国《民法典》公信原则以第三人不应知为善意条件，依照《德国民法典》的公信原则标准，我国《民法典》就无公信原则可言。这是不少学者的盲点，应特别注意。

思考题

1. 简述一物一权原则的含义及价值。
2. 简述物权法定原则的含义和物权法定原则缓和的意义。
3. 简述物权公示公信原则的含义及意义。

延伸阅读

1. 杨立新:《民法分则物权编应当规定物权法定缓和原则》，载《清华法学》2017年第2期。
2. 王利明:《一物一权原则探讨》，载《法律科学》2009年第1期。
3. 孟勤国、申惠文:《我国〈物权法〉没有承认登记公信力》，载《东方法学》2009年第5期。
4. 申卫星:《物权法定与意思自治——解读我国〈物权法〉的两把钥匙》，载《法制与社会发展》2013年第5期。

第四章　物权的变动

导　语

物权的发生、变更和消灭通常被概括为物权的变动，这是物权的动态运行过程。物权变动原因有法律行为、事实行为和法律规定事由。传统学理将物权变动分为基于法律行为的物权变动和非基于法律行为的物权变动，与民法总论的法律事实分类逻辑不符。

物权变动模式是理解和运用物权法规则的关键问题之一。这是指物权因法律行为发生、变更、消灭的法定方式。依据物权变动是否需要公示为生效要件，大陆法系形成了三种物权变动模式，即债权意思主义、债权形式主义和物权形式主义。其中，德国的物权形式主义以争议极大的物权行为理论为基础。

我国《民法典》确立了多元的物权变动模式，即以债权形式主义的物权变动模式为原则，以债权意思主义的物权变动模式和混合主义的物权变动模式为例外。

第一节　物权变动的含义

物权的变动是物权的动态现象，是指物权的发生、变更和消灭。我国《民法典》物权编专章规定“物权的设立、变更、转让和消灭”。

一、物权的发生或取得

物权发生有两重含义，一是从物的角度，物权发生表现为物权设立，如设立土地承包经营权、宅基地使用权、居留权；二是从物权人的角度，物权发生表现为取得物权。物权设立对于物权人而言即为物权取得，将物权发生理解为物权取得比较直接。

物权取得分为原始取得和继受取得。

1. 原始取得

原始取得，又称物权的固有取得，或称物权的绝对发生，是指物权人取得的物权与他人物权无关，是首次取得。这有两种情况，一是物权人取得的物是新的物或无主物，物上不存在他人物权，如农户新建的住房、厂家生产的产品。二是物权人取得的物存在他人物权，但物权人依据法律规定重新取得物权，与他人即原物权人意愿无关，也与原有物权无关，原有物权因公法行为或法律事由而消灭。例如，被罚没人的所有权因罚没而消灭，罚没财产归国家所有。无论哪一种方法，原始取得一旦完成，原本的非物权人就成了最初的物权人，之前的原有物权消灭，原物权人不得再主张物权。

原始取得的常见方法主要有：

（1）生产。这是指生产者以劳动创造新的产品而取得产品所有权。

（2）先占。这是指先占人在不违反法律的前提下将无主物收归己有。

（3）添附。这是指不同所有权人的物结合而成新的物，依照一定的确权依据确定新的所有权人。

（4）善意取得。这是指善意第三人依法取得无权处分物的所有权。

（5）强制取得。这是指国家以征收、罚没方式依法取得所有权。

（6）法定事由。这是指依照法律规定直接取得物的所有权，如有些国家的时效取得、我国的无主财产归国家所有。

2. 继受取得

继受取得，又称传来取得或物权的相对发生，是指物权人取得的物权源于他人物权。继受取得依不同的标准可作如下分类：

（1）方式分类。依据继受方式不同，继受取得分为移转继受取得和创设继受取得。移转继受取得是指原物权人以买卖、赠与等方式将物权转移给新物权人，物权的性质、内容、状态不变。创设继受取得，是指所有权人和他物权人创设他物权并由他物权人取得，包括用益物权和担保物权，如土地的出让、划拨、承包，根据继受范围和形态的不同而不同。

（2）标的物分类。依据继受标的物不同，继受取得分为特定继受取得和概括继受取得。特定继受取得，又称特定取得，是指继受取得特定的标的物，特定继受取得仅限于特定的标的物上的权利与义务。概括继受取得，又称概括取得，是指全部继受他人财产的权利义务。[①]例如，继承人概括取得被继承人遗产，在所继承遗产范围内承担被继承人的债务。

二、物权的变更

物权变更有广义和狭义两种含义。广义的物权变更主要包括物权主体的变更、物权客体的变更以及物权内容的变更。狭义的物权变更不包括物权主体的变更，仅包括物权客体的变更和物权内容的变更。物权主体的变更不仅包括物权主体本身变化，也包括物权主体数量的变化，严格来说，物权主体的变更其实是物权的取得和消灭。物权变更一般仅指物权客体的变更和物权内容的变更，即狭义

---

① 参见谢在全：《民法物权论》（修订五版）（上册），中国政法大学出版社2011年版，第44页。

的物权变更。

1. 物权客体变更

物权客体变更又称物权的量的变更，是指物的数量增加和减少对物权价值的影响，例如，所有权价值因物的附合而增加，抵押权价值因物的毁损而减少。对于同一物权人而言，物的数量增加或减少只影响物权价值，例如，房主装修自己的房屋。对不同物权人而言，物的数量增加或减少导致物权的变更，例如，承租人装修出租人的房屋，装修材料成为房屋的组成部分，承租人失去装修材料所有权。物的数量增加或减少达到一定程度可以产生新的物权，例如，不同所有权人的物混合在一起，形成的混合物是新的物，产生新的所有权，需要重新确定混合物的归属。

2. 物权内容变更

物权内容变更又称物权的质的变更，是指不改变物权主体和客体的情况下，物权内容有所改变，通常是在物权设定以后，双方当事人依据法律规定和合同约定变更物权的内容。物权内容中，法定的权利义务因物权法定原则而不能变更，能变更的只是法律允许当事人约定的权利义务。例如，物权的存续期限，我国《民法典》第377条规定“地役权期限由当事人约定”，故当事人可以约定地役权期限为5年，亦可约定变更为10年。又如，物权的特殊效力，我国《民法典》第403条规定：“以动产抵押的，抵押权自抵押合同生效时设立；未经登记，不得对抗善意第三人。”动产抵押权因未办理抵押权登记不具有对抗善意第三人的效力，如果后来当事人又办理了抵押权登记，就使得动产抵押权有了对抗第三人的效力。

三、物权的消灭或丧失

物权的消灭是指物权与主体分离，就物权人而言也可称为物权丧失。物权的消灭可分为绝对消灭与相对消灭。

1. 物权的绝对消灭

（1）标的物灭失导致物权消灭。例如，抵押物因火灾烧毁，抵押物的所有权、抵押权都归于消灭，烧毁后的残留物作为一个新的物，重新确定所有权。

（2）因法律行为或法律规定消灭。前者如所有权人抛弃使用期已过的物品，担保物权人明确放弃担保物权；后者如国家征收所有权人的土地或房屋、刑事判决没收犯罪人的个人财产。

2. 物权的相对消灭

这是指物权与原物权人分离，物权转移给新的物权人。物权本身只是转移，对于原物权人而言是物权消灭，对于新的物权人是物权的继受取得，对于物权而言是物权主体变更。严格而言，物权的相对消灭不是物权消灭，物权消灭一般是指物权的绝对消灭。[①]

四、物权变动的原因

物权变动的原因，是指引起物权法律关系发生、变更或消灭的法律事实，包括法律行为、事实行为和法律规定事由。

传统学理将物权变动分为基于法律行为的物权变动和非基于法律行为的物权变动，前者是指法律行为+公示（登记或交付）引起的物权变动，后者是指事实行为或法律规定直接导致的物权变动。[②]这一分类与民法总论的法律事实分类逻辑不符。民法总则的法律事实分为行为和事件，行为又分为法律行为和事实行为。与法律行为相对的只能是事实行为，不能包括事件，事件只能相对于法律行为和事实行为的上位概念即行为。这一分类将下位概念和上位概念混杂成一种分类，属于常识性逻辑错误。而且，这一分类只是为了区分法律行为引发的不同的物权变动模式，事实行为和法律规定事由直接导致物权变动，无所谓物权变动模式，没有必要为此与民法总论的法律事实分类冲突。

物权变动的原因有：

1. 法律行为

法律行为是以意思表示内容为目的的行为。引起物权变动的法律行为，在英美法和法国法中，是指买卖合同、赠与合同、互易合同等；在德国法中，是指出卖人或赠与人交付标的物的行为，这一行为被命名为物权行为，区别于买卖合同等的债权行为。我国《民法典》第224条规定：“动产物权的设立和转让，自交付时发生效力，但是法律另有规定的除外。”第209条第1款：“不动产物权的设立、变更、转让和消灭，经依法登记，发生效力；未经登记，不发生效力，但是法律另有规定的除外。”动产交付和不动产登记是引起物权变动的法律行为，至于是债权行为或物权行为，未作定性。

2. 事实行为

事实行为是没有意思表示内容和目的的行为。事实行为符合法律规定条件即发生物权变动，例如，我国《民法典》第231条规定：“因合法建造、拆除房屋等事实行为设立或者消灭物权的，自事实行为成就时发生效力。”建造房屋行为没有意思表示的内容和目的，合法建造完毕即取得所有权。

3. 法律规定事由

法律规定事由是物权变动的法定行为或事件。法律规定事由不以意思表示为

---

① 参见谢在全：《民法物权论》（修订五版）（上册），中国政法大学出版社2011年版，第45页。
② 参见［德］曼弗雷德·沃尔夫：《物权法》，吴越、李大雪译，法律出版社2002年版，第175页。

要素，直接产生物权变动，例如，我国《民法典》第243条规定的征收，第1127条规定的法定继承，第311条规定的善意取得，第318条、第319条规定的无人认领的拾得遗失物或者漂流物、发现埋藏物或者隐藏物。

引起物权变动的原因可能单一也可能复合，后者如遗嘱继承，物权变动原因须具备法律规定的死亡事由和遗嘱。

第二节　物权变动的模式

物权变动模式是指物权因法律行为发生、变更、消灭的法定方式。依据法律行为引发的物权变动是否需要公示为生效要件，大陆法系形成了三种物权变动模式，即债权意思主义、债权形式主义和物权形式主义。物权变动模式决定物权变动的要件、时间和效力，具有重要的法典意义和学理意义，是理解和运用物权法规则的关键问题之一。

一、债权意思主义

这是指依据当事人的债权合同产生物权变动效力。债权合同，如买卖合同、赠与合同、抵押合同等，是当事人意思表示的结果。债权合同生效的同时产生物权变动效力。这一模式，学理上称为债权意思主义模式。

《法国民法典》是债权意思主义模式的代表。《法国民法典》第711条规定："财产所有权，因继承、生前赠与、遗赠以及债的效果而取得或移转。"第938条规定："经正式承诺的赠与依当事人间的合意而即完成；赠与物的所有权因此即移转于受赠人，无须再经过现实交付的手续。"第1583条规定："当事人双方就标的物及其价金相互同意时，买卖即告成立，即使标的物尚未交付，价金尚未支付，而标的物所有权也于此时在法律上由出卖人移转于买受人。"这些规定表明，债权合同生效之时即为标的物所有权转移之时。具体而言，在买卖合同中，即便出卖人没有交付标的物给买受人，标的物所有权自买卖合同生效时就转移给买受人。因而，债权意思主义又称"同一主义原则"，所谓同一，即债权合同发生债权效力，同时发生物权变动效力。

《法国民法典》选择债权意思主义，一是因为法国民法并无物权与债权的区分，只有"广义财产权"，即属于民事主体的具有经济价值的权利义务综合。[1]二是法国大革命涌现的高度"意思自治"热情和"契约必须履行"的原则，形成了"合

① 参见尹田：《物权法理论评析与思考》，中国人民大学出版社2004年版，第188页。

同即法律”的立法精神。[①]《法国民法典》实施50年后，法国社会意识到这一模式不利于交易安全：债权合同经常出现不履行情形，但买受人从债权合同生效时就是所有权人，既要承受标的物的自然风险，还要承受所有权的法律负担，且第三人因不知悉当事人之间债权合同和物权变动易受利益损害。为此，法国于1855年制定了《不动产登记法》，规定不动产物权变动不登记不能对抗第三人，控制不动产交易因债权形式主义所产生的风险。但是，不动产登记只有对抗效力，不是物权变动的生效要件，法国的物权变动依然是债权意思主义。[②]

《日本民法典》借鉴《德国民法典》区分物权与债权，但物权变动模式深受《法国民法典》影响。《日本民法典》第176条规定：“物权的设定及移转，只因当事人的意思表示而发生效力。”这是债权意思主义。同时，第177条规定：“不动产物权的取得、丧失及变更，除非依登记法规进行登记，不得以之对抗第三人。”第178条规定：“关于动产物权的转让，非有其动产的交付，不得以之对抗第三人。”

二、债权形式主义

债权形式主义，又称“公示要件主义”，是指除了债权合同以外，当事人还必须履行登记或交付的法定方式才能产生物权变动效力。这是债权意思主义与登记或交付相结合的物权变动模式。[③]与债权意思主义不同，当事人的债权合同生效不能直接引起物权变动，必须完成登记或交付才能产生物权变动效力。例如，买卖合同在签字生效后10天内登记或交付，依债权意思主义，物权在签字生效时就已变动；依债权形式主义，物权在登记或交付时才发生变动，物权变动时间点完全不同。

《奥地利民法典》是债权形式主义的代表。《奥地利民法典》第426条规定：“原则上动产仅能依实物交付而转让与他人。”第431条规定：“不动产所有权仅于取得行为登记于为此项目的而设定公共簿册中时，始发生转让之效力。此项登记又称过户登记。”同时，第380条还规定，欠缺名义、欠缺合法取得形式的所有权不能转移。《韩国民法典》第188条规定：“在不动产场合，基于法律行为的不动产物权的取得、丧失及变更，非经登记，不生效力。关于动产物权之让与，非将动产交付，不生效力。”这一规定的立法理由书指出，物权基于债权契约和交付或者登记发生变动。[④]

---

① 参见孙宪忠：《中国物权法总论》（第三版），法律出版社2014年版，第287页。
② 参见杨立新：《物权法》（第三版），中国人民大学出版社2009年版，第38页。
③ 参见王轶：《物权变动论》，中国人民大学出版社2001年版，第31页。
④ 参见梁慧星主编：《中国物权法研究》（上），法律出版社1998年版，第179—180页。

三、物权形式主义

这是指依据物权变动的意思表示和登记或交付产生物权变动效力。与债权形式主义一样，登记或交付是物权变动的生效条件，是物权变动的时间点。与债权形式主义不同，物权变动不是基于债权合同，而是基于物权合意。物权形式主义将债权合同的履行行为即所有权转移行为解释或标记为物权合意，而物权合意的目的是转移所有权，不同于债权合同。由此，债权意思主义或形式主义的债权合同被分解为债权设定和物权合意两个独立的部分，债权设定属于债权合同，物权合意属于物权行为。[①]

物权行为是指以物权的取得、变更、消灭为内容和目的的法律行为，有单方行为如所有权抛弃，有双方行为如所有权移转、抵押权设定等。物权行为以登记或交付为外观形式，是物权变动的原因事实。

《德国民法典》是物权形式主义的代表。物权形式主义是德国法学的理论创造，德国法学认为，当事人订立债权合同只发生债权法上的权利义务关系，不产生物权法上的权利义务，物权变动属于物权法上的权利义务变动，应有相应的物权合同，登记或交付具有物权变动的意思合意，是产生物权变动效力的物权合同。[②]

《德国民法典》第873条规定："为转让一项地产的所有权，为在地产上设立一项物权以及转让该项物权或者在该项物权上设立其他权利，如果法律没有另外规定时，必须有权利人和因该权利变更而涉及的其他人的合意，以及权利变更在不动产登记簿上的登记。尚未登记的合意，在当事人的意思表示经过公证证明，或者该意思表示已经提交给不动产登记局，或者权利人已经将获得登记许可的证书交付给相对人时，也同时具有约束力。"第929条第1款规定："为转让一项动产的所有权，必须由物的所有人将物交付于受让人，以及双方就所有权的移转达成的合意。"第1205条规定："为设立质押权，必须由物的所有人将物交付于债权人，以及双方关于为债权人设立质押权的合意。"

一般认为，我国台湾地区"民法典"继受《德国民法典》的物权形式主义。我国台湾地区"民法典"第348条第1项规定：物之出卖人，负交付其物于买受人，并使买受人取得该物所有权的义务。这里的义务属于合同义务。第758条规定："不动产物权，依法律行为而取得、设定、丧失及变更者，非经登记，不生效力。前项行为，应以书面为之。"这里的法律行为属于物权行为。第761条第1项规定："动产物权之让与，非将动产交付，不生效力。但受让人已占有动产者，于让与合意时，即生效力。"这里的让与合意属于物权合意。

---

① 参见尹田：《物权法理论评析与思考》，中国人民大学出版社2004年版，第189页。
② 参见［德］鲍尔/施蒂尔纳：《德国物权法》（上册），张双根译，法律出版社2004年版，第86页。

第三节 物权行为理论简介

债权意思主义或债权形式主义在理论上不复杂，债权合同是一个事实，作为物权变动原因，简单明了。物权形式主义则不然，其将债权合同一分为二，将转移所有权的义务置于债权范畴，转移所有权的行为置于物权范畴，超出常识理解的范围，为此，德国法学创造了物权行为理论。随着《德国民法典》的成就和传播，物权行为理论成为物权法最为显赫的理论。

一、物权行为理论的提出

物权行为理论的雏形可溯及早期罗马法的严格形式主义。罗马法上，买卖双方须有交付象征物或实物等仪式，表明当事人一方移转所有权给另一方的意思才能转移所有权，例如，罗马市民法上的“要式买卖”和“拟诉弃权”。[①]罗马法后期，严格形式主义逐渐缓和，占有移转或交付逐渐取代交付仪式，先是现实交付，后又出现占有改定和简易交付等观念交付。要式买卖、拟诉弃权、交付，都是所有权转移的一种外观形式，具有公示意义，以利交易安全。罗马法的要式买卖和拟诉弃权是抽象物权合意的古老样本。

1840年，德国法学家萨维尼的《论当代罗马法体系》一书创立了物权行为理论：“交付具有一切契约之特征，是一个真正之契约，一方面包括占有之现实交付，另一方面包括移转所有权之意思表示。此项物权契约常被忽视，例如对于买卖契约，一般人只想到债权契约，但却忘记交付之中亦含有一项与买卖契约完全分离，以移转所有权为目的之物权契约。”[②]萨维尼通过解释交付而构建物权行为理论：

（1）交付是一个独立合同。交付是独立于“债权契约”的“一个真正的契约”，既有意思表示，又有外在行为，其目的是完成物权的设立、变更、移转或者废止等，具备一个独立合同的条件。既然交付是一个独立合同，就不可能与其原因行为即债权设定是一个法律关系，只能是原因行为之外的另一个法律关系。

（2）交付是一个独立意思表示。原因行为的意思表示是当事人承担债权法上的或者其他法律上的义务，交付的意思表示是完成物权的发生、变更、消灭，包括双方当事人对占有物和所有权转移的意思表示，与原因行为无关，是独立的物权行为。

（3）交付须具有外观形式。对世性和排他效力要求物权具有公示性，物权合意因而必须有形式要件，以物的占有取得作为其外在的行为。

---

① 参见周枏：《罗马法原论》（上册），商务印书馆1994年版，第314—318页。

② 转引自王泽鉴：《民法学说与判例研究》（第1册），中国政法大学出版社1998年版，第263页。

二、物权行为理论三原则

依据交付是独立物权行为的逻辑，形成了物权行为理论三原则。

（1）区分原则。这是指区分债权变动和物权变动两个法律事实。债权变动依据当事人之间的债权合意，物权变动依据当事人之间的物权合意。债权变动不能发生物权变动结果，物权变动须另有法律事实的支持。一个交易须区分债权行为和物权行为，按照不同的法律规则处理。以买卖为例，一个买卖分解为两部分：债权行为使得出卖人承担交付标的物的义务，此时买受人尚未成为标的物的所有权人，只有出卖人买受人达成移转标的物所有权的合意，并完成动产交付或不动产登记，买受人才取得标的物所有权。

（2）形式主义原则。这是指物权变动的意思必须依据一定的外观方式加以确定。外观方式是不动产登记和动产交付。外观方式不仅是物权变动意思的形式，也是物权公示的方式，不动产登记和动产交付作为公示方式对于第三人权益保护至关重要。不动产登记或动产交付完成的时间是物权合意成立并生效的时间点，也是物权变动的时间点。

（3）无因性原则。法律行为有要因行为和无因行为之分。要因行为，以原因为法律行为的构成要件；无因行为，不以原因为法律行为的构成要件。[①]物权行为具有无因性，其效力和结果不依赖于债权行为，即使债权行为无效或被撤销，也不导致物权行为的当然无效或被撤销。一个买卖契约无效，出卖人将标的物所有权移转给买受人的行为并不因此失效，买受人仍可取得标的物所有权并有权将标的物处分出卖给第三人，原所有权人不能向第三人请求返还，只能向买受人主张不当得利的返还。

三、物权行为理论的争议

物权行为理论的争议与其显赫同样久远，《德国民法典》制定时的自由派法官奥托·冯·基尔克在《民法典的起草和德国法》一文中严厉指责物权行为理论脱离现实生活的情况。[②]我国《物权法》立法时，对要不要采用物权行为理论也

---

① 参见梅仲协：《民法要义》，中国政法大学出版社1998年，第95页。

② “如果在立法草案中以教科书式的句子强行把一桩简单的物品买卖在至少三个法律领域内依法定程式彻底分解开来，那简直是理论对生活的强奸！一个人去商店买了一双手套，他本可以一手交钱一手拿货，可他必须瞪大了眼睛提防着要发生的三件事：（1）这是在订立一个债法上的合同，因此而产生的债务关系要清偿履行；（2）缔结了一个与其法律原因完全脱离的以所有权移转为目的的物权契约；（3）在上述两个法律行为之外，必须进行虽然是一项法律动作但不是法律行为的交付。这些不是纯属虚构吗？如果现在把实际中的一个统一的法律行为的两种思维方式编造成两种各自独立的合同，那就不是脑子里怎么想的问题，而是依思维方式超负荷损害实体权利。”转引自孙宪忠：《德国当代物权法》，法律出版社1997年版，第69页。

有争议。物权行为理论的争议点主要有：

1. 现实生活是否需要

（1）否定理由：物权行为理论系主观臆造，是法律抽象思维极端化的产物，其目的在于追求法律理论体系的闭环，并未考虑实际生活现实和司法操作简便，语言晦涩深奥，难为普通百姓所理解。①

（2）肯定理由：民法概念准确、逻辑严密是体系成功运作的先决条件，民法概念抽象度越高，越能掌握多变的经济现象，不可避免与自然语言产生距离，作为裁判者分析工具的语言与自然语言保持一定距离，反而可能是更优选择。②

2. 功能可否替代

（1）可替代理由：物权行为理论的功能在于保护交易安全，但动产善意取得与不动产公信原则对交易安全的保护几近周密，足以替代物权行为理论。物权行为无因性不利于原所有权人，当原因行为无效或被撤销时，原所有权人不能要求所有权返还，只能请求不当得利，有害静态财产安全。③

（2）不可替代理由：动产善意取得与不动产公信原则在适用上有自身的局限，在保护交易安全上不能替代物权行为。原所有权人的保护可以适当限制物权行为无因性的适用，以消除或控制物权行为无因性对静态财产安全的不利。④

第四节 我国的物权变动模式

我国的物权变动模式随着我国民事立法的进步逐渐形成。我国《民法通则》第72条第2款的财产所有权移转，体现了债权形式主义的物权变动模式。⑤《担保法》第43条⑥体现的是债权意思主义的物权变动模式，同类的还有《海商法》第13条第1款、《民用航空法》第16条。而《海商法》第9条

---

① 参见王利明：《物权行为若干问题探讨》，载《中国法学》1997年第3期；崔建远：《从解释论看物权行为与中国民法》，载《比较法研究》2004年第2期。

② 参见苏永钦：《物权行为的独立性与无因性》，载苏永钦：《私法自治中的经济理性》，中国人民大学出版社2004年版，第127页。

③ 参见孟勤国：《物权二元结构论——中国物权制度的理论重构》，人民法院出版社2002年第1版，第116页；2004年第2版，第118页；2009年第3版，第118页；法律出版社2020年修订版，第111—112页。

④ 参见孙宪忠：《再谈物权行为理论》，《中国社会科学》2001年第5期。

⑤ 《民法通则》尚无物权的概念，但所有权移转是实质性的物权变动，主编注。

⑥ 《担保法》第43条规定："当事人以其他财产抵押的，可以自愿办理抵押物登记，抵押合同自签订之日起生效。当事人未办理抵押物登记的，不得对抗第三人。当事人办理抵押物登记的，登记部门为抵押人所在地的公证部门。"

第1款[①]、《民用航空法》第14条第1款[②]体现的是混合主义的物权变动模式。最终，我国《民法典》确立了多元的物权变动模式，即以债权形式主义的物权变动模式为原则，以债权意思主义的物权变动模式和混合主义的物权变动模式为例外。

一、债权形式主义的物权变动

我国《民法典》第209条、第224条是物权变动的一般规定，其中，基于法律行为的物权变动，除当事人合同之外，须依法定方式公示，即不动产登记和动产交付，这是物权变动的基本原则。登记和交付既是法定公示方式，也是合同主给付义务，形成债权形式主义的物权变动模式。

债权形式主义体现于具体规定。如不动产物权变动，我国《民法典》第349条规定，“设立建设用地使用权的，应当向登记机构申请建设用地使用权登记。建设用地使用权自登记时设立”。第402条规定：“以本法第三百九十五条第一款第一项至第三项规定的财产或者第五项规定的正在建造的建筑物抵押的，应当办理抵押登记。抵押权自登记时设立。”又如动产物权变动，我国《民法典》第429条规定：“质权自出质人交付质押财产时设立。”第441条规定，“以汇票、本票、支票、债券、存款单、仓单、提单出质的，质权自权利凭证交付质权人时设立；没有权利凭证的，质权自办理出质登记时设立”。

二、债权意思主义的物权变动

作为例外，有些不动产物权变动不以登记为生效要件，只需债权合同生效即可。例如，我国《民法典》第333条第1款规定：“土地承包经营权自土地承包经营权合同生效时设立。”第335条规定：“土地承包经营权互换、转让的，当事人可以向登记机构申请登记；未经登记，不得对抗善意第三人。”第374条规定：“地役权自地役权合同生效时设立。当事人要求登记的，可以向登记机构申请地役权登记；未经登记，不得对抗善意第三人。”

作为例外，有些动产物权变动不以交付为生效要件，只需债权合同生效即可。例如，我国《民法典》第403条规定：“以动产抵押的，抵押权自抵押合同生效时设立；未经登记，不得对抗善意第三人。”

---

① 《海商法》第9条第1款规定：“船舶所有权的取得、转让和消灭，应当向船舶登记机关登记；未经登记的，不得对抗第三人。”

② 《民用航空法》第14条第1款规定：“民用航空器所有权的取得、转让和消灭，应当向国务院民用航空主管部门登记；未经登记的，不得对抗第三人。”

三、混合主义的物权变动

我国《民法典》第225条规定："船舶、航空器和机动车等的物权的设立、变更、转让和消灭，未经登记，不得对抗善意第三人。"该条在"动产交付"一节中，应解释为物权变动交付时生效，这与债权形式主义相同。但是，非经登记不得对抗善意第三人，又类似于债权意思主义。[①]一般而言，债权意思主义与公示对抗主义相对应，而债权形式主义与公示生效主义相对应，我国《民法典》第225条虽采取登记对抗主义，但既不同于债权意思主义，也不同于债权形式主义，学者称之为混合主义。

思考题

1. 简述物权的原始取得和继受取得。
2. 论述我国的物权变动模式。

延伸阅读

1. 王利明：《论债权形式主义下的区分原则——以〈民法典〉第215条为中心》，载《清华法学》2022年第3期。

2. 孙宪忠：《再谈物权行为理论》，载《中国社会科学》2001年第5期。

3. 屈茂辉：《民事法律行为之外的原因所致物权变动规则》，载《法学》2009年第5期。

4. 张凇纶、漆思：《现代性问题框架中的物权行为理论》，载《浙江学刊》2005年第2期。

---

① 参见尹田：《物权法》，北京大学出版社2013年版，第112页；崔建远：《物权：规范与学说——以中国物权法的解释论为中心》（上册），清华大学出版社2011年版，第228页。

第五章　物权的法定公示

导　　语

物权法定公示即通常所言的不动产登记和动产交付。登记和交付既是物权变动的生效要件，又是物权变动的法定公示程序，在物权法中举足轻重。

登记是政府管理社会公共事务的一种基本方式，是将社会公共事务中的重要信息记载于册并依法管理和使用的法定程序。依据物的状态，登记分为不动产登记、动产登记和权利质权登记。不动产登记簿是物权归属和内容的根据，不动产权属证书是不动产登记簿的外在表现形式，两者不一致时以不动产登记簿为准，但有证据证明不动产登记簿记载错误的除外。

交付是人类相互交换生活资料和生产资料的习惯行为，指占有人将自己占有的不动产、动产和权利凭证移交给他人占有。依据动产交付的实践方式，可分为现实交付和观念交付两种类型。其中，观念交付又分为占有改定、简易交付和指示交付。

第一节　物权法定公示概述

一、物权法定公示方式

物权的法定公示方式有登记和交付，登记是不动产物权的法定公示方式，交付是动产物权的法定公示方式。

登记是政府管理社会公共事务的一种方式和程序，登记机关将社会公共事务中的重要信息记载于册并依法管理和使用。现代社会，社会公共事务繁多，催生各种登记，常见的有公民身份登记、企业登记、婚姻登记、知识产权登记等，物权登记是其中之一。交付是人类生存和发展的一种基本行为，从人类初期以物易物到现代市场经济，交付一直是定分止争、物尽其用的重要方式。

登记和交付在物权法中举足轻重。一方面，登记和交付是物权效力的构成要素，物权的设立、变更和消灭一般以登记或交付作为生效要件，未经登记或交付不发生物权变动效力。有些物权虽然不以登记或交付为生效要件，但未经登记或交付不发生物权的对抗效力。另一方面，登记和交付是物权实现的程序，物权的设立、变更和消灭大多须经登记或交付的公示程序才能得以实现，登记或交付的公示程序对于有效确认和保护物权具有关键意义。

物权的登记公示具有悠久历史，不同的时代和国家的物权登记有不同模式、机制、功能，如法国的契据登记、德国的权利登记、澳大利亚的托仑斯登记等。现代社会，物权登记是确认和保护物权的必要制度，改革开放以来，我国逐渐形成了比较完备的物权登记制度。

物权的交付公示历史更为久远，在私有制、国家、权利义务出现之前，交付就是人类的日常生活方式。随着商品经济发展，交付不仅有自古以来的以手递手的现实交付，还有占有改定、简易交付、指示交付和拟制交付等交付形式，每一种交付形式都有其特定含义、用途和构成要件。交付同样具有丰富的法律意义。

二、登记的类型

依据物的状态，登记分为不动产登记、动产登记和权利质权登记。

1. 不动产登记

这是指政府登记部门将申请人申请的不动产物权事项记载于不动产登记簿的事实。我国的不动产登记机关为不动产所在地的登记机构，统一负责土地、房屋和其他地上附着物的物权事项的登记。

2. 动产登记

这是相关政府管理部门将申请人申请的动产物权事项记载存档的事实，我国的动产登记依据相关政府部门的管理职责分类登记。例如，依据《机动车登记规定》，机动车的登记机关是车辆管理所；依据《民用航空器权利登记条例》，民用航空器的登记机关是国务院民用航空主管部门（民航局）；依据《船舶登记条例》，民用船舶的登记机关是船籍港港务监督机构（海事局）。

3. 权利质权登记

这是相关政府管理部门将申请人申请的权利质押事项记载存档的事实。我国权利质押登记目前是分类登记。例如，中国证券登记结算中心登记股票质押，市场监督管理局登记浮动动产抵押，知识产权局登记知识产权质押等，但国务院已决定建立统一权利质押登记机关。[①]

三、登记的功能

1. 物权变动效力

登记是物权变动的生效要件，未经登记，不发生物权变动的效力。土地、房屋、地上附着物是人类重要的生产和生活资料，其物权变动对个人和社会可能产生影响生存和发展的后果，国家必须重点管理。登记作为不动产物权变动的生效

---

① 参见《国务院关于实施动产和权利担保统一登记的决定》。

要件，是国家管理不动产的强有力手段，且管理成本低廉。权利质押中，有些质押的权利客观上不能或难以交付，须以登记作为权利质权设立的生效要件，如基金份额、股权、知识产权、应收账款等质权。

2. 物权对抗效力

登记是物权排他的对抗要件，未经登记，不能对抗第三人。农村土地面积辽阔，用途各异，权属自然，为更多体现农民的意愿和实际需求，法律规定土地承包经营权、土地经营权和宅基地使用权的变动不以登记为生效要件，但只有登记后才能对抗第三人。特殊动产和有权利凭证的权利质权的物权变动，其生效要件是交付，但这些财产有纳入国家管理的必要，法律规定，这些财产未经登记不具有对抗第三人的效力。

3. 物权公示效力

登记是公示物权变动的法定程序，为他人知道或应该知道物权归属和状态提供可以公开的信息。登记的物权与事实的物权不相一致时，基于保障交易安全的理由，对登记公示的物权予以保护，因而登记具有权利正确的推定效力；对信赖登记而取得物权的善意第三人予以保护，登记具有保护善意第三人的公信效力。登记不仅显示物权的现有信息，而且显示物权的历史信息，具有风险警示效力。

四、交付的功能

1. 物权变动效力

交付是动产物权变动的生效要件，未经交付，动产物权不发生物权变动的效力，即便动产物权登记显示物权已经变动。交付主要是为了物权变动，[①]基于动产物权变动目的的交付一旦发生，即发生物权变动的效力，即便动产物权登记显示物权并未变动。登记作为不动产物权变动的生效要件是一种法律选择，交付作为动产物权变动的生效要件也是法律不得不认可的人类生活的自然选择。交付是一种占有状态转为另一种占有状态的过程，而占有是人类利用财产的本能事实。

2. 物权公示效力

交付是行为，占有是状态，两者在公示动产物权状态上没有区别，动产交付是为了动产占有，动产占有是动产交付的结果。动产占有人被推定为动产的所有权人，除非有相反证据证明占有人不是动产所有权人，因而占有具有动产所有权的推定力。对信赖动产占有而取得动产物权的善意第三人予以保护，交付具有保护善意第三人的公信力。

---

① 交付有以物权变动为目的的交付，也有不以物权变动为目的的交付，例如，借用、租赁、保管合同中的交付。

第二节 不动产登记

一、不动产登记的体例

不动产登记从物权变动的角度是一种法律事实，从登记业务角度是一个工作流程。不动产位置固定决定任何一项不动产均为独一无二的特定物，可以明确标识和确定无疑，登记即便出现人为错误，也可倒查纠错。不动产登记由国家法定登记机构统一实施，以国家信誉背书，且国家对登记错误造成的损失负有一定赔偿责任，因此，不动产登记具有国家公信力。

由于时代和国情不同，不动产登记制度体例有所不同，主要有：

1. 契约登记制度

契约登记也称形式主义登记，是指不动产物权的发生、变更、消灭，自当事人契约生效时发生物权变动效力，但未经登记不得对抗第三人。登记依据是当事人之间的不动产物权变动的契约，登记的内容为契约所载内容，登记机构不颁发不动产权利证书。契约登记制度始于法国，被称为法国登记制，与《法国民法典》物权变动模式的债权意思主义配套，主要适用于物权变动采用债权意思主义的国家和地区，包括法国、日本、意大利、西班牙、葡萄牙、美国的部分州等。

契约登记制度具有下述特点：

（1）除法律有特别规定外，不动产登记均为任意登记，不动产物权的变动，当事人可申请登记，也可不申请登记。

（2）登记只是对抗要件，而非生效要件，当事人登记与否不影响不动产物权变动的效力，其登记行为产生的是对抗第三人的效力。

（3）登记实行形式审查主义，登记机构对不动产物权变动无实质审查的权利。登记无公信力，当登记事项实质上不成立或无效时，不得以其对抗善意第三人。

（4）登记簿采“人之编成主义”，即登记簿以权利人为标准编成；登记内容以不动产权利的动态为主，既记入不动产的权利状态，也记入不动产权利变动的事实。

2. 权利登记制度

权利登记又称实质主义登记，也称德国登记制度，是指不动产物权依法律行为发生、变更、消灭的，须经过登记机构实质审查并具有登记形式才发生效力。权利登记制度起源于中世纪日耳曼法，又称日耳曼模式。中世纪日耳曼法庭上，为确认土地位置和土地转让的事实，法官要求当事人提供相关证据，而这些事项往往记载于土地登记簿中，其登记事项有了设权效力。《德国民法典》继受这一不动产登记模式，确立了登记强制的原则，确认不动产登记是国家登记机构的职权事务，[①]形成了物权形式主义。采用物权形式主义的有德国、瑞士、瑞典、荷兰、奥地利、匈牙利等国家和地区。

权利登记制度具有下述特点：

（1）采权利登记制度的国家和地区大多实行强制登记，例外情形是建筑物的初始登记与否由权利人自由决定。

（2）登记内容以不动产权利的静态状况为主，兼顾权利变动情形，记入不动产的权利状态，不记入不动产权利变动的事实。

（3）登记为生效要件，不动产物权变动未经登记，不产生物权变动效力。

（4）登记官对登记申请行使实质审查权，证明权利无误后方可登记，登记具有公信力，登记簿上的登记事实，纵使不成立或无效，也可以其对抗善意第三人。

（5）登记簿采“物之编成主义”，登记簿以不动产标示为构成内容，依土地地籍进行编成。

3. 托仑斯登记制度

托仑斯登记制度又称权利交付主义，也称澳洲登记制度，澳大利亚昆士兰州、英国、爱尔兰、新西兰、加拿大、美国夏威夷州与明尼苏达州等采用这种模式。这是指登记机构经实质审查后确认产权，发放权利证书便利不动产产权转移。托仑斯登记模式由罗伯特·托仑斯爵士于1858年在澳大利亚创设。托仑斯在南澳大利亚一个契据登记机构工作时，深感传统不动产产权转让程序复杂，于是将船舶产权登记引入不动产登记。

具体做法是：初次登记不动产产权，登记机构按法定程序确定不动产权利状态，制成地券。转移不动产产权时，当事人做成让与证书，连同地券交予登记机构。登记机构审查后在不动产登记簿上记载权利的变动，向新产权人交付新地券或在原地券上记载权利变动事项，使得第三人能够从地券上明确知道不动产权利的状态。

托仑斯登记制度与权利登记制度较为接近，如登记采实质审查、登记具有公信力等。但有自己的特点：

（1）强制登记与任意登记并存。例如，澳大利亚昆士兰州、新西兰、美国夏威夷州与明尼苏达州为强制登记，英国和爱尔兰是强制登记和任意登记并存且两者各有法定范围。

（2）交付权利证书。不动产权利转移时，登记机构除将相关事项记入登记簿外，还将相应权利证书交付权利人，如果土地负有物上权利负担，则应为负担登记。

---

① 参见杨立新：《物权法》（第三版），中国人民大学出版社2009年版，第41—42页。

（3）设立赔偿基金。提取登记费一部分设立一项保险基金，真正权利人因为登记遗漏或者错误遭受损害，登记机构赔偿权利人的损失。

4. 我国的不动产登记制度

我国的香港、澳门地区采用契约登记制度，而台湾地区采用权利登记制度。

我国《民法典》第210条规定："不动产登记，由不动产所在地的登记机构办理。国家对不动产实行统一登记制度。统一登记的范围、登记机构和登记办法，由法律、行政法规规定。"我国不动产登记制度是一项民事法律制度。

我国《民法典》建立的不动产登记模式，是以权利登记制度作为基本原则，但在土地地权登记、登记机构制作并颁发不动产权利证书、因错误登记致人损害给予赔偿等方面，具有托仑斯登记制度的特点。

二、不动产登记机构

根据我国《民法典》第210条，不动产登记由不动产所在地的不动产登记机构实施登记。

1. 登记机构的法定职责

我国《民法典》第212条第1款规定："登记机构应当履行下列职责：（一）查验申请人提供的权属证明和其他必要材料；（二）就有关登记事项询问申请人；（三）如实、及时登记有关事项；（四）法律、行政法规规定的其他职责。"

上述职责应当解释为登记的实质审查。理由如下：

（1）文义依据。"查验""询问""如实"这三个用词有审查申请材料与不动产真实状况是否一致的含义，不仅仅是审查材料本身是否齐备，是否真实。

（2）条文依据。我国《民法典》第212条第2款要求"必要时可以实地查看"，包括房屋所有权首次登记查看房屋坐落及其建造完成等情况，在建建筑物抵押权登记查看在建建筑物坐落及其建造等情况，注销登记查看不动产灭失等情况，不动产登记机构认为需要实地查看的其他情形。这些都不在形式审查的范围内。

（3）实践依据。我国不动产登记事实上是按照实质审查进行的。目前，不动产登记是我国最为规范、严谨、可靠、公正的政务活动，登记错误极少出现。

2. 登记机构的行为限制

我国《民法典》第213条规定："登记机构不得有下列行为：（一）要求对不动产进行评估；（二）以年检等名义进行重复登记；（三）超出登记职责范围的其他行为。"第223条规定："不动产登记费按件收取，不得按照不动产的面积、体积或者价款的比例收取。"

我国物权立法时，登记机构借不动产登记牟利现象较为普遍，如利用评估、重复登记多收登记费用，登记费用按标的额的比例收取。为此，物权二元理论的

《中国物权法草案建议稿》第41条确立了登记可收取一定的工本费规则[①]，得到《物权法》采纳并在我国《民法典》中延续。

上述限制与学理无关，只是解决现实问题的对策，维护申请人合法民事权益。事实上，《物权法》施行之后，这些不当行为已销声匿迹，我国《民法典》这些规定只是保留一段历史记忆。

3. 登记机构的赔偿责任

我国《民法典》第222条第2款规定："因登记错误，造成他人损害的，登记机构应当承担赔偿责任。登记机构赔偿后，可以向造成登记错误的人追偿。"

登记机构赔偿责任属于一般侵权责任，其构成要件是：登记出现错误；该错误是登记机构违反法定职责所产生的；申请人或利害关系人遭受损失；登记错误和申请人或利害关系人的损失有直接因果关系。例如，登记机构未及时记载抵押权使得抵押权人优先顺序退后而未能全额受偿债权。

三、不动产登记簿与权属证书

我国《民法典》第214条规定："不动产物权的设立、变更、转让和消灭，依照法律规定应当登记的，自记载于不动产登记簿时发生效力。"登记生效时间即登记机构将登记事项记载于不动产登记簿的时间，是否记载以权利人或利害关系人可以查阅为准。记载必须是记入不动产登记簿，申请人递交申请材料和登记机构审查过程不是登记。不动产登记簿是判断是否登记的唯一依据。

1. 不动产登记簿

我国《民法典》第216条规定："不动产登记簿是物权归属和内容的根据。不动产登记簿由登记机构管理。"不动产登记簿是登记机构用于记载不动产自然状态和权利事项的专用簿册，包括电子载体和纸质载体。不动产登记簿是确定不动产物权的法律根据，实现不动产登记的三大效力即物权变动效力、物权对抗效力、物权公示效力。

不动产登记簿记载事项主要有：不动产的坐落、界址、空间界限、面积、用途等自然状况；不动产权利的主体、类型、内容、来源、期限、权利变化等权属状况；涉及不动产权利限制、提示的事项；其他相关事项。不动产登记以不动产单元为登记单元，不动产单元是指权属界线封闭且具有独立使用价值的空间，在不动产登记簿上有唯一编码。

不动产登记簿由登记机构专门掌管。登记机构将本管辖区域的全部不动产建档造册，形成不动产登记簿。不动产登记簿具有以下特点：

---

① 参见孟勤国：《中国物权法草案建议稿》，载《法学评论》2002年第5期。

（1）统一性。一个登记机构管辖区域内形成统一的不动产登记簿。

（2）官方性。不动产登记簿是登记机构依照法定程序制作的档案文献，具有特定规格和形式。

（3）公开性。不动产登记簿的记载信息向社会公开，权利人和利害关系人有权查询和复制，登记机构应对查询结果和复制材料予以证明。登记机构出具的证明系合法证据，但利害关系人不得公开或非法使用。

（4）恒久性。不动产登记簿是登记机构长期保留的档案，只要不动产存在，不动产登记簿的相应记载就一直保留，登记机构负有妥善保管不动产登记簿的责任。

2. 不动产权属证书

不动产权属证书是指不动产登记后，登记机构制作和颁发给不动产权利人用于证明其享有不动产权利的证书。之前，我国不动产权属证书有国有土地使用权证、房屋所有权证和房屋他项权证等，分别证明国有建设用地使用权、房屋所有权、抵押权等。2014年国务院颁布《不动产登记暂行条例》（后于2019年修订），2016年国土资源部颁布《不动产登记暂行条例实施细则》（自然资源部于2019年进行修正），统一了不动产权属证书。不动产权属证书指土地使用权、房屋所有权的权属证书，该权证将原来分开的国有土地使用权证和房屋所有权证合并为一本不动产权证。不动产抵押权、地役权、预告登记、异议登记由登记机构颁发不动产登记证明。不动产权属证书和不动产登记证明样式，由自然资源部统一规定，加盖登记机构登记专用章。

我国历史上长期存在"地契""房契"等由官方确认和交易不动产所有权的凭证，我国不动产登记颁发不动产权证和不动产登记证明符合我国历史传统。不动产权属证书可作为不动产物权的证据，当事人之间发生权属争议时，一般情形下可依据不动产权属证书确认权利，解决纷争。但是，不动产权属证书为权利人持有，不具有公示作用，有可能被伪造、变造，我国《民法典》第217条规定："不动产权属证书是权利人享有该不动产物权的证明。不动产权属证书记载的事项，应当与不动产登记簿一致；记载不一致的，除有证据证明不动产登记簿确有错误外，以不动产登记簿为准。"不动产权属证书是不动产登记簿的外在表现形式，不动产物权的根据仍然是不动产登记簿，交付不动产权属证书本身不发生物权变动效力。

四、不动产登记的类型

不动产登记有各种业务分类：有依物权主体命名的集体土地所有权登记等，有依物权客体命名的海域使用权登记等，有依物权内容命名的地役权登记等；有依物权设立命名的首次登记，有依物权事项变更命名的变更登记，有依物权转移命名的转移登记，有依物权消灭或物权客体消灭命名的注销登记；有依更正物权信息命名的更正登记，有依物权异议命名的异议登记，有依预告物权取得命名的预告登记，有依物权查封命名的查封登记。这些不动产登记从不同的角度，以不同的方式确认和宣告物权状态和效力。对此，我国《民法典》《不动产登记暂行条例》和《不动产登记暂行条例实施细则》作了相应程序和实体规定。其中，重要的有：

1. 更正登记

更正登记是指权利人、利害关系人认为不动产登记簿记载事项错误请求更正的登记，包括主体信息错误如身份证号码有误、不动产数据错误如面积有误、权利内容错误如期限有误等。权利人申请更正登记的，应提交不动产权属证书或不动产登记证明、证实登记确有错误的证明材料、权利人身份证明等其他必要材料。利害关系人申请更正登记的，应提交利害关系材料、证实登记确有错误的证明材料、利害关系人身份证明等其他必要材料。登记机构自行发现不动产登记簿记载事项错误，应当通知当事人在30个工作日内办理更正登记。

对申请更正登记，登记机构应及时审查。不动产登记簿记载无误的，登记机构不予更正，并书面通知申请人；发现不动产登记簿记载确有错误的，应予以更正。对登记机构通知当事人办理更正登记的，如果当事人未在30个工作日内办理，登记机构应在公告15个工作日后依法更正。但是，如果错误登记之后已办理涉及不动产权利处分的登记、预告登记和查封登记的，不能更正，登记机构应等待不动产权利处分的登记、预告登记和查封登记的问题解决后，再决定是否更正登记。

更正登记终止原登记权利的正确性推定效力，杜绝第三人依据不动产登记簿取得原登记权益，也是对原登记权利的涂销登记。更正登记后，需要更正不动产权属证书或者不动产登记证明内容的，登记机构应当书面通知权利人换发，并把换发不动产权属证书或者不动产登记证明的事项记载于不动产登记簿。

2. 异议登记

异议登记是利害关系人认为不动产登记簿的记载权利错误而提出异议的登记。例如，因继承发生的物权变动登记漏掉其中一位共同继承人，该共同继承人申请更正登记，也可以申请异议登记。一般情况下，利害关系人可先请求变更登记，权利人不同意的再申请异议登记。但异议登记和变更登记的目的不同，前者是一种临时性保护措施，如果申请人认为情况紧急或没有必要变更登记，可以直接申请异议登记。更正登记不是异议登记的前提条件，异议登记具有暂时限制权利人处分不动产的效力，如果以更正登记为前提条件，可能出现不动产被提前处分的情形，异议登记的目的容易落空。我国《民法典》第220条第2款规定的“不动产登记簿记载的权利人不同意更正的，利害关系人可以申请异议登记”，不应理解为“未经变更登记不能申请异议登记”。

和更正登记一样，异议登记应提交利害关系材料、证实登记确有错误的证明材料、利害关系人身份证明等其他必要材料。与更正登记不同，登记机构对异议本身不作实质性审查，只要异议申请人提供的材料齐全，符合《不动产登记暂行条例实施细则》要求，就应当及时办理异议登记，即将异议事项记载于不动产登记簿，并向申请人出具异议登记证明。异议登记期间，不动产登记簿上记载的权利人以及第三人因处分权利申请登记的，登记机构应书面告知申请人该权利存在异议登记的有关事项，申请人申请继续办理的，登记机构应予以办理，但申请人应提供知悉异议登记存在并自担风险的书面承诺。

异议登记申请人应当在异议登记之日起15日内，提交人民法院受理通知书、仲裁委员会受理通知书等提起诉讼或申请仲裁的材料。逾期不提交的，异议登记失效。异议登记失效后，申请人就同一事项以同一理由再次申请异议登记的，登记机构不予受理。

3. 预告登记

预告登记是权利人为确保以后取得物权申请预先公示的登记。主要适用于：商品房等不动产预售；不动产买卖、抵押；以预购商品房设定抵押权；法律、行政法规规定的其他情形。预告登记生效期间，未经预告登记权利人书面同意，处分该不动产权利申请登记的，不动产登记机构不予办理。不予办理的结果是未经预告登记人书面同意的不动产处分不发生物权变动效力。

预告登记的目的是“保障将来实现物权”，解决不动产的一物二卖问题。不动产买卖协议产生买受人向出卖人要求转移不动产物权的请求权，这一请求权是债权，依据债权相对性，买受人不能阻止出卖人将不动产另卖他人。但是，与动产不同，不动产的一物二卖违背不动产管理目的，国家必须相应限制债务人对不动产的处分权限，使得债权人在债务人一物二卖时能够取得应得的物权，预告登记体现了这一宗旨。预告登记本身没有赋予债权请求权对抗第三人的效力，不存在所谓的债权物权化，只是通过预告登记的公示功能提示任何第三人不能取得预告登记的不动产物权，以债务人擅自处分不动产不发生物权效力的方式确保买受人将来取得物权。

限制处分权能是对民事权益的重大减损，须有法律明文规定。预告登记只限于当事人协议有约定的情形，如果当事人协议没有约定预告登记，买受人不能申请，登记机构不予办理。同理，人民法院或其他有权机关对不动产进行查封、预查封等限制不动产处分的情形，不能适用预告登记。不仅如此，限制处分权能也需要有所节制。预告登记后，如果出现债权请求权不复存在的情形，如买卖不动产合同解除、无效、被撤销，预告登记自然失效；如果债权人自不动产能够办理登记之日起90天内不办理登记，预告登记也自然失效。登记机构应依据职权或债务人申请注销预告登记。

预告登记产生两个效力：一是保全效力，即防止债务人擅自处分不动产。预告登记后，债务人擅自处分不动产只能产生其与第三人之间的债权效力，不能发生物权变动的法律效果。二是顺位效力，即优先取得预告登记的不动产物权。预告登记后，预告登记权利人是取得不动产物权的第一顺序权利人，预告登记权利人在债务人破产时或死亡时有取回权。

应当注意，我国商品房预售的预告登记以备案登记为前提。我国《不动产登记暂行条例实施细则》第86条要求预售房预告登记必须提交已备案的商品房预售合同。备案登记是我国《城市房地产管理法》的强制要求，是指商品房预售人必须将商品房预售合同提交政府房产管理部门（住建局）备案登记，政府房产管理部门（住建局）和土地管理部门依据备案登记监管房地产开发销售和维护购房人合法权益。备案登记与预告登记有一定差异：备案登记具有行政强制性，预告登记出于当事人合意；备案登记只适用于商品房预售合同，预告登记适用于各种不动产物权变动；备案登记无期限，预告登记有期限。但是，备案登记和预告登记的本质和功能相同，登记机构均为政府行政管理机关，均产生购房人权利对世效力，均确认购房人取得预售房所有权的权利。备案登记应有预告登记的效力。[①]

第三节　动 产 交 付

一、动产交付的含义

交付是指占有人将自己占有的不动产、动产和权利凭证移交他人占有。交付本身仅仅是财产占有状态的改变，不同情形的交付具有不同的法律性质和意义，这取决于交付当事人意思内容和法律规定。有些交付只是暂时改变占有状态，如租赁物、保管物、借用物的交付，租赁、保管、借用期满后，租赁人、保管人、借用人交还原物，这类交付是一般意义的交付。有些交付是永久改变占有状态，如基于买卖、继承、赠与等原因交付不动产或动产。因不动产交付并非不动产物权变动的生效要件，交付的物权变动性质和意义仅限于动产，“动产交付”一词

① 参见孟勤国：《论备案登记应有预告登记效力——一个事关我国经济和民生的重大法技术问题》，载《法治研究》2022年第5期。

专用于动产物权变动。

1. 动产交付的功能

我国《民法典》第224条确立了动产物权变动的交付要件主义："动产物权的设立和转让，自交付时发生效力，但是法律另有规定的除外。"

（1）证明动产物权变动合意。移交动产行为是客观可见的事实，这一事实结合当事人债权协议，确定动产交付的物权变动事实。没有交付，当事人债权协议仅仅是一方当事人关于物权变动的一种承诺。

（2）确定动产物权变动事实。没有交付就没有动产物权变动，有了交付才有动产物权的变动，交付是动产物权变动的生效要件，交付完成时间点即为动产物权变动时间点。

（3）公示动产占有状态。动产占有状态是动产物权的静态表现，占有具有权利推定力，没有相反证据，可依据占有事实推定占有人是动产所有权人。

2. 动产交付的条件

动产交付须具备一定的条件才能产生物权变动效力。

（1）交付方式须能客观辨识。客观辨识是指当事人以外的第三人可以辨识动产占有状态的改变，如动产已由张三移交给李四。动产交付方式有现实交付和观念交付。辨识现实交付可直接依据动产移交的过程和结果，辨识观念交付依据协议、通知、凭证等证明交付的证据。

（2）须移交独立的一物。动产物权变动以独立的"一物"为前提，"一物"一旦分解就不是原有的"一物"，如一辆汽车被拆解后成为各种零部件。动产交付可多次交付，多次移交种类物的，每一次移交产生所移交种类物的物权变动。先移交主物、后移交从物或逐渐移交集合物的组成部分的，以最后一次交付为动产物权变动的时间点。

（3）没有相反的证据。如果有证据证明交付不是为了动产物权变动，或者是无权处分人所为，就不是动产交付，不能产生动产物权变动效力，只能另行处理。

二、动产交付的类型

依据动产交付的实践方式，动产交付可分为现实交付和观念交付两种类型。

1. 现实交付

现实交付又称直接交付，是指一方将动产移交另一方占有，由另一方实际控制。现实交付是人类日常活动，常见的有当场交货如超市购物一手交钱一手交货、送货上门如快递小哥送外卖到订餐者处、上门提货如经销商去厂家提取产品、代办托运即一方依据承运合同将动产交给承运人相当于交付给另一方。

现实交付有两个关键要素：一是动产占有移转的事实，即动产由一方占有变成另一方占有，另一方实际控制了动产。二是当事人有移转占有的意思，如果一方没有交付的意思，另一方自行占有不构成交付；同样，另一方不知或拒绝接受交付，一方即便将动产置于另一方的控制区域也不构成交付。

现实交付也可由占有辅助人实施交付。占有辅助人是依据占有人指示占有特定的物的人，如雇佣关系的雇员、委托关系的受托人。占有辅助人对动产的占有不是自己占有，而是出于占有人意思和利益，为占有人而占有。占有人不能以为将动产交给占有辅助人就等于完成了交付，占有辅助人只有实施了交付，才能真正代占有人完成交付。例如，甲的司机将汽车交付给乙。

2. 观念交付

观念交付是指依据法律特别规定，为了交易简便，虽然不发生实际的占有移转，但可以观念的移转代替现实交付，又称“交付之代替”。[①]观念交付又分为简易交付、指示交付和占有改定三种类型。

（1）简易交付

简易交付是观念交付的一种。我国《民法典》第226条规定：“动产物权设立和转让前，权利人已经占有该动产的，物权自民事法律行为生效时发生效力。”这是指动产物权变动后的新物权人在动产物权变动前已占有该动产，现实交付已无必要，以当事人的动产物权变动合意代替现实交付，直接发生动产物权变动的效力。

先租后卖是简易交付的典型例子。甲将汽车出租给乙，一个月后，甲将该汽车出卖给乙。租赁关系和买卖关系是性质不同的法律关系，按理乙应先将租赁汽车归还给甲，甲再将买卖的汽车交付给乙，但这显属多此一举，不如买卖合同生效即发生汽车所有权变动省事。因为省去了两个交付行为，“先租后卖”之类的情形被称为简易交付。

简易交付的构成要素有三：

一是新物权人在动产物权变动前已占有该动产。我国《民法典》第226条删除了《物权法》第25条“已经依法占有”中的“依法”二字，“已经占有”是一个纯粹事实，不论占有人有权占有或无权占有，有权占有如租赁可以简易交付，无权占有如拾物不交也可以因失主和拾得人签订拾得物买卖合同而简易交付。

二是当事人具有动产物权变动的合意。我国《民法典》第226条的“民事法律行为”仅限于以物权变动为目的的法律行为，是先租后卖的卖，不包括租。租和卖是两个法律行为，前者与物权变动无关，后者以物权变动为目的。

三是民事法律行为生效与物权变动生效合二为一。一般情况下，民事法律行

---

① 参见谢在全：《民法物权论》（修订五版）（上册），中国政法大学出版社2011年版，第90页。

为生效产生债权请求权，动产物权变动效力有待动产交付，由于权利人之前已占有该动产，民事法律行为含有确认之前的他主占有转为自主占有的意思，民事法律行为同时产生债权请求权和动产物权变动效力。

（2）指示交付

指示交付是观念交付的一种。我国《民法典》第227条规定："动产物权设立和转让前，第三人占有该动产的，负有交付义务的人可以通过转让请求第三人返还原物的权利代替交付。"

第三人在动产物权变动之前占有动产，现实交付暂无可能或没有必要，以当事人动产物权变动合意代替现实交付，直接发生动产物权变动的效力。例如，甲将汽车出租给乙，租赁期内又将该汽车出卖给丙，无法现实交付，甲与丙约定租赁期满后由丙直接向乙要求返还汽车，省去租赁期满乙将汽车交还甲的环节。指示交付可以维护第三人对动产的占有，又消除了第三人占有对物权人处分权的限制，具有物尽其用的意义。

指示交付和简易交付的主要区别在于动产物权变动前的占有主体不同，第三人占有动产的是指示交付，新物权人占有动产的是简易交付。指示交付和简易交付一样，须具备第三人在动产物权变动前已占有该动产、当事人具有动产物权变动合意的构成要素。不一样的是，由于指示交付须有当事人关于指示交付的约定，民事法律行为生效与物权变动生效不一定合二为一，是否合二为一取决于指示交付的约定时间，如果买卖合同有指示交付约定，买卖合同生效之时即发生物权变动效力；如果买卖合同之后另行约定，约定生效之时才发生物权变动效力。

指示第三人交付动产给新物权人，但第三人与新物权人并无债权债务关系，要求其承担交付动产于新物权人的义务须有正当理由。物权具有对世性，可以约束第三人，返还原物请求权是指示交付的合法性基础。返还原物请求权归属于新物权人是动产物权变动的结果之一，要求第三人返还已归属于新物权人的动产在物权范畴之内，且不损害第三人利益，理由正当。但是，指示交付导致第三人须向新物权人履行归还原物的义务，应及时通知第三人，同时，第三人有权审核动产物权变动的真实性、合法性，以免出现第三人交付错误的争议。

（3）占有改定

占有改定是观念交付的一种。我国《民法典》第228条规定："动产物权转让时，当事人又约定由出让人继续占有该动产的，物权自该约定生效时发生效力。"占有改定也称继续占有，是指动产物权的转让人与受让人在物权转让时约定动产由出让人继续占有，以当事人继续占有合意代替现实交付，直接发生动产物权变动的效力。

先卖后租是占有改定的典型例子。甲将钢琴出卖给乙，买卖合同生效，但双方在买卖合同或单独的租赁合同中约定甲租用钢琴一年，约定生效时，钢琴所有权即归属于乙，但甲继续占有钢琴。与简易交付一样，占有改定省去了甲基于买卖合同交付钢琴给乙，乙再基于租赁、借用、承揽等合同将钢琴交付给甲这两个交付行为。与简易交付的“先租后卖”相反，占有改定是“先卖后租”即先卖出后租回。

占有改定的构成要素有三：

一是出让人继续占有转让的动产。由于生活或生产需要，出让人不能在转让合同生效时现实交付，但受让人需要及时取得动产物权，不现实交付意味着不能取得动产物权，动产物权变动但出让人继续占有动产可以满足双方需求。

二是当事人形成物权转让和继续占有两个合意。物权转让合意和继续占有合意可以同时也可以不同时形成，但两个合意的逻辑关系是物权转让合意在先继续占有合意在后，物权转让合意导致物权变动，才有继续占有事实。

三是继续占有自约定生效时发生效力。继续占有的生效与物权变动生效不一定合二为一，是否合二为一取决于继续占有的约定时间，如果转让合同有继续占有的约定，转让合同生效之时产生继续占有的效力；如果转让合同之后另行约定，约定生效之时产生继续占有的效力。

思考题

1. 简述物权法定公示方法的意义。
2. 简述登记和交付的功能。
3. 如何理解不动产登记簿与不动产权属证书间的关系？

延伸阅读

1. 孟勤国：《论备案登记应有预告登记效力——一个事关我国经济和民生的重大法技术问题》，载《法治研究》2022年第5期。
2. 王利明：《论民法典物权编中预告登记的法律效力》，载《清华法学》2019年第3期。
3. 王崇敏：《我国不动产登记制度若干问题探讨》，载《中国法学》2003年第2期。
4. 杨代雄：《拟制交付在物权变动中的公示效力——兼论我国〈物权法〉第26条的修订》，载《重庆工学院学报（社会科学版）》2008年第6期。
5. 屈茂辉：《不动产登记申请的法理与规则》，载《法学研究》2007年第1期。

第六章　物权保护与占有

导　语

物权保护是宪法、行政法、刑法、民法等法律部门的共同任务，民法承担物权保护的基本工作。物权保护的价值取向是物权平等保护，即平等保护不同主体的物权、平等保护不同的物权。

物权保护是物权人在物权受侵害时的救济方式，具体方法包括返还原物、排除妨害、消除危险、确认物权、恢复原状、损害赔偿。传统学理将前三种称为物权请求权，后三者称为债权请求权。

自力救济对于私有财产保护具有特别重要的意义。依据自力救济的行为方式，自力救济可以分为自力请求、自卫行为、自助行为。我国《民法典》新增的自助行为是普遍易行、简便高效的自力救济，有助于强化物权保护。

占有是民法和物权法的基础性概念，与物权保护密切相关。我国《民法典》没有占有定义，释义应采纳占有事实说。占有事实的保护具有独立性，占有人在占有受侵害时有恢复占有状态的物上请求权。

第一节　物权保护概述

一、物权保护的含义

我国《民法典》物权编第三章的标题是“物权的保护”，共7条，除了第233条规定物权保护的法定路径、第239条规定物权保护方式的适用外，其余5条均系物权的具体保护方法。传统学理将物权的具体保护方法解释为物权请求权或债权请求权。

物权是基本的财产权利，物权保护是宪法、行政法、刑法、民法等法律部门的共同任务，民法承担物权保护的基本工作。物权保护分为公力救济和自力救济，公力救济是指物权人在物权遭到侵害时请求国家机关保护自己的物权，自力救济是指物权人在物权遭受侵害时以自己行为维护自己的物权。公力救济依靠公权力阻止侵权和恢复受侵害的物权，在公力救济不能及时到达的情形下，自力救济可以阻止侵权和保护受侵害的物权。

我国《民法典》的物权保护，除了宣示性保护条款外，主要由两部分组成：一是我国《民法典》物权编第三章的具体物权保护方法，这些方法以恢复物权状态为保护目的，包括：物权发生争议时确认物权；原物被他人无权占有时请求返还原物；物权被他人妨害时请求排除妨害或消除危险；物被他人毁损时请求修理、重作、更换或者恢复原状；物权被损害时请求赔偿或承担其他民事责任。二是我国《民法典》侵权责任编关于侵害物权的规定，包括侵权责任构成要件、侵权责任承担与免责、侵权责任承担方式，以及第1177条的自力救济。由此，物权保护是以恢复物权状态或赔偿物权损害为内容和目的的民法保护。

二、物权保护的价值取向

价值取向是指主体依据一定价值观处理各种社会关系的基本立场和方向。立法的价值取向贯穿法律制度和规则，决定法律制度、规则的内容和效果，物权保护同样如此。物权保护的价值取向是物权平等保护。

1. 平等保护不同主体的物权

我国《民法典》规定的物权主体，依据所有制的性质分为国家、集体和私人，依据主体形式分为自然人、法人和国家，呈现主体多样性。主体多样性体现了我国社会主义基本经济制度和民法体系的特点。

由于历史原因，我国社会时有国家、集体物权高于私人物权的观念和行为，如有些民事纠纷的处理或裁判偏袒国有企业，理由是防范国有资产流失。为此，我国《民法典》第207条重申："国家、集体、私人的物权和其他权利人的物权受法律平等保护，任何组织或者个人不得侵犯。"不同主体的物权无高低贵贱之分，一律平等保护，这是我国社会主义市场经济规律的必然要求，中国特色社会主义法治的重要内容，行政活动和司法裁判正当性、合法性的基本准则。

2. 平等保护不同种类的物权

德国物权法与传统学理以所有权为中心，物权保护主要是所有权保护，物权保护方法具有鲜明的所有权特点，物权请求权具有所有权请求权的本质，其他物权只是所有权的一种限制。

我国物权法确立了财产归属和财产利用并重的地位，物权保护既保护所有权也保护其他物权，既保护所有权人免受非物权人和其他物权人的侵害，也保护其他物权人免受非物权人和所有权人的侵害，不存在所有权保护高于或优于其他物权保护的意义。

由于历史原因，我国社会时有所有权至高无上的观念和行为，如有些地方以农业生产规模经营或特色经营为由强行调整土地承包。为此，我国《民法典》第336条规定："承包期内发包人不得调整承包地。因自然灾害严重毁损承包地等特殊情形，需要适当调整承包的耕地和草地的，应当依照农村土地承包的法律规定办理。”第337条规定：“承包期内发包人不得收回承包地。法律另有规定的，依照其规定。”我国《民法典》确立了土地承包经营权与集体或国有土地所有权的平等保护。平等保护不同的物权，是现代社会财产归属和财产利用同等重要的现实需求，是中国社会主义公有制下财产所有和财产利用天然分离的不二选择。

三、物权保护方法的适用

物权保护中，原物具有特殊的地位和意义，物权保护方法多脱胎于原物。返还原物、恢复原状、排除妨害或消除危险直接针对原物，修理和确认物权也是为了原物。物承载物权，物权状态在原物中体现得最为直接和完整，物权保护基于原物展开比较合理。但是原物与物权状态的关联性不是绝对的。现代社会，商品生产普遍，销售便利，绝大多数原物可以替代，且有些原物不值得修理，原物替代物包括原物的同类物或金钱价值也可体现物权状态。我国《民法典》第239条规定：“本章规定的物权保护方式，可以单独适用，也可以根据权利被侵害的情形合并适用。”这表明我国物权保护无绝对优先适用原物保护的意义。这一规定应释义为：

1. 以财产利益充分保障为目标[①]

物权保护不一定非归还原物，当事人应有权利选择物权保护方法。物权人不要原物只要金钱赔偿，可以让侵权人至多归还原物的侵权预期落空，违法成本或因此增加，有助于遏制侵权行为。侵权人愿意赔偿金钱或以同类物品替代归还原物，不损害物权人利益，也应当允许。

2. 特定情况下应原物保护优先

某些物除了金钱价值之外，还具有精神价值、文化价值和生存价值等其他价值。例如，历史文物、私人日记、家传纪念品、饥荒时的食物等，金钱赔偿不能完全恢复受损权利，物权人有权要求原物保护优先。

3. 兼顾财产资源的合理利用

原物保护虽然可能，但会造成物的浪费或新的损失，应从财产资源合理利用角度选择物权保护方法。例如，侵权人将他人之物投入生产，返还原物将造成停工停产损失，应选择赔偿金钱或以同类物品替代归还原物。

---

① 参见孟勤国：《物权二元结构论——中国物权制度的理论重构》，人民法院出版社2002年第1版，第135页；2004年第2版，第136页；2009年第3版，第136页；法律出版社2020年修订版，第128—129页。

第二节　物权保护的请求权

一、物权请求权辨析

一般认为，物权请求权是指物权人请求侵害人恢复物权受侵害之前的状态或消除侵害物权危险的权利。物权请求权是德国民法对罗马法的所有权返还之诉、保全之诉、回复占有之诉理论化的结果。《德国民法典》由此建立了物权请求权制度，后为《瑞士民法典》《日本民法典》和我国台湾地区"民法典"继受。与之相应，传统学理形成各种物权请求权学说。我国《民法典》无物权请求权概念，但是，学者大多将我国《民法典》的返还原物、排除妨害或消除危险的条文解释为物权请求权。[①]

物权请求权概念虽然流行，但内涵颇有争议，学说多达6种，有债权说、准债权说、非纯粹债权说、物权说、混合权利说、独立请求权说。[②]这些学说无一经得起推敲。债权说或准债权说不承认物权请求权的物权属性，既然如此，物权请求权应置于侵权责任法，没有必要将受害人救济权利称为物权请求权。不然，知识产权受侵害时可有知识产权请求权、债权受侵害时可有债权请求权、社员权受侵害时可有社员权请求权，全是些没有意义的概念堆砌。物权说认为物权请求权是物权的作用，既然如此，物权请求权就只是物权的一种权能，犹如占有权能、使用权能、收益权能和处分权能，权能定义足以说明权能性质和功能，没有必要将一种权能演化为一种复杂的理论和制度。混合权利说与独立请求权说认为物权请求权兼具物权和债权属性，果真如此，就应该推倒现有的物、债两分结构和体系，重新建构物权、债权、物权请求权三分结构和体系。

其实，物权请求权就是物权人在物权受侵害时的救济方式。《德国民法典》第1004条第（1）款规定："所有权受剥夺占有或扣留以外的方法侵害时，所有人对妨害人可以请求排除妨害，有继续侵害之虞时，所有人可以提起不作为之诉。"这一规定清楚表明物权请求权是一种救济方式，包括排除妨害的自力救济和提起不作为之诉的公力救济。

权利救济方式并非物权特有，债权、知识产权、继承权等民事权利都有自力救济和公力救济方式。任何救济性请求权都是被救济权利的衍生权利，不可能脱离被救济权利而成为独立权利。物权请求权的价值在于对物权内在效力和保护方法进行分类，有助于物权保护条理清晰、易于操作。

---

① 参见崔建远：《物权法》（第四版），中国人民大学出版社2017年版，第125页。

② 参见温世扬、廖焕国：《物权法通论》，人民法院出版社2005年版，第60页。

二、返还原物请求权

我国《民法典》第235条规定："无权占有不动产或者动产的，权利人可以请求返还原物。"这是关于返还原物请求权的概括性规定。需要把握以下几点：

1. 权利人是指物权人

物权人包括所有权人、用益物权人、担保物权人。传统学理将返还原物请求权人限于所有权人，[①]目前共识是返还原物请求权人包括其他物权人。这是因为，用益物权、质权、留置权等都以物的占有为基础，一旦丧失占有，物权存续和行使都成问题，其他物权人请求返还原物才能恢复这些物权的原有状态。

2. 义务人是无权占有人

无权占有是指没有合法依据占有他人之物，包括自始没有合法依据的占有如非法占有赃物、遗失物，合法依据消灭后的占有如合同终止后继续占有租赁物、借用物。由于返还原物请求权人包括其他物权人，所有权人也可能成为无权占有人，例如，土地所有权人未经法定程序强行收回建设用地，属于无权占有，建设用地使用权人可以请求土地所有权人返还原物。

3. 返还原物请求包括返还原物和孳息

依据原物与孳息的原理，不存在无权占有人取得孳息的可能，无权占有人既要返还原物也要返还孳息。如果原物发生了变体，原物变体物相当于原物，无权占有人应返还原物变体物。这种变体物如无权占有人将原金银制品熔化后重新制作的物，原物毁损灭失所得的保险金、赔偿金、补偿金。

三、排除妨害请求权

我国《民法典》第236条规定："妨害物权或者可能妨害物权的，权利人可以请求排除妨害或者消除危险。"妨害是指妨害人以不法方式阻碍或侵害物权人对物的支配。妨害的情形众多，有环境污染侵害如噪声、灰尘、烟雾、污水、废渣、震动、无线电波等侵扰临近居民，有对物的直接侵害如擅自在他人土地上倾倒建筑垃圾，有对物的不法利用如擅自在他人建筑外墙上悬挂广告，有对物的使用阻碍如擅自在他人门口停放汽车，等等。

排除妨害请求权人包括所有权人、用益物权人、担保物权人，义务人是妨害物权人对物的使用和收益的人。排除妨害请求权的适用条件有：

（1）物权人没有失去物的占有，如果失去占有，物权人只能请求返还原物。

（2）物权人因妨害而无法正常实现对物的利用和收益，或者物的价值受到减

---

① 返还原物在传统物权法上被称为所有物返还请求权，"是所有人对于无权占有或侵夺其所有物者，请求返还其所有物的权利（rei vindictio）。"梁慧星主编：《中国物权法研究》（上），法律出版社1998年版，第106页。

损如房价因环境污染而下跌。

（3）妨害程度超过了相邻关系等法律要求的容忍限度，相邻关系是人类和谐相处的法律底线，不超过法律容忍限度的妨害是相邻关系中的义务。

四、消除危险请求权

我国《民法典》第236条规定："妨害物权或者可能妨害物权的，权利人可以请求排除妨害或者消除危险。"妨害分为已经发生和可能发生两种情形，可能发生的妨害表现为危险。例如，甲的祖宅年久失修，随时可能坍塌，坍塌就导致邻居乙的住宅受损。对于可能发生的妨害，排除的方式是请求消除危险，乙有权请求邻居甲维修或拆除甲的祖宅，使自己住宅免受侵害。

消除危险请求权的适用条件有：

（1）妨害尚未实际发生，只是存在发生的可能性。如果已经发生，物权人只能请求排除妨害。

（2）危险具有客观现实性，并非主观臆测，而且随时可能发生。一般情况下，多数人的生活经验可以判断危险是否真实，如甲的房屋已明显倾斜，墙体出现裂纹；特殊情况下，可由有资质的鉴定机构鉴定。

（3）危险是义务人的作为或不作为导致的。作为的情形，如甲在自己的住宅下违章挖建地下室导致邻居乙的住宅地基松动；不作为的情形，如甲不修缮自己的房屋导致邻居乙的住宅处于危险境地。

（4）妨害一旦发生必将导致侵害结果，将影响物权人行使物权，如堆放引燃物品一旦发生火灾必然祸害四邻。

五、物权保护的其他请求权

除了返还原物请求权、排除妨害请求权、消除危险请求权，我国《民法典》规定了确认物权请求权、恢复原状请求权、损害赔偿请求权。传统学理认为这三种请求权不是物权请求权，而是债权请求权。[①]

1. 确认物权请求权

我国《民法典》第234条规定："因物权的归属、内容发生争议的，利害关系人可以请求确认权利。"物权归属争议是权属争议，包括所有权、用益物权、担保物权归属于谁的争议；物权内容争议是具体权利义务的争议，如抵押权顺位争议、地役权期限争议、宅基地使用权权能争议等。争议人是与物权归属和内容有利害关系的人，包括物权人、主张物权的人、对物享有债权利益的第三人如承

① 参见刘家安：《物权法论》（第二版），中国政法大学出版社2015年版，第51页。

租人、借款人、买受人等。

利害关系人可能是债权人，这是学者认为确认物权请求权是债权请求权的主要理由。但是，债权人之所以请求确认债务人的物权，是为了避免债权落空，其实就是代位债务人请求确认物权，保护债务人物权。

2. 恢复原状请求权

我国《民法典》第237条规定：“造成不动产或者动产毁损的，权利人可以依法请求修理、重作、更换或者恢复原状。”恢复原状是指恢复原物原有状态，常见的方法有修理、重作、更换等。修理是将损坏的物品恢复原有形状和功能；重作是重新制作与损坏的物品相同形状和功能的物品；更换是以相同形状和功能的物品替换损坏的物品。恢复原状的前提是原物可以恢复，如果原物不能修理，也无法重作或更换，物权人只能请求损害赔偿。修理、重作、更换等都是物权人保护物权的选项，由物权人自主选择，义务人无权提出修理不成才能重作或更换的主张。

3. 损害赔偿请求权

我国《民法典》第238条规定：“侵害物权，造成权利人损害的，权利人可以依法请求损害赔偿，也可以依法请求承担其他民事责任。”损害赔偿是民事权利的通用保护方法，但具体适用体现民事权利特异性，基于物权损害而生的损害赔偿请求权专用于物权保护。这主要是指损害必须与侵害物权的行为有因果关系，包括物权的直接损害和物权损害引起的其他损害如毁损物品致使人身伤亡。

第三节 物权的自力救济

一、自力救济的意义

自力救济，也称私力救济，是指权利人直接对抗侵害行为的自我保护。物权保护的自力救济，是指物权人直接对抗侵害物权行为的自我保护方法。现代社会，物权受到侵害，物权人原则上应诉诸公权力，依据我国《民法典》第233条通过仲裁、诉讼途径保护物权。但是，一些特定场合如侵害人抢夺或打砸物品，物权人无法即时获得公力救济，任由侵害继续，势必加重物权损害程度，增加物权人救济成本，需要自力救济。

自力救济对于私有财产保护特别重要。公力救济是物权保护的主要手段，公权力机关严格执法和居中裁判相对公平。但公力救济成本高，动用公安、检察、法院等公权力会消耗较多的人、财、物资源；公力救济程序复杂、耗时长，需要相当长时间；公力救济有一定门槛，多针对较为严重的侵害物权行为。现实生活中广泛存在的损害价值小、持续时间短的侵害物权行为，往往难以或者不值得适用公力救济。自力救济可以提高物权保护效率，如邻居在物权人门口堆放物品，物权人一次又一次找警察不胜其烦，不如自力救济。现代社会普遍承认自力救济的合法性，但限定严格的适用条件。

依据自力救济的行为方式，自力救济可以分为自力请求、自卫行为、自助行为。

1. 自力请求

自力请求是指受侵害的物权人直接以书面或口头形式向侵害人提出请求，要求侵害人返还原物、排除妨害、消除危险、恢复原状、损害赔偿等。我国《民法典》第233条的调解、和解是实现请求的途径。

2. 自卫行为

自卫行为是指物权遭受不法侵害或紧急危险时，物权人以正当防卫或紧急避险的方式维护物权。正当防卫是指以人力或物力强行阻止正在发生的针对本人、他人和公有物权的侵害，我国《民法典》第181条作了明确规定。紧急避险是为了避免本人、他人和公有物权受更大损害而损害相关人的物品，我国《民法典》第182条作了明确规定。

3. 自助行为

自助行为是指受害人不能及时获得公权力救济时，自行采取合法的救济措施保护自己的物权。我国《民法典》第1177条作了明确规定。

二、自力救济的要件

自力救济是公力救济的补充，只能适用于公力救济难以发挥作用的场合。而且，自力救济缺少公力救济程序，容易产生不当或过度的行为和结果。自力救济必须严格规范，既能发挥自力救济作用，又能控制自力救济风险。自力救济有着确定的构成要件。

1. 主体要件

自力救济人与受侵害的物权有一定的利害关系。物权人或物权人的近亲属、合伙人、受托人、雇员、公有物权受侵害时的现场目击者可以成为自力救济人。为有效阻止侵害物权的行为，自力救济人不能限于物权人，在物权人自我救济能力不足或自我救济受客观条件限制时，其他利害关系人可以代物权人行使自力救济权。自力救济人既可以是自然人，也可以是法人或法人的工作人员。

2. 对象要件

自力救济的对象是侵害物权的人或物。为有效对抗正在实施的侵害物权行为，自力救济可以击打、制伏等方式阻止或限制侵害人的人身自由，也可以将侵害物权的器具、物品等予以扣押、毁损。自力救济只能针对侵害人，不能波及未参与侵害的其他人如侵害人的亲属，但侵害物权的器具、物品不以侵害人财产为限，侵害人用以侵害的器具、物品均为自力救济的对象。

3. 正当性要件

自力救济必须具有正当目的和手段。保护本人、他人、公有物权是自力救济的正当目的，超出这一目的或夹杂其他目的都不具有正当性。例如，将堵塞出入通道的侵权物品据为己有就不具有正当性。自力救济不仅要求目的正当，而且必须手段正当，没有正当手段就没有正当目的。例如，以管制刀具威逼吃饭不付款的顾客就是手段不正当。

4. 限度性要件

自力救济不能超过必要的限度。限度首先从结果层面衡量，自力救济对侵害物权的人或物的限制或损害，必须小于或至少等于侵害物权可能造成的损害结果，自力救济体现的是两害相权取其轻的立法政策。如果自力救济损害结果大于侵权损害结果，从处理纠纷的成本角度出发，自力救济就没有价值。例如，可以修剪侵权人越界树枝，但不能砍伐或挖掘树木。同时，限度还须从手段层面上衡量，自力救济直接对抗侵害物权，其手段应与侵权行为相匹配。例如，可以扣押交通肇事车辆或阻止陌生侵权人离开侵害物权现场，但不能砸车或伤害侵权人。

5. 顺序要件

自力救济不能代替或并行公力救济。自力救济弥补公力救济之不足或不便，只有公力救济不能到达或不能时时到达的场合，才能适用自力救济。同时，自力救济应先自力请求，要求侵权人排除妨害、停止侵害、恢复原状、消除危险等，如果侵权人未予接受且侵权不止，再按照先轻后重的原则自卫或自助。

三、自力救济的主要类型

1. 正当防卫

我国《民法典》第181条规定："因正当防卫造成损害的，不承担民事责任。正当防卫超过必要的限度，造成不应有的损害的，正当防卫人应当承担适当的民事责任。"正当防卫适用于所有的民事权利保护。物权保护意义上，正当防卫是指阻止正在发生的侵害本人、他人和公有物权的不法行为而对抗不法侵害人或侵害物品。例如，将小偷扭送公安机关，将劫匪的摩托车撞毁。正当防卫有以下要求：

（1）只能针对不法侵害行为。如果侵害来自意外事件或自然危险，应适用紧急避险。如果侵害来自合法行为，不存在正当防卫，例如政府依照法定程序拆除违章建筑。与刑法正当防卫的对象限于犯罪行为不同，物权保护的正当防卫针对一切损害物权的行为，包括犯罪行为和一切违背法律规定、公序良俗的行为。

（2）只能针对正在发生的不法侵害行为。不法侵害行为尚未实施或实施完毕，正当防卫不可以“先发制人”也不能“秋后算账”，感觉对方可能抢劫预先出手制服对方，发现并追打之前偷走自行车的小偷，都不是正当防卫，因为“正在发生”是公力救济不能及时到达的原因之一。

（3）具有保护物权的目的或结果。不法侵害行为可以是单一的，如毁损物品；也可以是复合的，如在伤害人身后抢劫物品。后者又可区分为人身权的正当防卫和物权的正当防卫。出于物权保护目的或导致物权保护结果的正当防卫行为，均为合法。

（4）正当防卫以必要为限。正当防卫对侵害物权的人或物的限制或损害，应小于或至少等于侵害物权可能造成的损害结果。大于侵害物权可能造成的损害结果，正当防卫人应就超过部分的损害结果承担民事责任。正当防卫的手段应与阻止不法侵害行为匹配，效果相同的情况下选择相对平和的手段。正当防卫一旦达到保护物权的效果就应及时中止。

2. 紧急避险

我国《民法典》第182条规定：“因紧急避险造成损害的，由引起险情发生的人承担民事责任。危险由自然原因引起的，紧急避险人不承担民事责任，可以给予适当补偿。紧急避险采取措施不当或者超过必要的限度，造成不应有的损害的，紧急避险人应当承担适当的民事责任。”紧急避险适用于所有的民事权利保护，物权保护意义上，紧急避险是指为保护本人、他人和公有物权免受紧急危险的损害，迫不得已损害他人之物。例如，水库泄洪造成农作物绝收，火灾隔离拆毁附近的地上附着物。紧急避险有以下要求：

（1）只能针对现实的紧急危险。紧急危险是指不采取相应避险措施将造成重大损害的危险，现实的紧急危险是指正在发生的危险或迫在眉睫的危险，如洪水、地震等自然灾害，飞机故障、油库自燃等人为危险，动物侵袭、病毒传播等自然和人力的混合危险。正在发生或迫在眉睫的危险须有常识或科学的依据，如天气预报、生活经验等。假设或已结束的危险不能紧急避险，例如船长担心海上风暴将至或再来便命令将货物扔下大海。

（2）除了紧急避险别无选择。紧急避险是牺牲较小的合法权益保全较大的合法权益，如果有其他更为经济合理的避险措施保全物权，不能紧急避险。例如，船长可以选择附近的无人岛作为船只临时避风港。紧急避险是抵御险情最为经济合理的避险措施，须有常识或科学的依据。

（3）紧急避险牺牲的只能是物品。与正当防卫可以针对侵害人的人身不同，紧急避险只能针对物品。例如，船长在任何情况下都不能将船上人员抛入大海保全船只，哪怕船只在暴风雨中沉没。这是因为，人的主体价值至高无上，永远不能作为被牺牲的对象。

（4）紧急避险不能超过必要的限度。紧急避险牺牲的是合法权益，与保全的合法权益应有值得牺牲的差距。牺牲固然不能大于或等于保全，即便是小于保全也有一个是否值得的考量，差距过小的牺牲不符合经济学的投入产出原理。紧急避险的必要限度是指值得牺牲的差距。例如，牺牲不重要的物品保全重要物品，牺牲的利益远远小于保全利益，牺牲物品保全人的生命利益。

（5）紧急避险应承担相应责任。危险由自然原因引起的，紧急避险人不承担民事责任，但应承担适当补偿的责任。紧急避险采取措施不当或者超过必要的限度，造成不应有的损害的，紧急避险人应当承担适当的民事责任。

3. 自助行为

依据我国《民法典》第1177条规定，自助行为是指“合法权益受到侵害，情况紧迫且不能及时获得国家机关保护，不立即采取措施将使其合法权益受到难以弥补的损害的，受害人可以在保护自己合法权益的必要范围内采取扣留侵权人的财物等合理措施”。自助行为适用于所有的民事权利保护。物权保护意义上，自助行为是指物权受侵害时，为了保全或恢复本人的物权，物权人以自己的力量扣押侵害人的物品或限制侵害人的人身。例如，受害人家属阻挡交通肇事车辆逃逸，饭店限制吃饭不付款的顾客离去。自助行为有以下要求：

（1）针对侵害人的物品和人身。如果侵害来自意外事件或自然危险，应适用紧急避险。如果侵害来自合法行为，不存在自助行为。例如政府依照法定程序拆除违章建筑。与正当防卫阻止侵害行为有所不同，自助行为是为了物权所受的侵害能得到相应救济，只要必要，既可扣留侵害人的物品，也可限制侵害人的人身，或者采取其他合理的救济措施。这是我国《民法典》第1177条的“等”字的含义。

（2）只限于本人物权受到侵害。自助行为是消除物权侵害结果的自力救济，是否需要自力救济，只能由受害人作出判断和选择。消除他人物权、公有物权的侵害是见义勇为，不属于自助行为，但受害人的自助能力不足时，受害人的利害关系人如近亲属、雇员可以协助受害人自助。

（3）除了自助行为别无选择。首先是情况紧迫，如不实施自助行为，受害人遭受的物权侵害可能再无或难有救济的机会。例如，素不相识的侵害人一旦逃逸难以寻找或者寻找成本极高。其次是不能及时获得公权力的保护。例如，自助现场没有执法人员或者等不及执法人员。有些日常生活中的物权侵害过于琐碎，公权力可能难以有效或持续救济，自助行为是成本最小的有效救济手段。例如，邻居鸽子经常在甲的阳台喧嚣，多次警告无效，甲可捕捉飞入阳台的鸽子。

（4）必须控制在必要的范围。自助行为程度以消除物权侵害结果为限：扣押的侵害人物品足以赔偿物权损害时，不能扣押侵害人其他物品；侵害人不能逃逸或逃逸不影响其责任承担时，限制侵害人的人身必须适可而止或解除限制。此外，扣押侵害人的物品足以救济所受物权侵害的，不能限制侵害人的人身，非限制侵害人的人身不可的必须立即报警。

我国《民法典》第1177条是新增条款。自助行为是普遍易行、简便高效的自力救济。作为公力救济的得力助手，在维护法治、提升道德、促进社会和谐上意义非凡。各国大多确认自助行为，如《德国民法典》第229条。[①]《物权法》制定时，物权二元理论的《中国物权法草案建议稿》建议自力救济，未为《物权法》采纳。但自力救济是生活经验常识，具有强大的生命力，我国《民法典》最终将自助行为作为民事权利的一般救济方法加以规定。这是民事立法价值取向的一个重要转折和亮点。

第四节　占　有

一、占有的概念

占有是物权法的基础性概念，有两种定义。

1. 占有事实说

占有事实说认为，占有是指民事主体对物的管理支配事实。[②]例如，我国台湾地区“民法典”第940条、《瑞士民法典》第919条。事实说源于古罗马法，早期罗马法的占有就是持有，即所有权人掌握物的客观事实。随着社会经济的发展，除了所有权人的持有，还出现了非所有权人的持有。持有超越自然状态具有了法律意义，需要一种独立于所有权的法律保护。于是，罗马法区分了持有和占有，对占有事实予以保护。占有受到侵害，占有人起诉，法官可通过发布令状的方式恢复占有的状态，无须查明其有无占有的权利。占有仅为一种事实，与占有

---

① 《德国民法典》第229条规定：“为自助之目的，取走、毁损或破坏他人之物，或为自助之目的，拘束有逃亡之虞之义务人，或就义务人对其应容忍之行为予以抵抗，而以行为除去其抵抗者，若因不能及时请求官署援助，且非实时为之，则请求权将不得实行或其实行显有困难者，其行为非属违法。”

② 参见史尚宽：《物权法论》，中国政法大学出版社2000年版，第525页。

的权利依据无关，仅仅代表一种现行的社会秩序，而维护现行的社会秩序是法律的基本价值。占有是一个客观的事实，仅仅显示人对物的管理支配状态，法律予以保护不涉及占有本身的是非。

2. 占有权利说

占有权利说认为，占有是一项权利。例如，《日本民法典》第180条、《意大利民法典》第1140条。[①]权利说源于日耳曼法。古日耳曼的土地不具有个人化的特性，[②]注重物的利用使得日耳曼的一块土地可能并存多个权利，不易确定土地归谁所有。由此，占有不是一种单纯事实，而是权利人支配土地的一种权利外观，物的本权需要借助占有形式体现，占有与本权紧密结合。权利说认为，权利的产生源于法律对事实的界定，是对该事实的利益予以认可的结果，法律既然为占有人提供强制力保护，就需要将占有上升为一种权利。占有是由某人持有某物的事实，这种事实状态受法律保护，能排除第三人的任意干涉。由此，占有只能解释为权利，不然难以解释法律为何对物的管领状态赋予保护。

3. 我国《民法典》的占有

我国《民法典》没有占有定义，但有关占有的条文和位置显示了占有事实说的倾向。学理上，物权二元理论最早系统考察和论述了占有，选择了占有事实说。[③]目前，占有事实说是我国的主流观点，理由是：

（1）对占有的保护更加全面。将占有当作一种事实，法律就可保护一切占有，无须考虑占有的权利基础，只要占有人对标的物有事实上的控制与支配，法律就予以保护，除非能证明占有事实上有更高的权利。[④]将占有当作一种权利，法律不能保护没有本权的占有，而没有本权的占有相当普遍。[⑤]比较而言，占有事实说能够克服权利说的狭隘，对占有的保护更为广泛。

（2）有利于占有人维护合法权益。占有遭到破坏、侵害时，占有人可以提起关于占有的诉讼以维护或恢复其占有。在有关占有的诉讼中，占有人只需证明其实际占有标的物即可，不必证明其对标的物享有所有权或其他权利。例如，对承租人而言，当租赁物遭到非法侵夺、破坏时，仅基于占有标的物事实就可以得到法律救济，无须证明租赁关系的存在和效力，从而避免或减少占有人的举证责

---

① 《日本民法典》第180条规定："占有权，因为为自己的意思，事实上支配物而取得。"《意大利民法典》第1140条第1款规定："占有是一种以行使所有权或其他物权的形式表现出的对物的权利。"

② 参见梅夏英：《财产权构造的基础分析》，人民法院出版社2002年版，第30—32页。

③ 参见孟勤国：《论占有、占有权能和占有权》，载《法学研究》1985年第2期；《占有概念的历史发展与中国占有制度》，载《中国社会科学》1993年第4期（中文版），1994年第4期（英文版）。

④ 参见史尚宽：《物权法论》，中国政法大学出版社2000年版，第541页。

⑤ 参见王利明：《物权法研究》（第四版）（下卷），中国人民大学出版社2016年版，第1449页。

任。将占有认定为事实，不法占有也可能受保护，但不意味削弱本权保护，只要本权人能够证明实际占有人的占有非法，法律可以让占有回归本权人并追究不法占有人的责任。

二、占有的构成要件

以占有事实说为基础，占有的构成要件分为客观要件和主观要件。

1. 占有的客观要件

占有人事实上管理支配着物。通俗地讲，物在占有人或占有辅助人的直接掌控之中。例如，占有人手中的手机，占有人雇员居住的占有人房屋。占有事实是否存在或成立，须依据常识或法律加以判断。具体而言：

（1）从空间关系判断，空间关系是指占有人和物具有在特定空间直接结合的事实。

（2）从时间关系判断，占有人和物的空间结合须是持续性结合，短暂结合没有占有意义，时间关系判断主要依赖日常生活常识。例如公共场所借用充电宝是短暂结合。

（3）从法律关系判断，占有辅助人为占有人而占有，占有人和占有辅助人之间的法律关系决定了占有辅助人的占有即为占有人的占有，如不存在占有辅助关系，只能依据占有事实确定占有人。

2. 占有的主观要件

占有的主观要件是指占有意思。占有意思是指占有人的占有行为所表现的意思表示。占有从古罗马的持有分化而来，持有和占有的区别就在于占有人有无占有意思，持有仅仅是持有人持有物的事实，不一定有占有的意思。例如，在张三不知情的情况下，张三即为该物品的持有人。占有须有占有人的占有意思。以占有是否需要占有意思作为要件，学理上有主观说、纯客观说、客观说之分。主观说源于罗马法的心素，即占有除了事实上的管领力（体素）外，还须有占有意思为必要（心素）。纯客观说只以物的管理支配事实确定占有，不需要占有意思。

主观说看重占有人的内心意思，但占有人的内心意思易于变化且不易外观，主观说又分化出所有意思说、支配意思说、自己意思说的争议。所有意思说认为，占有意思就是“据为己有”，为德国学者萨维尼所倡导，这一学说排斥了保管人、承租人、借用人、质权人的占有。支配意思说认为，占有意思就是支配物的意思，为德国学者温德夏所倡导，这一学说将占有辅助人的占有也包括在内。自己意思说认为，占有意思是以自己名义或者自己利益持有物的意思，为德国学者庞堡所倡导，这一学说无法容纳恶意占有。因而，主观说有着自身的逻辑缺陷。

纯客观说不要占有的主观要件，回到了古罗马持有、占有不分的时代，占有成了持有的同义词，没有意义。

客观说以物的管理支配事实确定占有，但承认占有意思是占有的主观构成要件，同时，其理解的占有意思不仅包括所有意思、自己意思，也包括恶意占有的意思。也就是说，除了占有辅助人的持有和无占有意思的持有，其他的持有都属于占有。相比之下，客观说比较符合法律对占有的规范。

三、占有的类型

1. 有权占有与无权占有

依据占有人有无本权，占有可分为有权占有和无权占有。有权占有是指占有人的占有具有相应的本权，包括物权、债权、亲权（如父母占有未成年人的财产等）。无权占有是指占有人的占有没有本权依据，如小偷占有赃物、拾得人私自占有拾得物、承租人在租赁关系终止后继续占有租赁物等。

这一分类的意义在于：

（1）有权占有人可以拒绝他人（包括物权人）对物的占有请求，物未经有权占有人同意被他人包括物权人占有的，有权占有人可以主张物的占有返还请求权。

（2）有权占有人可以主张留置权，无权占有不得主张留置权。

2. 自主占有与他主占有

依据占有人是否具有据为己有的意思，占有可分为自主占有和他主占有。这里的自主占有是指占有人基于自己是所有权人的意思而实施的占有，包括占有人以为自己是所有权人和占有人企图成为所有权人。例如，拾得人以为拾得物归拾得人所有、拾得人隐藏拾得物企图据为己有。他主占有是指占有人不以自己是所有权人的意思而实施占有，如租赁、保管、借用的占有。

这一分类的意义在于：

（1）自主占有须有所有权依据，没有所有权依据的自主占有是无权占有。所有权转移时，占有由他主占有转为自主占有，如简易交付；或者由自主占有转为他主占有，如占有改定。

（2）自主占有是以先占、时效取得方式取得所有权的要件。

3. 单独占有与共同占有

依据占有人的人数，占有可分为单独占有和共同占有。单独占有是指一个占有人的占有，共同占有是指数个占有人对同一物的占有。共同占有又分为重叠共同占有和统一共同占有。重叠共同占有是指各共同占有人之间互不妨碍的占有，如数人合租一个房子，每个人都可以使用客厅、卫生间、厨房等。统一共同占有，又称公同占有，指全体共同占有人对同一物须相互配合才能实施的占有。例如，银行和客户各自的钥匙一起使用才能开启银行保险箱，银行和客户是银行保险箱的统一共同占有人。

这一分类的意义在于：共同占有存在内部关系和外部关系。内部而言，共同占有人不得相互请求占有保护；外部而言，各共同占有人均可单独代表全体占有人请求占有保护。

4. 自主占有与辅助占有

依据占有人有无独立的占有意志，占有可分为自主占有和辅助占有。自主占有是指占有人依据自己的独立意志而实施占有；辅助占有是指占有人依据他人的指示或职务要求而实施占有，辅助占有人如雇员、学徒等。严格而言，辅助占有不是真正的占有，但具有占有的外观，因而需要依据占有意志确定真正的占有人。

这一分类的意义在于：辅助占有人不是占有关系的权利义务主体，只是依据占有人指示或职务要求为占有人而实施占有，在他人侵害占有时，辅助占有人依据占有人指示或职务要求代表占有人行使自力救济权等。

5. 善意占有与恶意占有

依据占有人的主观认知，无权占有可分为善意占有和恶意占有。应当注意，这是无权占有下的分类，有权占有不存在善意占有和恶意占有的问题，善意占有属于无权占有。善意占有是指占有人不知道或者不应当知道自己的占有是无权占有，常见于买受人不知道或不应当知道出卖人的无权处分。恶意占有是指占有人知道或应当知道自己的占有是无权处分。例如明知是赃物依然购买。

这一分类的意义在于：

（1）善意占有是善意取得、时效取得的构成要件之一。恶意占有不发生善意取得、时效取得，即便占有人支付了合理对价。

（2）善意占有人正常占有和使用物，一般不承担物的损害赔偿责任，恶意占有人应当承担赔偿责任。

（3）善意占有人有权要求返还维护物的必要费用，恶意占有人无权要求。

学理上对占有还有其他分类。如和平占有和强暴占有。和平占有是指以合法手段取得和维持的占有，强暴占有是指以非法手段取得和维持的占有。又如公然占有和隐私占有。公然占有是公开的占有，隐私占有是秘密的占有。和平占有、公开占有是先占、时效取得的构成要件之一。此外，《德国民法典》还有直接占有、间接占有的分类。直接占有是指占有人直接管理与支配物的事实，间接占有是指占有依据权利间接控制他人占有的物。例如，租赁合同中，承租人是直接占有人，出租人是间接占有人。

四、占有的推定

1. 占有的事实推定

占有是一种事实，但占有的原因、动机、手段、状态各不相同，如要求占有人举证自己的占有的真实性、合法性，社会成本过高，不利于维持社会秩序。由此，法律不要求占有人自证占有，而是将占有作为推定占有人的占有真实、合法的事实依据。主要有：

（1）自主占有或他主占有不明确时，推定为自主占有。

（2）善意占有或恶意占有不清晰时，推定为善意占有。

（3）没有相反证据，推定为和平占有、公然占有。

（4）前后两个时间段占有的，推定为连续占有。

2. 占有的权利推定

占有是本权的外观。一般而言，占有本权与占有事实相伴，无本权的占有相对较少。以占有外观推定本权的存在，符合人们的直观经验，可以减少交易成本。占有的权利推定有：

（1）推定占有人是有权占有，除非有证据证明占有人是无权占有，占有人无须自证自己是有权占有。

（2）推定动产占有人是动产所有权人，除非有证据证明占有人并非动产所有权人，动产占有人无须自证自己是动产所有权人。

五、占有人的权利与责任

1. 占有人保护占有的权利

占有保护是法律对占有状态的维护，在占有状态受到侵害或有侵害之虞时，占有人有基于占有事实保护占有状态的权利。这些权利有：

（1）自力救济权。我国《民法典》第181条的正当防卫、第182条的紧急避险、第1177条的自助行为同样适用于占有保护。占有的自力救济权与物权的自力救济权区别在于：占有的自力救济权以维护占有或恢复占有状态为目的和限度。例如自力取回被他人不法占有的物。

（2）物上请求权。又称占有保护请求权，是指占有受到侵害或妨害时，占有人有请求恢复占有状态的请求权。依据我国《民法典》第462条，物上请求权分为回复占有请求权、占有妨害排除请求权、占有损害赔偿请求权。

回复占有请求权是指占有被他人侵占时，占有人有权请求返还原物，但这一请求权有1年的除斥期间，我国《民法典》462条第2款规定：“占有人返还原物的请求权，自侵占发生之日起一年内未行使的，该请求权消灭。”

占有妨害排除请求权是指占有受到妨害时，占有人有权请求排除妨害或者消除危险，恢复占有状态，占有妨害排除的费用由妨害人承担。

占有损害赔偿权是指占有因侵占或者妨害造成损害的，占有人有权请求损害赔偿。

2. 无权占有的责任

（1）无权占有人返还原物及其孳息或替代物的责任。我国《民法典》第460条规定：“不动产或者动产被占有人占有的，权利人可以请求返还原物及其孳息；但是，应当支付善意占有人因维护该不动产或者动产支出的必要费用。”应当注意，恶意占有不得主张权利人支付必要的维护费用。第461条规定：“占有的不动产或者动产毁损、灭失，该不动产或者动产的权利人请求赔偿的，占有人应当将因毁损、灭失取得的保险金、赔偿金或者补偿金等返还给权利人；权利人的损害未得到足够弥补的，恶意占有人还应当赔偿损失”。

（2）恶意占有人的赔偿责任。我国《民法典》第459条规定：“占有人因使用占有的不动产或者动产，致使该不动产或者动产受到损害的，恶意占有人应当承担赔偿责任。”

六、占有之诉

占有之诉是指占有人维护或恢复占有状态而提起的诉讼。占有之诉是一种独立诉讼，有别于物权之诉。占有之诉的特点有：

（1）以占有状态为诉讼的事实依据，占有人无须证明占有的本权。

（2）占有受到侵害或侵害之虞时产生自力救济权和物上请求权，其中，回复占有请求权有1年的除斥期间。

（3）占有之诉的目的是维护或恢复占有状态，不涉及占有的本权归属。

思考题

1. 简述物权保护方法的适用。
2. 如何理解物权请求权？
3. 简述占有的推定效力。

延伸阅读

1. 王轶：《物权保护制度的立法选择——评〈物权法〉草案第三章》，载《中外法学》2006年第1期。

2. 朱虎:《物权请求权的独立与合并——以返还原物请求权为中心》,载《环球法律评论》2013年第6期。

3. 曹治国:《请求权的本质之探析——兼论物上请求权的性质》,载《法律科学(西北政治学院学报)》2005年第1期。

4. 孟勤国:《论占有、占有权能和占有权》,载《法学研究》1985年第2期。

5. 车浩:《占有概念的二重性:事实与规范》,载《中外法学》2014年第5期。

第七章 所有权原理

导 语

所有权是所有权人以占有、使用、收益和处分等方式行使的全面、永久和充分支配的物权。全面性、永久性、充分性是所有权的特有性质，传统学理所言的整体性是物权特性，弹力性是逻辑不当的比喻。所有权权能是所有权的具体内容或形态，常见的有占有权能、使用权能、收益权能、处分权能和不受侵害权能。

所有权与所有权权能的关系是物权法重大理论争议焦点，是传统学理和物权二元理论分野的逻辑起点。所有权与所有权权能不是整体与部分的关系，而是内容与形式的关系、权利与权利形态的关系，两者不可分离，所有权权能分离论是传统学理的一个臆想。他物权是由法律或协议设立的财产利用权利，所有权是法律确认的财产归属权利，两者从来是平等互利的关系，不存在所有权派生他物权的事实和可能。我国物权法是所有权和他物权相互平等独立的二元结构与体系。

所有权法律关系的独特结构需要来自所有权外部的限制要素和机制，所有权限制分为公法上的限制和私法上的限制。

所有权的特别取得区别于买卖、赠与、互易等通用的物权取得方式。我国《民法典》规定了所有权特别取得，包括善意取得、遗失物与漂流物、埋藏物取得、添附取得。学理上还有先占取得、时效取得。

第一节 所有权的内涵

一、所有权的意义

所有权是人类社会的基本观念和制度。所有权不仅在人类早期催生了家庭、私有制和国家，[①]而且以不同方式主导着不同时代的人类生活，至今依然如此。所有权经历了与人类文明共生共荣的历史，成为人类的本能观念，3岁儿童就能清晰表达“我的玩具”这样的所有权意义；所有权成为人类社会的基本概念，政治、经济、社会事务运作都离不开所有权语境；所有权成为任何国家的根本制度，一国的私有制或公有制决定着一国公权和私权的制度建构和运行。

---

① 参见恩格斯：《家庭、私有制和国家的起源》，人民出版社1972年版，第25—128页。

所有权源于物质资源稀缺性。物质资源是人类生存和发展的基础，没有空气、水、食物，人类无法生存；没有其他的物质资源，人类难以发展。有些物质资源源源不绝，如大自然的空气能够满足所有人的生存和发展需求，无须所有权介入。但是，绝大多数物质资源供应有限，无法满足所有人的生存和发展需求，有限的物质资源如何分配和利用成为人类社会的日常问题。解决这一问题有各种各样的方法，原始部落的械斗、奴隶社会的奴役、封建社会的税收、现代社会的征收等等，最能凝聚人类共识、最可体现公平正义、最有消弭冲突成效的，莫过于所有权。

所有权是以合法方式确认一定的物质资源归属于特定的个人或群体支配并予以国家强制力保护，这是人类分配有限物质资源的合法路径。先占、劳动、战争都是有限物质资源的分配方式，先占物、劳动成果、战争赔款的所有权确认了这些分配方式的合法性和正当性。这是人类消费有限物质资源的合法依据，有了所有权，特定的个人或群体可以独立支配和利用一定的物质资源，从而满足自身的生存和发展需求。

所有权在不同时代有着不同价值和功能。在古代，以罗马法为代表，所有权具有衡量人格的意义，奴隶是奴隶主财产的一部分，所谓“无财产即无人格”[①]便是这一意义的形象表述。在近代，以法国法和德国法为代表，所有权与人格分离，人人生而平等，所有权成为每一个人生存和发展的基本权利。在当代，所有权既是个人生存和发展的基本权利，也是国家稳定和发展的基础权利。可以说，所有权是现代社会的政治基础、经济基础和社会基础。

所有权广泛出现于宪法、行政法、刑法、民法和其他法律领域。不同法律领域的所有权既有一致性，也有差异性。一般而言，公法的所有权更多地体现所有制的意义，例如，我国《宪法》第6条规定的全民所有制、《刑法》第91条规定的公共财产的范围；私法的所有权主要体现财产归属的民事权利意义，例如我国《民法典》规定的国家所有权、集体所有权和私人所有权。

民法领域中，所有权也有不同的指代意义。所有权有时是指所有权制度即有关所有权的法律规范总和，有时是指所有权法律关系即所有权人和非所有权人的权利义务关系，但通常指的是物权的一种，即所有权人（特定主体）对归属于自己的财产享有的直接支配权利。我国《民法典》的所有权是一种具有鲜明社会主义所有制意义的物权。

---

① 参见周枏：《罗马法原论》（上册），商务印书馆2014年版，第347—350页；马京平、王小玲：《近代民法对罗马法之法律人格理论的反思——兼评“无财产即无人格”》，载《法学杂志》2008年第3期。

二、所有权的定义

物权法中，所有权有两种定义方式，即概括式和列举式。概括式的定义表述所有权的基本性质和作用，所有权一般被定义为在法定范围内全面、自由支配物的权利，如《德国民法典》第903条[①]、《瑞士民法典》第641条[②]。列举式的定义表述所有权的具体权能，所有权一般被定义为所有权人对物的占有、使用、收益和处分的权利，如《法国民法典》第544条[③]、《日本民法典》第206条。[④]我国《民法典》采用了列举式定义，第240条规定："所有权人对自己的不动产或者动产，依法享有占有、使用、收益和处分的权利。"第241条规定："所有权人有权在自己的不动产或者动产上设立用益物权和担保物权。用益物权人、担保物权人行使权利，不得损害所有权人的权益。"

传统学理倾向于概括式定义，认为占有、使用、收益和处分是所有权的权能表现，并非所有权的本质，而且，这些权能可与所有权分离，只有概括式定义才能反映所有权对物的支配力本质。[⑤]实际上，这两种定义方式各有所长。概括式可以完整概括所有权的价值与功能，比较适合学理研究与教学；列举式有助于人们把握所有权的具体行使方式，操作性强，比较适合立法表达。从全面、深刻、形象理解所有权的意义上，两种定义应当结合在一起，本书将所有权定义为：所有权人以占有、使用、收益和处分等方式行使的全面、永久和充分支配的物权。

第二节　所有权的特性

传统学理对所有权的特性有多种表述，如管理力、归一力、弹性力、永续性等，其实就是物权支配性或支配力。[⑥]这是逻辑思维欠缺精细的结果。物权特性

---

① 《德国民法典》第903条第1项规定，在不与法律或第三人的权利相抵触的限度内，物的所有人可以随意处置该物，并排除他人的一切干涉。《德国民法典》(第5版)，陈卫佐译注，法律出版社2020年版，第403页。

② 《瑞士民法典》第641条第1款规定：物之所有人，得在法律许可的限度内，自由处分其物。《瑞士民法典》，戴永盛译，中国政法大学出版社2016年版，第221页。

③ 《法国民法典》第544条第1句规定，所有权是最绝对地享用和处分物的权利。《法国民法典》，罗结珍译，北京大学出版社2010年版，第176页。

④ 《日本民法典》第206条规定：所有权人，在法令限制范围内，享有自由使用、收益及处分其所有物的权利。《日本民法典：2017年大修改》，刘士国等译，中国法制出版社2018年版，第40页。

⑤ 参见梁慧星主编：《中国物权法研究》(上)，法律出版社1998年版，第229页。

⑥ 参见李锡鹤：《物权论稿》，中国政法大学出版社2016年版，第317页。

和所有权特性不在同一逻辑层面，所有权有物权共性，也有区别于他物权的个性，认识或阐述物权共性属于物权基本理论的范畴，对于所有权而言，所有权的特性仅仅是指所有权的个性即特有性质。

一、全面性

所有权是完全的物权，其含义是：

1. 所有权覆盖“一物”

所有权的直接支配力遍及“一物”的全部以及从物，在“一物”的范围内，物即便具有独立形态也只是物的组成部分或聚合部分，如汽车上的轮胎、企业资产中的房屋。从物不在“一物”之内，但一般情形下，从物的归属受制于主物的所有权，如一套餐椅中的椅子。

2. 所有权独一无二

任何时候、任何场合，“一物”上只能有一个所有权，数人可对“一物”共享一个所有权，不能对同一物各自拥有一个所有权。

3. 所有权权能不可穷尽

我国《民法典》第240条列举了占有、使用、收益和处分四项权能，没有“等”字，语义上可解读为所有权只有这些权能，这是受了传统学理的影响[①]。这些权能是所有权的常见权能，不是所有权的全部权能，例如，社员权能是公司、合伙企业等企业资产所有权的主要权能。所有权人对物的支配方式多种多样，只要未加禁止，所有权具体权能不可穷尽。[②]

所有权全面性是相对于他物权而言的。用益物权权能由法律规定或当事人约定，用益物权人行使物权不能超出法定或约定范围，不能采用法律未有规定或当事人未有约定的方式。例如，我国《民法典》第362条规定，宅基地使用权的占有、使用权利只能限于依法建造住宅及其附属设施。担保物权的内容和形态更为有限，抵押权、质押权、留置权权能全由法律明确规定，实现担保物权的程序也由法律一一规定。基于这种区别，所有权被称为“完全物权”，用益物权和担保物权被称为“限制物权”。

所有权全面性不能被误解为完整性。任何独立权利都是完整的权利，所有权如此，用益物权、担保物权也如此。完全物权和限制物权是物权权能多样性和自主性的差异，与物权完整性毫无关系。用益物权、担保物权权能虽然有限，但在有限范围内始终是一个完整的权利，不存在缺角少边的情形。

---

① 参见梁慧星、陈华彬：《物权法》（第四版），法律出版社2007年版，第126页。
② 参见史尚宽：《物权法论》，中国政法大学出版社2000年版，第62页。

二、永久性

所有权是永久的物权。

所谓永久，是指所有权无预设存续期间，既不允许公权力预设存续期间，也不允许当事人约定存续期间，只要不出现所有权消灭事由，所有权一直存在。物灭失了，物上的所有权消灭；物被国家罚没、征收或被所有权人抛弃，原所有权消灭；集合物或聚合物为所有权人分解转让，原所有权也消灭。这些都是所有权设立以后出现的事由，显示的是所有权实际存续期间，并非预设的存续期间。应当注意，转让所有权不是所有权消灭事由，甲将商品房卖给乙，乙再卖给丙，只是所有权人变动，不影响所有权存续。

所有权永久性是相对于他物权而言的。用益物权、担保物权可以而且往往预设存续期间，如用途不同的建设用地使用权的存续期间由法律一一规定，土地经营权、居住权、抵押权、质押权的存续期间由当事人约定。他物权预设存续期间届满，他物权消灭或依照法律规定、当事人约定续期，续期是他物权一个新的预设存续期间。我国的他物权，只有宅基地使用权像所有权那样无预设的存续期间，这是因为宅基地使用权是无偿分配给农户用于建造住房，具有生存权意义。

所有权永久性对财产归属和利用至关重要。除非出现法定消灭事由或所有权人意志所为，所有权一直存续，财产归属关系清晰而稳定。所有权是物尽其用的权利基础，无论财产由所有权人利用还是非所有权人利用。

三、充分性

所有权是充分的物权。

所谓充分，是指所有权全面、完整、唯一，体现所有权人意志。在合法范围内，财产的占有、使用、收益和处分等只取决于所有权人意志，不受公权力干预和非所有权人意志的影响。只要不损害公共利益或他人合法权益，所有权人可以自主决定财产利用及其方式，自主决定财产的闲置或抛弃、毁损，自主决定出卖、赠与、出租财产等交易。所有权内没有限制所有权人意志的因素，对所有权人意志有所限制的因素来自所有权外部，包括法律规定、公序良俗、他人权利。他物权对所有权的限制是所有权人自主选择的结果，本质上依然是所有权人意志的体现。

所有权的充分性是相对于他物权而言的。他物权依据法律或协议设立，是所有权人和他物权人共同意志的产物，其权利和义务同时体现所有权人和他物权人的意志，一方的意志总是受对方意志的限制和约束，不存在所有权那样的自由自在意志。用益物权人一般不能处分财产，有的用益物权如宅基地使用权在占有、使用上附着特定限制，用益物权的行使在任何时候都不能损害所有权利益，这些事实体现用益物权中的所有权人意志及其影响力。担保物权是一种优先受偿权，担保财产的占有或变现必须依据法律规定的条件和程序，几乎没有担保物权人自主决定的空间。

所有权的充分性集中体现所有权的本质和功能。财产秩序是人类文明存续和发展的根基，定分止争是财产秩序的先决条件，所有权是定分止争的长久之计，所有权的充分性是所有权有效定分止争的关键。人类历史证明，不能或不能充分体现所有权人意志的所有权不是真正的所有权。

四、关于整体性和弹力性

整体性，有时也称单一性，是指所有权对物的统一支配权，不是占有、使用、收益或处分权利的组合。在特定时空中，所有权人选择一种权利，在另一时空中，所有权人选择另一种权利，每一次选择的权利都是所有权的实现，代表着所有权全部，而不是所有权的部分。例如，所有权人将耕牛租给他人使用，其收益权即为所有权的体现，租期届满后收回耕牛自用，其所有权就通过使用权来体现。就物权与物权权能关系而言，整体性理论正确。所有权任何一项具体权能都完整体现所有权，不存在某一具体权能与所有权分离的可能，整体性理论可以有力否定传统学理的所有权权能分离论。[①]但是，整体性不是所有权特有性质，而是物权共性。用益物权、担保物权同样具有整体性，传统学理以整体性作为所有权特征，无助于区分所有权、用益物权、担保物权，不符合概念区分的逻辑规则。整体性应回归物权共性。

弹力性也是传统学理认为的所有权特性。弹力性是指所有权犹如皮球一样压之则陷、脱之则圆。例如，住房设定居住权，所有权被居住权压陷为“空虚所有权”或“裸体所有权”，失去占有权、使用权，只能等待居住权消灭后才能圆满恢复。[②]弹力性理论只是一个比喻，而且是一个极不恰当的比喻。比喻作为一种常用修辞方法，要求比喻的事物之间有类似或相同点，皮球是客观物质，权利是主观意识，物质形态和权利形态风马牛不相及。法学从来不存在权利具有弹力的原理、学说、定义、规则，所有权弹力性凭空而来，既没有所有权弹力性的学理证明，也没有涉及他物权有无弹力性的论述，毫无所有权特性的逻辑基础，完全是始作俑者的奇想和盲从者的固执。

---

① 参见王泽鉴：《民法物权》（第二版），北京大学出版社2010年版，第110页；崔建远：《物权法》（第三版），中国人民大学出版社2014年版，第173页。

② 参见郑玉波：《民法物权》（修订十八版），三民书局2012年版，第72—74页。

第三节　所有权的权能

一、所有权权能学理

所有权的占有、使用、收益、处分等具体权利，又称所有权的内容[①]、所有权的作用[②]，学理上一般称之为所有权权能。权能是权利行使的各种可能性，一种权利有多种行使可能性，但权利人选择其中一种可能，这种可能性成为现实的具体权利形态。权能可以理解为权利的各种具体内容或形态，所有权权能是所有权的具体内容或形态，常见的有占有权能、使用权能、收益权能、处分权能和不受侵害权能。学理上将基于所有权人作为的前四项权能称为所有权积极权能，后一项基于所有权人不作为的权能称为消极权能。这些权能是所有权行使的具体行为的归纳和表述，经验多于逻辑，权能之间的边界不甚清晰或精确，有所重叠，例如，使用和处分权能常常包含了占有权能。

所有权与所有权权能的关系是物权法重大理论争议焦点，是传统学理和物权二元理论分野的逻辑起点。

传统学理认为，所有权权能的一项或数项可从所有权中分离出去，形成他物权，他物权消灭后，分离的所有权权能回入所有权。例如，住房所有权的占有和使用权能分离后形成居住权，居住权人因而有占有和使用住房的权利，居住权期满消灭，占有和使用住房的权利恢复为所有权权能。这就是由来已久的所有权权能分离论。[③]所有权权能分离论应对了非所有权人利用他人财产的现实，维护了所有权至高无上的地位，解释了所有权与他物权的体系结构，是以所有权为中心的传统学理的关键支点，具有广泛、持续的影响力，至今为止，多数学者依然接受这一理论。但是，这不过是传统学理的一个臆想。

物权二元理论认为，整体和部分之间可以分离，如卸下汽车上的轮胎，但所有权与所有权权能不是整体与部分的关系，而是内容与形式的关系、权利与权利形态的关系，两者不可能分离。同一内容以不同形式表现、同一形式表现不同内容是逻辑常识，同一权利有不同的权利形态、同一权利形态体现不同的权利是法学常识。以所有权和他物权的权利形态相同推论他物权是所有权与占有权能分离的结果，违背常识。所有权权能分离论无相应论据和论证，仅仅是传统学理基于他物权来自所有权的先验认识所作的解释，是传统学理独尊所有权引发的偏见。所有权权能分离论甚至与传统学理的所有权单一性自相矛盾，依后者任何一种权能都完整体现所有权。只要摆脱传统学理的偏见，面向生活事实，就可以看到：

---

① 王利明：《物权法论》（修订本），中国政法大学出版社2003年版，第258页。

② 史尚宽：《物权法论》，中国政法大学出版社2000年版，第62页。

③ 参见李锡鹤：《物权论稿》，中国政法大学出版社2016年版，第320页。

他物权中的用益物权是由法律或协议设立的财产利用权利，所有权是法律确认的财产归属权利，两者从来是平等互利的关系，不存在所有权派生他物权的事实和可能。我国物权法是所有权和用益物权相互平等独立的二元结构与体系。[①]至于担保物权，严格意义上不属于物权，只是担保权人的优先受偿权，本书将在后文的担保物权部分详述这一问题。担保物权也是由法律或协议设立的。

二、所有权的积极权能

1. 占有权能

占有权能是所有权人直接控制自己之物的权能。同一物只能有一个占有，或者是所有权的占有，或者是他物权、债权的占有，或者是事实占有。所有权人占有自己之物是财产归属的原始形态，是所有权行使的常态。非所有权人占有他人之物应有合法依据即法律规定或所有权人承诺，否则，构成无权占有。

2. 使用权能

使用权能是所有权人直接利用自己之物的使用价值的权能。同一物只能有一个使用，或者是所有权的使用，或者是他物权、债权的使用，或者是无权使用。物的使用是物尽其用的基本方式，物的使用价值体现所有权行使的常态。非所有权人可依据法律或当事人约定使用他人之物。物的使用以占有为基础，使用权能必然包含占有权能。物的占有不等于物的使用，占有权能不包括使用权能，如保管人不能使用保管物。使用权能以不改变物的既有形态、性能、用途为前提，客体是不易消耗的不动产和使用期较长的动产如电脑、手机等。容易消耗的动产（如肥皂、牙膏）的使用不属于使用权能，而是导致物毁损灭失的处分权能。

3. 收益权能

收益权能是所有权人取得自己之物的产出或利益（孳息）的权能。同一物可以有多个收益，所有权的收益、他物权的收益、债权的收益如承租人取得转租的租金差价、事实收益如无主物的管理收入。收益权能是孳息归属的依据，孳息归属于所有权人，但法律规定或当事人约定部分乃至全部归属于非所有权人的除外。收益权能可以包含占有权能和使用权能，如所有权人自养牛马取得收益，也可以独立于占有权能、使用权能，如所有权人出租房屋收取租金。收益权能的收益限于孳息，所有权人转移所有权取得的对价不属于孳息，而是行使处分权能所得。

4. 处分权能

处分权能是所有权人最终处置自己之物的权能。最终处置财产是所有权人依

---

① 参见孟勤国：《物权二元结构论——中国物权制度的理论重构》，人民法院出版社2002年第1版，第16—17页；2004年第2版，第16—17页；2009年第3版，第16—17页；法律出版社2020年修订版，第15—16页。

其意志失去所有权，分为事实上的处分和法律上的处分。前者指原物基于所有权人行为而灭失，如抛弃、消费、重大毁损、加工为新物等；后者指所有权转移给新的所有权人，如买卖、赠与、继承等。同一物只能有一个处分，或者是所有权的处分，或者是债权的处分如受托人处分委托人的财产，或者是经营权的处分如公司管理层处分公司财产，或者是公权力的处分如人民法院强制拍卖被执行人的财产。处分权能独立于占有权能、使用权能、收益权能，是财产价值的最终体现，是所有权行使的常态，也是决定所有权命运的核心权能。非所有权人处分他人财产应有合法依据，如法律规定、当事人约定或公权力职权，否则，构成无权处分。

第四节 所有权的限制

一、所有权限制的含义

权利受一定限制是防止权利滥用的必然。权利限制其实就是权利人义务，但传统学理很少说所有权人义务，只提所有权限制。这是因为，所有权关系具有所有权人享有权利、非所有权人负有义务的独特结构。其他权利如他物权、债权基本上是当事人互有权利和义务的对等结构，义务一词体现其内部的权利限制要素和机制。所有权是完全、永久、充分的物权，所有权人对非所有权人几乎没有义务，所有权关系内部缺乏应有的权利限制要素和机制，只能依赖于来自所有权外部的权利限制要素和机制。学理上将所有权外部制约称为所有权限制，以区别于一般法律关系的内部制约。

所有权限制包括公法上的限制和私法上的限制。

二、公法上的限制

保护公共利益是公法限制所有权的正当理由。公共利益有不同定义和学说，[①]比较一致的是公共利益包括国家利益、社会利益和集体利益。所有权行使不得损

① 参见［英］迈克·费恩塔克：《规制中的公共利益》，戴昕译，中国人民大学出版社2014年版，第1页。有学者认为应当在“公共政策”的名义下讨论公共利益。参见［美］罗斯科·庞德：《法理学》(第三卷)，廖德宇译，法律出版社2007年版，第204页。亦有学者认为，公共利益是全体社会成员的公共利益，保护公共利益就是保护人们的共同利益，就是保护每一个公民的自身利益。参见王利明主编：《中国民法典学者建议稿及立法理由：总则编》，法律出版社2005年版，第19页。另有学者认为，鉴于“公共利益”一词过于抽象，宜基于要素解释描绘公共利益的可能景象。参见胡鸿高：《论公共利益的法律界定——从要素解释的路径》，载《中国法学》2008年第4期。

害公共利益是不同时代、不同国家的共同准则，区别只在于如何解释和界定公共利益和损害。公共利益是所有权自由的边界，所有权行使一旦越过边界即损害公共利益，属于滥用所有权；同时，公共利益的边界应当合理、清晰，不然，漫无边际的公共利益势必损害所有权利益，构成公共利益的滥用。界定公共利益和所有权合理边界是公法的任务，公法确定的公共利益边界对于所有权而言就是公法限制。

公法较之于私法更多考虑公共利益价值，具有偏向公共利益的天然倾向，现代社会对公法本身也予以限制以免公法过度保护公共利益，损害私法利益。其中，最为重要的是比例原则和合法限制原则。比例原则是指公权力行使必须妥当、必要、均衡，确保公权力对私法利益的损害在最小比例范围之内。合法限制原则是指公权力对私法利益的损害必须有明确的法律依据，法无明文规定的不可为。所有权是最为重要和基础的私法利益，以公共利益加以限制，必须遵守比例原则和合法限制原则。所有权公法限制必须具有适当性、必要性和均衡性，以对所有权自由的最小限制作为界定公共利益边界的目的、手段和结果。同时，必须确定法定主体、法定目的、法定权限、法定程序、法定形式、法定处分的限制机制。

具体而言，所有权公法限制主要有：

1. 所有权主体限制

主体限制首先基于一国的基本政治和经济制度。如我国《宪法》第10条规定，城市的土地属于国家所有；农村和城市郊区的土地，除由法律规定属于国家所有的以外，属于集体所有；宅基地和自留地、自留山，也属于集体所有。主体限制也有国家安全、社会公平和经济稳定等因素，如《危地马拉宪法》第123条规定，本国人或本国人组成的法人才可成为边境15公里地带的不动产所有权人或占有人。

2. 征收或征用限制

征收或征用是指国家基于公共利益需要，依照宪法和法律规定的程序，以合理补偿为对价强制取得所有权或使用权。如我国《宪法》第10条规定，国家为了公共利益的需要，可以依照法律规定对土地实行征收或者征用并给予补偿。

3. 土地规划限制

土地自古至今承载着公共利益。我国《土地管理法》第4条规定，国家实行土地用途管制制度；国家编制土地利用总体规划，规定土地用途，将土地分为农用地、建设用地和未利用地；严格限制农用地转为建设用地，控制建设用地总量，对耕地实行特殊保护；使用土地的单位和个人必须严格按照土地利用总体规划确定的用途使用土地。

4. 特殊物品限制

有些物品具有危害人身的用途，为了保护人身利益，法律禁止自然人持有，如枪支弹药、鸦片、海洛因等。我国《刑法》第128条规定，违反枪支管理规定，非法持有、私藏枪支、弹药的，处3年以下有期徒刑、拘役或者管制；《刑法》第348条规定，非法持有鸦片1000克以上、海洛因或者甲基苯丙胺50克以上或者其他毒品数量大的，处7年以上有期徒刑或者无期徒刑，并处罚金。

5. 环境保护限制

我国《宪法》第26条规定，国家保护和改善生活环境和生态环境，防治污染和其他公害。国家组织和鼓励植树造林，保护林木。我国《自然保护区条例》第26条规定，禁止在自然保护区内进行砍伐、放牧、狩猎、捕捞、采药、开垦、烧荒、开矿、采石、挖沙等活动。

三、私法上的限制

保护其他民事权利是私法限制所有权的正当理由。所有权是私法体系的基础，与其他民事权利有着直接或间接关系，如他物权与所有权共存于同一物、债权标的物的归属影响债权效力和债务履行、公司法人财产权源于股东所有权等。所有权的地位具有影响其他民事权利的天然优势，所有权的意志具有影响其他民事权利的天然强势，容易与其他民事权利冲突，可能凭借自身优势和强势损害其他民事权利。但是，其他民事权利并不是所有权的附庸，即便他物权与所有权共存于同一物，也不是所有权人一方意志的结果，而是所有权人和他物权人共同设立的独立权利，不能听任所有权的摆布。现代社会必须平衡所有权和其他民事权利的关系和利益，确保其他民事权利的独立性和自主性，这就有了所有权的私法限制。

所有权私法限制首先在于禁止权利滥用原则和诚实信用原则。我国《民法典》第132条规定，民事主体不得滥用民事权利损害国家利益、社会公共利益或者他人合法权益。学理上称之为禁止权利滥用原则。我国《民法典》第7条规定，民事主体从事民事活动，应当遵循诚信原则，秉持诚实，恪守承诺。学理上称之为诚实信用原则。这两个原则不仅适用于所有权，也适用于其他民事权利，但对具有天然优势和强势的所有权更有针对性和抑制性。这两个原则虽然不是具体规范，但禁止权利滥用原则以损害结果为导向、以滥用权利为表征，诚实信用原则以诚实信用为标准，可以转化为司法实践的具体判断，进而起到限制所有权的作用。

具体而言，所有权私法限制有两个路径：

1. 法律直接限制所有权

这是指法律规范的目的就在于限制所有权，维护所有权之间或所有权与其他权利之间的利益平衡，防止所有权滥用。

相邻关系是我国《民法典》直接限制所有权的范例。相邻关系，又称不动产相邻关系，是指相邻的不动产权利人之间相互提供适当便利或接受必要限制。我国《民法典》第288条规定，不动产的相邻权利人应当按照有利生产、方便生活、团结互助、公平合理的原则，正确处理相邻关系。我国《民法典》第290条至296条一一规定了所有权或他物权的限制情形。例如，如果甲的房屋在乙的土地内，乙必须无偿留出一条最低限度的通道让甲通行。

公司法人治理结构是公司法直接限制股东所有权的范例。公司资产是股东投资与公司经营形成的财产，股东对公司资产享有按份共有的所有权。但是，公司法人是独立市场经济主体，现代市场经济不能允许股东直接支配公司资产。公司法明确建立了股东会、董事会、监事会的法人治理结构，限制股东直接支配公司资产，股东只能通过法人治理结构间接行使按份共有的所有权。

2. 法律间接限制所有权

这是指法律规范实现自身目的的同时限制所有权。

我国《民法典》第181条的正当防卫、第182条的紧急避险、第1177条的自助行为，其目的是维护自力救济人的人身和财产权利，同时可产生扣押、毁损他人财产的合法结果，形成对他人财产所有权的限制。

我国《民法典》第221条规定，当事人签订不动产物权的协议，为保障物权实现而办理预告登记的，未经预告登记的权利人同意，处分该不动产的，不发生物权效力。预告登记的自身目的是赋予不动产协议排他效力、对世效力，但产生限制所有权人处分权能的结果。

时效取得是域外民法典的所有权取得方式之一，目的是让长期、公然、和平占有他人财产的占有人取得占有物所有权，但结果是占有物原所有权消灭。原所有权因时效取得而消灭是极端的所有权限制。

学理上，他物权、债权对所有权的约束力一般也归入所有权的限制，[1]也有认为他物权、债权对所有权的约束力是所有权人意思自治的结果，并非私法限制，[2]后者比较合理。所有权人的意思自治其实就是所有权人行使所有权，由此在所有权人与他物权人、债权人的法律关系内产生所有权人的义务，不属于所有权外部的限制因素，不具有所有权限制的法定性。

---

① 参见温世扬、廖焕国：《物权法通论》，人民法院出版社2005年版，第219页。
② 参见江平主编：《中国物权法教程》，知识产权出版社2007年版，第188页。

第五节　所有权的特别取得

一、善意取得

1. 善意取得的意义

善意取得指无处分权人将他人之物转让给受让人，如受让人主观善意，善意受让人取得该物所有权。依据我国《民法典》第311条规定，所有权人只能要求无权处分人损害赔偿，不能要求善意受让人返还财产。例如，甲从乙处租用一架高端相机，随后出卖给丙，丙是善意受让人，丙取得相机的所有权，所有权人乙只能要求无权处分人甲赔偿相机损失。学理上，善意受让人称为善意第三人。

善意取得是现代社会普遍承认的所有权取得方式，亦可适用于质权取得等。罗马法没有善意取得，善意占有人通过占有时效取得占有物所有权。日耳曼法的以手护手规则类似于善意取得，所有权人将财产交给占有人占有，占有人将该财产转让给第三人，所有权人只能向占有人请求损害赔偿，不能要求第三人返还财产。善意取得由《法国民法典》首先规定，后逐渐成为大陆法系民法典标配。1952年的美国《统一商法典》和1979年的英国《货物买卖法》规定了善意取得。

善意取得是现代社会保护交易安全的重要路径和方法，交易安全是财产动态安全，所有权是财产静态安全，两者缺一不可的财产安全是社会秩序的核心。[①]善意取得要旨是保护善意第三人。无权处分是处分人的行为，受让人未必参与或了解无权处分，如因无权处分一概否定无权处分人与受让人的交易，受让人将失去应有的交易安全保障，对受让人不公平。为维护市场交易的信心和秩序，应区分受让人是否善意，对善意第三人交易结果予以保护。

但是，善意取得对原所有权人极为不利。原所有权人不仅失去原物，而且可能遭遇无权处分人无力赔偿。没有静态安全就无所谓动态安全，保护交易安全不能毁损财产安全根基，善意取得牺牲了原所有权，因而必须严格有限、可控。我国《民法典》从两个方面严控善意取得：一是法律规定不能适用善意取得的情形不适用善意取得，如保管人出卖禁止流通文物，受让人即便善意也不能善意取得；二是符合善意取得的全部构成要件才能适用善意取得，缺一不可。

2. 善意取得的构成要件

（1）具有合理对价的交易

保护交易安全是善意取得正当性、必要性所在。交易是以货币为媒介的财产价值交换行为和关系，交易当事人相互支付对价是交易本质，没有对价的转让财

---

① 参见［美］博登海默：《法理学：法律哲学与法律方法》，邓正来译，中国政法大学出版社1998年版，第219—221页。

产行为如赠与、继承不属于交易，不能善意取得。对价是交易财产价值的体现，以市场价格上下合理浮动作为标准，对价过于偏离市场价格不具有正常交易的合理性，不能善意取得。

合理对价参照市场价格，但具体判断有赖于司法裁判，因为同类财产在不同时空有不同市场价格。司法实践中，以当地、当时市场平均成交价格或司法评估价为基准，上下浮动幅度不超过30%的，[①]一般可认定为合理对价。应当注意，无权处分大多表现为低价转让，也不排除高价转让的情形，不合理高价转让也不是正常交易，可能隐藏着恶意串通等，司法裁判可以结合其他情况如受让人系无权处分人亲朋好友而排除善意取得。

支付合理对价的一般是善意受让人本人，他人也可代善意受让人支付对价。例如，善意受让人的债务人代为支付本应由善意受让人支付的对价，以清偿债务人与善意受让人之间的债务。

（2）交易基于无权处分的事实

善意取得与无权处分关联。处分财产分为有权处分和无权处分。有权处分是处分人有相应的处分权利或权力，如所有权人处分自己之物、受托人依据特别授权处分委托人之物、人民法院依法拍卖被执行人之物等。无权处分是处分人没有相应权利或权力依据处分他人之物，如共有人未经其他共有人同意处分共有物、占有人擅自处分占有的他人之物、受托人未经委托人特别授权处分委托人之物等。有权处分不存在善意取得问题，只要是善意取得，前提一定是处分人非法处分他人之物，善意两字不能模糊无权处分的非法性。

无权处分是一个既成事实。所谓既成事实，除了处分人转让他人之物的意思表示之外，还须具备法律规定的事实要件：不动产应当登记的已登记，动产已交付给善意取得人。不动产登记和动产交付是所有权转移的生效要件，应登记的不动产尚未登记或动产尚未交付，所有权尚未转移，善意取得尚未发生，即便善意取得人已支付合理对价，也只能要求无权处分人返还或请求赔偿。

（3）善意贯穿交易过程

善意是指受让人不知悉也不应知悉交易对方无处分权。受让人知不知悉、应不应知悉是一个事实判断，取决于举证责任的合理分配。一般而言，请求返还人应首先承担受让人恶意的举证责任，受让人再承担善意的相应举证责任。善意是贯穿整个交易过程的要件，不仅仅是交付时点。交易是一个协商、签约、履行的动态过程，善意也是动态的，从交易开始至交易结束。应登记不动产完成登记、动产完成交付是交易结束的时间点，这之后善意受让人知悉或应当知悉无权处分

① 参见《最高人民法院关于适用〈中华人民共和国合同法〉若干问题的解释（二）》第29条第2款。

不影响善意取得。

善意的判断应否考虑受让人有无过失，不同法例有所不同。《日本民法典》是善意且无过失可善意取得，《德国民法典》是善意且无重大过失可善意取得，我国台湾地区“民法典”只论善意不论过失。相比之下，我国台湾地区“民法典”相对合理。善意加过失，善意取得多一个构成要件，微小或间接过失均可否定善意取得，善意取得将因过于严苛而失去制度功能。

无权处分人和善意受让人的合同效力是否为善意取得构成要件，学理上认识不一，[①]否定者认为合同有效是善意取得的前提而非要件，肯定者认为合同有效是善意取得的要件。前提和要件具有不同的逻辑地位，前提不存在无所谓善意取得，要件不存在关系到善意取得是否成立。否定者的理由符合逻辑，但认识的结果同一没有实践意义。

3. 善意取得的适用范围

我国《民法典》没有赃物不适用善意取得的规定，依一般与例外的立法原理，赃物属于善意取得范畴。赃物一追到底曾流行于我国刑事司法实践，至今影响未消。[②]但1996年以来，最高人民法院多次发文要求追赃止于善意取得。[③]赃物的交易外观上往往与普通交易没有区别，善意受让人无法识别赃物，要求善意受让人调查交易标的是否为赃物，交易成本高且难有成效，对善意受让人过于严苛。

善意取得可以有条件地适用遗失物。我国《民法典》第312条规定，所有权人或者其他权利人有权追回遗失物。该遗失物通过转让被他人占有的，权利人有权向无处分权人请求损害赔偿，或者自知道或者应当知道受让人之日起两年内向受让人请求返还原物；但是，受让人通过拍卖或者向具有经营资格的经营者购得该遗失物的，权利人请求返还原物时应当支付受让人所付费用。权利人向受让人支付所付费用后，有权向无处分权人追偿。

4. 善意取得的归类

善意取得导致善意受让人取得所有权，原所有权消灭，有学者解释为继受取

---

① 参见姚明斌：《善意取得之合同效力要件再检视——基于〈物权法解释（一）〉第21条展开》，载《法学》2017年第5期。

② 关于盗赃物权属规则，《民法典》及此前《物权法》均无明确规定，官方解释是：“立法考虑是对被盗、被抢的财物，原所有人主要通过司法机关依照《中华人民共和国刑法》《中华人民共和国刑事诉讼法》《中华人民共和国治安管理处罚法》等有关法律的规定追缴后退回。”参见全国人大常委会法制工作委员会民法室编：《〈中华人民共和国物权法〉条文说明、立法理由及相关规定》（第二版），北京大学出版社2017年版，第227页。

③ 如1996年《最高人民法院关于审理诈骗案件具体应用法律的若干问题的解释》第11条、1998年《最高人民法院、最高人民检察院、公安部、国家工商行政管理局关于依法查处盗窃、抢劫机动车案件的规定》第12条、2014年《最高人民法院关于刑事裁判涉财产部分执行的若干规定》第11条第2款。

得。[①]这与继受取得的定义不合。善意取得不存在原所有权人让与所有权的意思和行为，无权处分人无所有权可以让与。善意取得所有权，仅仅是法律基于交易安全保障的制度安排，和征收、没收一样，是重新确认财产归属，属于原始取得。但是，原所有权消灭不等于同一物上的他物权当然消灭，他物权是否消灭需要另作善意取得的判断。善意受让人不知悉且不应知悉他物权存在，且所支付对价未扣除他物权价值的，他物权消灭；反之，善意取得人应履行对他物权的义务。

二、遗失物等的取得

遗失物、漂流物、埋藏物是我国《民法典》明文规定的特别取得标的物。遗失物是因所有权人或占有人疏忽而遗落于公共场所的物。漂流物是漂浮于水面无人占有的物。埋藏物是隐藏于土地或其他物体中的所有权人不明的物。

我国《民法典》第314条至第319条规定了这三类物的处理程序和归属。

1. 失主返还请求权

失主包括所有权人和占有人有权请求遗失物、漂流物的拾得人或埋藏物的发现人返还遗失物等，如果物已由拾得人或发现人转让他人，依照善意取得处理。

2. 拾得人或发现人义务

拾金不昧是人类社会普遍的公序良俗，寻找失主归还遗失物等是处理遗失物等的共识。

域外民法典一般都规定拾得人的通知义务、保管义务、报告及交存义务和费用偿还请求权、报酬请求权，有的国家（如日本）赋予拾得人取得无人认领遗失物的所有权。我国《民法典》规定了拾得人或发现人的义务和权利：

（1）拾得人或发现人应负有及时通知失主或者发布招领公告、妥善保管遗失物等义务。不知失主且不发布招领公告的应向公安等有关机关报告并交存遗失物等。

（2）拾得人或发现人有权请求失主偿还保管费、公告费、交通费等，如果失主发布了悬赏广告，拾得人或发现人有权要求失主依照悬赏广告支付报酬。

3. 无人认领遗失物等的归属

我国《民法典》第318条规定："遗失物自发布招领公告之日起一年内无人认领的，归国家所有。"但是，这一规定适用时不宜绝对化。现实生活中常有价值微小的遗失物，如一支铅笔，失主也不在意，应视为抛弃物，应准许拾得人即时取得所有权。[②]这可以司法解释或指导性案例的方式解决。

---

① 参见温世扬、廖焕国：《物权法通论》，人民法院出版社2005年版，第309页。

② 参见孟勤国：《中国物权法草案建议稿》，载《法学评论》2002年第5期。

三、添附物取得

添附是不同所有权人的物结合为新的物，包括附合、混合和加工。添附使得原属不同所有权人的物各自失去“一物”的性状，形成新的一物，产生新的一物归属于谁的问题。

添附是日常生活现象。添附物一般难以恢复添附前的各物形态，或者可以恢复但成本过高，不如在明确添附物归属的同时补偿原所有权利益。我国《民法典》第322条规定了添附物的取得，即依当事人约定确定所有权归属，当事人没有约定时依照法律规定确定所有权归属，法律也没规定时依照物尽其用和保护无过错当事人的原则确定所有权归属。确定归属后，取得所有权的一方应补偿其他原所有权人失去的利益，有过错的当事人应赔偿无过错当事人遭受的损害。

1. 附合

附合是指不同所有权人的物合成为新的物。附合物能识别附合之前不同所有权人的物，但不能分离或分离有损价值。动产与不动产的附合如承租人装修出租人的毛坯房，附合物所有权属于不动产物权人，承租人只能按照约定或法律规定主张装修利益补偿。动产与动产的附合如甲的钻石镶嵌于乙的戒指，没有约定或法律规定时，一般由动产价值大的一方取得附合物所有权，并补偿对方失去的所有权利益。

2. 混合

混合是指不同所有权人的动产混杂为新的物。与附合物不同，混合物往往是气体、液体、粉末状物或颗粒状物的结合，难以识别混合之前不同所有权人的物，如水泥和石灰混合。混合物的取得规则与动产和动产的附合相同。

3. 加工

加工是指加工人的劳动与他人动产结合成为新的物，如裁缝将顾客的布料定制为衣服。加工是加工人以其手艺、设备、材料对他人原材料进行制作、改造、精炼的过程，加工物与他人原材料价值不同、功能不同。一般而言，加工物劳动价值小于原材料价值，没有约定或法律规定时由原材料所有权人取得所有权。但加工物价值主要源于加工且非加工人恶意所为，也可归属于加工人。取得加工物所有权的一方应补偿另一方的加工费用或原材料价值。

四、先占取得

先占是占有人最先占有无主物的事实，是所有权的一种取得方式。罗马法时代，先占遍及土地、海岛、野兽等一切无主之物，[①]地位显赫。近代社会以来，随

---

① 参见［古罗马］查士丁尼：《法学总论——法学阶梯》，张企泰译，商务印书馆1989年版，第51—53页。

着无主物的不断收缩和国家利益强化，先占的重要性逐渐降低。德国、日本民法典规定无主不动产归国库所有，无主动产实行先占自由主义，这被称为二元主义体例。《法国民法典》规定一切无主财产归国家所有。我国《民法典》没有规定先占，也没有规定一切无主财产归国家所有，只规定无人认领的遗失物、漂流物、埋藏物或隐藏物归国家所有。先占在我国是一个法律空白点。

先占不因法律未作规定而消失。先占是人类生活的自然经验，所有权出现之前是人类财产取得方式和财产利用依据，如今依然是人类在海滩寻捡贝壳、在山野采集草药、在城市捡拾破烂的动力。不承认先占，意味着捡来的贝壳、草药、破烂都得上交国库，这不可想象。先占是天然的所有权取得方式，应当具有习惯的效力，其构成要件有：

1. 先占人限于自然人

先占人不包括法人或非法人组织，现代社会可先占的动产极少，即便是自然人先占也是偶然现象，无须法人或非法人组织经营。先占是一个事实行为，无须行为能力，3岁孩子捡到的贝壳同样归其所有。

2. 先占限于无主动产

我国的土地归国家所有，不可能出现无主不动产的情形。无主动产是指先占时动产无所有权人和其他占有人，至于之前有无所有权人和其他占有人在所不论，如先占抛弃物。无主动产须为流通物，对禁止流通物和限制流通物不能先占。

3. 据为己有的意思

所有权取得以据为己有的意思为要件，占有人只有占有、没有据为己有的意思，不发生先占的所有权取得效力。

4. 先占不得违反法律、法规的规定

例如，国家规定的禁猎地、禁渔期内的狩猎、捕鱼不构成先占。

五、取得时效

取得时效是占有人公然、和平、持续自主占有他人之物达法定期间而取得该物所有权。

取得时效是一项古老的所有权取得方式，在古罗马“十二铜表法”之前就存在。[①]“十二铜表法”始作规定：使用土地的取得时效为2年，其他物件为1年。优士丁尼时期的动产取得时效为3年，不动产取得时效视当事人居住同省或异省

① 参见［英］梅因：《古代法》，沈景一译，商务印书馆1959年版，第161页。

分别为10年或20年。[①]近代社会以来，境外民法典多有取得时效，见之于《法国民法典》《奥地利民法典》《日本民法典》的时效章,《德国民法典》《瑞士民法典》以及我国台湾地区“民法典”的所有权取得章。我国《民法典》没有规定取得时效，但第188条的20年最长诉讼时效有一定的取得时效效果。

取得时效导致原所有权消灭，且不像善意取得那样需支付合理对价，占有人仅仅基于长期占有事实就取得所有权，既不保护所有权安全又与交易安全无关，须有更为正当的理由。一般认为，取得时效可以稳定长期占有关系进而稳定公共秩序，减少所有权睡眠进而减少财产闲置，避免当事人举证和法院调查困难进而避免裁判困难。[②]这些理由不足以证明取得时效的正当性。物权二元理论认为，取得时效的根本价值是物尽其用。财产利用是财产终极目的，财产归属和所有权不过是确保财产有序利用的路径和手段[③]，当所有权无助于且有碍于财产利用时，有序牺牲所有权确保财产正常利用符合人类根本利益。

从原所有权角度，取得时效是法律对既有所有权的剥夺，须有明确的、严格的法定构成要件。借鉴境外民法典经验，取得时效的构成要件有：

1. 占有人的自主占有

有权占有无论持续多久都不发生取得时效。例如，银行对顾客保管箱内的物不能主张取得时效，即便保管箱已百年无人开启。取得时效只能发生于无权占有，无权占有分为他主占有和自主占有，他主占有是占有人承认他人所有权的占有，不发生取得时效，如租赁合同期满承租人找借口拖延归还租赁物。自主占有是占有人有据为己有意思的占有，如盗贼长期占有赃物，可以导致取得时效。取得时效是事实行为，一般而言，占有事实足以推定占有人的据为己有意思，除非有相反证据。

2. 和平、公然、持续的占有

占有不能是暴力行为，必须是和平的；占有不能是隐秘的，必须是公然的；占有不能是断断续续的，必须是持续的。之所以如此要求，是因为取得时效出于物尽其用的公共利益和目的，必须符合公序良俗和日常生活经验。暴力占有具有非法性，隐蔽占有不符合物权的对世性，断断续续的占有不能显示占有人据为己有的意思，不符合取得时效的要旨。至于和平和公然的占有是否以善意为要件，

---

① 参见徐国栋:《优士丁尼时效法研究——优士丁尼〈法学阶梯〉第2卷第6题“取得时效和长期占有”评注》，载《河北法学》2011年第1期。

② 参见温世扬、廖焕国:《物权法通论》，人民法院出版社2005年版，第229—230页。

③ 参见孟勤国:《物权二元结构论——中国物权制度的理论重构》，人民法院出版社2002年第1版，第61—69页；2004年第2版，第61—70页；2009年第3版，第61—70页；法律出版社2020年修订版，第57—66页。

肯定的有《德国民法典》《瑞士民法典》等，否定的有《日本民法典》《意大利民法典》和我国台湾地区“民法典”。

3. 占有持续至法定期间届满

占有持续时间是取得时效的关键要件，分为动产取得期间和不动产取得期间。

（1）动产取得期间短。《瑞士民法典》规定为5年、《德国民法典》规定为10年，以占有人误以为自己是所有权人为前提；我国台湾地区“民法典”规定为5年，不论占有人是否善意；《日本民法典》规定占有人善意且无过失的为10年，否则为20年。

（2）不动产取得时效长。不动产取得时效分为普通时效和特别时效。普通时效是符合取得时效一般构成要件的期间，《瑞士民法典》为30年，《日本民法典》和我国台湾地区“民法典”为20年。特别时效增加了占有人善意且无过失的要件。

4. 适用取得时效限制

禁止流通物、公共物和私人不得所有的物不属于取得时效范围。不动产物权分为登记的不动产物权和未登记的不动产物权，《德国民法典》的取得时效只适用登记不动产，《瑞士民法典》和我国台湾地区“民法典”的取得时效只适用于未登记不动产，《日本民法典》的取得时效既适用于登记不动产也适用于未登记不动产。

取得时效的适用自近代社会以来有所扩张。德国、瑞士民法典的取得时效可适用于以财产占有为要素的他物权如用益物权、质押权、留置权，日本和我国台湾地区“民法典”的取得时效可适用于任何财产权利。

思考题

1. 如何理解所有权的定义和特性？
2. 如何理解所有权与其权能之间的关系？
3. 如何理解善意取得制度？

延伸阅读

1. 胡鸿高：《论公共利益的法律界定——从要素解释的路径》，载《中国法学》2008年第4期。

2. 孟勤国：《论所有权权能的单一性》，载《广西大学学报（哲学与社会科学版）》1988年第2期。

3. 刘保玉：《所有权的类型化与平等保护原则的结合——物权法所有权编的基本结构设计思路》，载《法学评论》2005年第6期。

4. 麻昌华、黎栋：《所有权及其内部结构论》，载《法商研究》1996年第1期。

第八章　国家、集体和私人所有权

导　语

所有权是生产资料所有制的法律形态。我国有全民所有制的国家所有权、劳动群众集体所有制的集体所有权、自然人所有制的私人所有权。

国有财产分为经营性国有财产和非经营性国有财产，其归属和利用天然分离，国家所有权主体呈现双重结构，即所有者主体和行使主体。国有财产极易流失，国有财产管理和监管是防范国有财产流失的关键和国家所有权保护的特色。

集体所有权为我国特有，主要是农村集体所有权，即一定区域内全体农业人口共享一定行政区域内的集体土地及其财产的所有权。集体成员权至关重要。农村集体经济组织系特别法人，没有出资人和出资额，不能清算和破产，事务和利益由农民集体基于成员共同意志而决定。

私人是我国《民法典》的一个独特名词，用于区分公有制的国家、集体，指代非公有财产的所有权人，包括自然人、自然人独资企业、自然人合伙企业、非公有的社会团体法人和捐助法人。私人所有权保护应确立：私有财产推定为合法财产，限制私人所有权须有法律依据，公权力损害私有财产应承担国家赔偿责任。

法人财产权的本质是法人享有的法定经营权。

第一节　所有制与所有权

所有制是政治经济学概念，又称生产资料所有制，是指一定社会中因占有生产资料和劳动产品而发生的人与人之间的关系。生产资料是社会生产的基本要素，是分配劳动产品的关键要素，其归属和利用贯穿社会生产全过程，决定着社会生产中人与人之间的关系和劳动产品分配形式。生产资料归谁所有是人类社会的核心问题，自然形成或社会选择的生产资料所有制始终是人类社会存续和发展的基础，其他社会关系和制度无一不建立在一定的生产资料所有制上，无论是政治、经济、法律、伦理等。

一般认为，人类社会经历了原始公社所有制、奴隶主所有制、封建等级所有制、资本主义所有制和社会主义所有制。不同的生产资料所有制体现着不同社会的本质，占有生产资料的群体是社会统治阶级。其中，奴隶主所有制、封建等级所有制、资本主义所有制属于私有制，生产资料分别归属于社会一部分人，即奴隶主、封建主和资本家；原始公社所有制和社会主义所有制属于公有制，原始社会的生产资料归属于原始部落全体成员，社会主义社会的重要生产资料归属于社会主义国家全体人民。

我国是社会主义国家，实行生产资料公有制。依据我国《宪法》第6条规定，我国社会主义经济制度的基础是生产资料的社会主义公有制，包括全民所有制和劳动群众集体所有制，在社会主义初级阶段，以公有制为主体，多种所有制经济共同发展；我国的劳动产品分配原则是各尽所能、按劳分配，按劳分配为主体，多种分配方式并存。我国生产资料所有制包括全民所有制、集体所有制和私人所有制。

所有权是生产资料所有制的法律形态。现代社会，生产资料所有制作为政治选择，一般由宪法确认，以所有权建构运行机制和保障机制运行，所有权是生产资料所有制的存在方式。与我国三种生产资料所有制相对应，我国的所有权有代表全民的国家所有权，有代表不同劳动群众集体的集体所有权，有最终代表自然人的私人所有权。同时，所有权是财产归属的权利形态，财产不限于生产资料也包括生活资料，所有权既是生产资料的权利形态也是生活资料的权利形态。就此而言，所有权和生产资料所有制之间不能画等号。因而，所有权有双重意义，从所有制角度，所有权是生产资料所有制的法律表现；从财产归属角度，所有权是生产资料和生活资料归属的权利表现。

理清所有权双重意义有助于澄清所有制与所有权关系的误解。我国物权法立法时，一些学者反对规定国家、集体和私人所有权，[①]多数学者坚持规定国家、集体和私人所有权。[②]分歧表面上在于是否采用《德国民法典》模式，实质在于如何认识所有权意义。只关注所有权的财产归属意义，忽视所有权与所有制之间的内在联系，自然选择《德国民法典》模式。相反，关注所有权的所有制意义，正视社会主义公有制在我国独特而强大的客观状态，就不难接受反映不同所有制特性的所有权类别。

---

① “是为了反映生产资料所有权的性质，更多地具有政治意味，而不是法学意味，民法中所有权主体无论是国家、集体还是个人，所有权的性质相同，保护手段并无差异，这种区分并无任何实益。”参见梁慧星:《中国民法典草案建议稿附理由：物权编》，法律出版社2013年版，第65页。“该种分类有违民法的平等原则……其本身不符合市场经济体制下民事主体地位一律平等的基本价值诉求”，“将所有权按照不同所有制进行分类，还必然会出现立法上的重复和不必要的逻辑混乱”。参见席志国:《中国物权法论》，中国政法大学出版社2016年版，第171页。

② 参见王利明:《物权法论》，中国政法大学出版社1998年版，第251—252页；孟勤国:《中国物权法草案建议稿》，载《法学评论》2002年第5期。

所有权的所有制特性并非我国独有。从古罗马到现代，从未有过无国家财产的国家，区别只在于国家财产的范围和利用方式。国家所有权行使不能像私人所有权那样自由，这是所有制特性的表现之一，其法律表达不在私法中就在公法中，或者私法和公法均有。古罗马的国家财产区分为公有物和私有物，公有物没有私有物那样的处分权能；欧洲中世纪的封建体制则将公有物纳入国王或领主的所有权，形成既公且私或者说公私不分的模糊状态；《法国民法典》恢复并发展了国家公产、国家私产的二元区分，后来又颁布多部法律法令来调整“公产”；[①]《德国民法典》不区分国家公产和私产，国家财产可以适用私法规范但同时也受到公法规制[②]。这些法律表达是特定时空环境的人类选择，有着时代和国家的自身合理性，无所谓对错，但相互之间有交流和借鉴意义。

我国《民法典》依据社会主义公有制区分国家、集体、私人所有权，同时以公法如《土地管理法》《企业国有资产监督管理暂行条例》《农村集体经济组织示范章程（试行）》等规范国家、集体所有权行使，同样具有时代和国家的自身合理性。一些学者将我国所有制特性的法律表达视为受苏联意识形态影响的结果，[③]并不合适。

所有制特性决定所有权差别，这种差别形成归属于不同主体的财产，包括各国都有的国家财产、私有财产和我国独有的集体财产。不同主体财产范围不一，国家财产范围无边，私人财产范围有限，集体财产范围特定；不同主体对财产支配不同，国家财产支配充满法律意志，私人财产支配充满私人意志，集体财产支配充满成员意志；不同主体财产保护有别，国家财产保护包括法定监管，私人财产保护包括自力救济，农村集体财产保护包括村民自治。但是，不同所有权之间的差别仅仅是所有权自身性质和形态不同，相互之间不受影响，我国《民法典》第4条规定当事人法律地位一律平等，国家、集体、私人都是平等民事主体，决不允许再现我国计划经济时期的主体地位——国家高于集体、集体高于私人的情形。我国《民法典》第207条规定物权的平等保护，国家、集体、私人所有权的保护都不能牺牲别的所有权，决不允许再现我国计划经济时期的优先保护国家所有权、集体所有权的情形。

---

① 参见高富平：《物权法原论》（第二版），法律出版社2014年版，第181—187页。[法]弗朗索瓦·泰雷、菲利普·森勒尔：《法国财产法》（上），罗结珍译，中国法制出版社2008年版，第663—666页。

② 参见[德]鲍尔/施蒂尔纳：《德国物权法》（上册），张双根译，法律出版社2004年版，第14页。

③ 参见孙宪忠：《确定我国物权种类以及内容的难点》，载《法学研究》2001年第1期。

第二节　国家所有权

一、国家所有权的概念

国家所有权是国家对国有财产的占有、使用、收益和处分的权利。国家是人类社会发展到一定阶段的社会组织体，以领土、人民、主权、政府为要素，对外代表本国人民利益、对内为本国人民服务。国家是人类社会使用最为广泛、意义最为丰富、地位最为重要的概念，政治、经济、法律、宗教、伦理，日常生活、国际事务等，没有什么是与国家无关的，自人类走出原始社会以来，国家一直是主导人类生活内容和方式的主体。国家的存在和活动以国家财产为物质基础，任何国家都有国家财产，包括无大陆法系所有权概念的英美法系国家。国家支配国家财产的权利或权力本质上都是国家所有权，区别只在于如何表达所有权，如罗马法的公有、《法国民法典》的公共所有、《墨西哥民法典》的公共权力所有等，社会主义国家习惯以国家所有权表达国家财产归属。

我国《民法典》第246条规定："法律规定属于国家所有的财产，属于国家所有即全民所有。国有财产由国务院代表国家行使所有权。法律另有规定的，依照其规定。"该条有三层意义：一是国家所有和全民所有本质同一，国家所有权是我国社会主义全民所有制的法律形态；二是国家所有权是国家所有的规范术语，在所有权意义上，应该使用国家所有权术语，不应称之为全民所有权；三是中华人民共和国是国有财产的唯一所有权人，国务院也只是代表国家行使国家所有权。

国家所有权主体唯一性和同一性决定了国有财产的归属和利用必然分离。国家是所有权人，但国有财产的占有、使用、收益和处分只能由国家机关或其他组织、个人进行，具体支配国有财产的均为非所有权人。国有财产归属和利用的分离是积极、有效、充分利用国有财产的基础和条件。这种利用有两种形式：一是在国有财产上设定用益物权，用益物权人依据用益物权利用国有财产，如在国有土地上设立建设用地使用权或土地承包经营权；二是国家通过法律授权一定的国家机关或其他组织直接利用国有财产，如国家机关使用公务财产或者许可其他组织或个人经营国有财产。国有财产归属和利用的天然分离是全面、深刻理解国家所有权的支点。

二、国家所有权的客体

国有财产是国家所有权的客体，包括有形财产和无形财产。[①]我国《民法典》

① 参见王利明：《物权法论》，中国政法大学出版社1998年版，第452页。

第247条至第254条列举了重要的国有财产：专属于国有的矿藏、水流、海域、无居民海岛、城市土地、无线电频谱资源、国防资产；非集体所有的农村土地、森林、山岭、草原、荒地、滩涂等自然资源；法律规定属于国有的野生动植物资源、文物、铁路、公路、电力设施、电信设施和油气管道等基础设施。这些国有财产往往配有相应的行政管理法律，如《矿产资源法》《水法》《煤炭法》《海域使用管理法》《海岛保护法》《土地管理法》《森林法》《草原法》《野生动物保护法》《野生植物保护条例》《无线电管理条例》《文物保护法》《国防法》等。

国有财产依用途和目的可分为：

1. 非经营性国有财产

这是国家为实现自身职能而支配的非营利性财产，主要包括：

（1）公有物，即国家机关用于公务活动的财产，如国家机关的建筑物、车辆、办公用品和预算内经费等。

（2）公用物，即国家免费提供给公众使用的财产，如公路、广场、图书馆等。

（3）公益事业财产，即公办学校、科研、医院、体育设施或场所等由国家划拨的财产。

非经营性国有财产利用有着严格限制，不得用于营利性活动，不得设定担保，不得作为强制执行标的，等等。

2. 经营性国有财产

这是国家用于营利活动的国有财产，主要包括：

（1）资源性财产，如国有建设用地、国有农场土地、矿产资源、基础设施资产。

（2）企业性资产，如国有企业资产、专项基金资产、资本运作资产。

（3）权益性资产，如证券、股权、存款资产等。

经营性财产可以国家出资形式交给企业经营，也可由国家机关、事业单位或其他特别法人管理。我国《企业国有资产法》和《企业国有资产监督管理暂行条例》是规范经营性国有财产经营管理的主要法律。

任何财产都可成为国家所有权客体，有些财产只能属于国家所有，相比范围有限和不可专属的集体财产、私人财产，国有财产具有无限性和可专属性。国有财产始终伴随着法定监管，重要国有财产分门别类配置对应的行政管理法律；相比监管有限的集体财产和私人财产，国有财产具有行政管理性和强制性。国有财产用途法定，经营和非经营的用途不取决于财产使用功能；相比主要取决于财产使用功能的集体财产和私人财产，国有财产具有政治性和治理性。这些特异性使得国家所有权不可避免地混杂着公法因素，公权力意志是国有财产利用的重要变量。

三、国家所有权的主体

国有财产归属和利用法定分离，国家是国有财产的所有权人，国务院等是国家所有权的行使人。国家所有权呈现双重主体结构，即所有者主体和行使者主体。国家所有权行使主体有：

1. 国务院

国家的主权行为或财产行为由代表国家的组织机构实施。国务院是中华人民共和国的代表机构，代表国家行使国家所有权。国家所有权主体和行使主体是两个概念，国家所有权主体是国家，本质上是全体人民，国务院代表全体人民行使国家所有权，维护和实现全体人民的所有权利益。这与公司资产属于全体股东所有，公司董事会为了全体股东利益对外代表全体股东行使公司资产所有权同一道理。国务院代表国家不等于国务院是国家所有权主体，正如公司董事会或法定代表人代表公司不等于其是公司资产所有权人。有学者认为，国家所有即中央政府所有[①]或国家所有是中央政府和地方政府分级所有[②]，混淆了国家和政府的概念。

国务院是国家所有权的法定行使主体，但不是唯一的行使主体。我国《民法典》第246条明确国务院代表国家行使所有权，同时规定“法律另有规定的，依照其规定”，即允许出现国务院以外的法定行使主体。这是因为，国有财产种类繁多，数量巨大，遍布全国乃至世界，国务院不可能在任何时候、任何方面亲力亲为，只能按国有财产的性质、用途，将国有财产交给各级政府或国家机关、事业单位等占有、使用、收益乃至处分。

2. 地方政府

我国《民法典》第257条规定：“国家出资的企业，由国务院、地方人民政府依照法律、行政法规规定分别代表国家履行出资人职责，享有出资人权益。”《企业国有资产法》第4条第1款规定：“国务院和地方人民政府依照法律、行政法规的规定，分别代表国家对国家出资企业履行出资人职责，享有出资人权益。”地方政府是企业国有资产所有权的重要法定行使主体。企业国有资产分为中央企业国有资产和地方企业国有资产，前者由国务院行使国家所有权，后者由省、市、县人民政府各自行使国家所有权。

应当注意，国务院和地方政府具有行政隶属关系，但我国《民法典》第257条和《企业国有资产法》第4条的表述是“分别代表”。就地方企业国有资产而言，地方政府不是代国务院行使国家所有权，而是独立行使地方企业国有资产所

① 参见孙宪忠：《确定我国物权种类以及内容的难点》，载《法学研究》2001年第1期。

② 参见周林彬、王烨：《论我国国家所有权立法及其模式选择——一种法和经济学分析的思路》，载《政法论坛》2002年第3期。

有权。企业国有资产的分级管理不能类比于公司与分公司的关系，地方政府不是国务院的分支机构。

3. 国家机关

我国《民法典》第255条规定："国家机关对其直接支配的不动产和动产，享有占有、使用以及依照法律和国务院的有关规定处分的权利。"国家机关基于公务需要直接支配一定的国有财产，没有收益权，有处分权，这不属于行使用益物权，而是行使公务国有财产所有权。国家机关占有、使用公务国有财产是公务活动的组成部分，公务活动具有行政隶属性，而且，处分公务国有财产须依据法律和国务院有关规定，国家机关行使公务国有财产必须服从国务院的意志。国家机关代国务院行使公务国有财产所有权，公务国有财产的分级管理可以类比公司与分公司的关系，国家机关是国务院的分支机构。

4. 事业单位

我国《民法典》第256条规定："国家举办的事业单位对其直接支配的不动产和动产，享有占有、使用以及依照法律和国务院的有关规定收益、处分的权利。"事业单位是依法设立的非营利性法人，从事文化、教育、卫生、体育、科学技术、新闻出版等公益事业，如学校、医院、科学院、文艺团体等。事业单位基于事业需要直接支配公益国有财产，有些事业单位可依法收费或有限盈利，可以有收益权、处分权，这不属于行使用益物权，而是行使公益事业国有财产所有权。财产拨款是事业单位财产的主要来源，有些事业单位财产含有事业收费或盈利，财政拨款是政府支持公益事业的开支，事业单位不因财政拨款而失去独立法人地位。事业单位不是代国务院行使国家所有权，而是独立行使公益事业国有财产所有权。

行使主体是国家所有权的特性之一。国家所有权由代表国家的国务院和其他组织行使，相比集体组织成员共同行使集体所有权和所有权人行使私人所有权，行使主体对外代表国家所有权，对内身为国有财产管理人，存在着行使主体自身利益和国家所有权利益相冲突、行使主体工作人员以国有财产谋取私利、行使主体利用公权力牺牲集体所有权和私人所有权利益的客观条件和现实可能。因而，如何规范和监管行使主体及其工作人员行使国家所有权，是国家所有权核心问题之一。

四、国家所有权的特色保护

国有财产极易流失，原因有二：一是国有财产无处不在、形态各异，虽有行使主体也难以时时预防和阻止非法侵害，尤其是自然资源之类的国有财产；二是行使主体及其工作人员常有疏忽或私利，导致国有财产损失，尤其是在国有企业改制之类的场景。[①]国有财产流失是国家所有权遭受侵害的特殊表现，集体财产和私人财产在集体组织成员和所有权人直接支配下不易出现流失现象。防范国有财产流失是国家所有权保护的特色内容。

特色保护不是优先保护，我国《民法典》的物权平等保护原则不允许一种所有权优先于其他所有权受到保护。国家所有权的特色保护是为了国家所有权保护切实有效，不是为了调节国家所有权与集体、私人所有权的关系，不需要也不应该牺牲集体、私人所有权。实践中有一些偏向国有企业的司法裁判或行政决定，是借保护国有财产之名的违法行为，不能归咎于国家所有权的特色保护。国家所有权的特色保护主要有：

1. 国家所有权保护的特别明示

特别明示具有重点警示和强化保护的作用。我国《民法典》第242条宣示："法律规定专属于国家所有的不动产和动产，任何组织或者个人不能取得所有权。"任何组织或者个人均不能借口自己不知财产专属于国家而主张善意取得。第258条宣示："国家所有的财产受法律保护，禁止任何组织或者个人侵占、哄抢、私分、截留、破坏。"截留行为在过去常常只被认定为违反财务制度，现明确定性为与侵占、哄抢、私分、破坏并列的侵权行为。

2. 国有财产管理与监督

这是防范国有财产流失的关键。国家所有权行使主体或国有财产监督机构的失职或私利是国有财产流失的根源，管理与监督的功能是从源头上卡住国有财产流失。我国《民法典》第259条第1款规定："履行国有财产管理、监督职责的机构及其工作人员，应当依法加强对国有财产的管理、监督，促进国有财产保值增值，防止国有财产损失；滥用职权、玩忽职守，造成国有财产损失的，应当依法承担法律责任。"国有财产管理、监督包括行使国家所有权的代表人或出资人依据国家所有权对国有财产的管理，国有财产监督机构依据行政权力对国有财产占有、使用、收益、处分过程的监督。

（1）国有财产管理

这是国家所有权行使主体管理或经营国有财产应有的职责，属于国家所有权行使主体对国家所有权的义务之一，具有私法性质。

非经营性国有资产的占有和使用不得违反国务院及其有关部门的规定。例如，不得违规配置和使用公车、不得违规超配和使用办公用房、不得违规公款吃喝或旅游，国家上级机关对下级机关或事业单位占有和使用国有财产管理不力导致国有财产损失的，有关责任人员应承担民事责任、行政责任或刑事责任。

---

① 参见孟勤国：《简析国有企业改革的三大失误》，载《求是·内部文稿》1999年第7期。

经营性国有资产由代表国务院和地方政府的国有资产监督管理机构以出资人的身份管理监督。我国《企业国有资产法》全面规定了出资人的管理职责、事项、程序、责任。例如，该法第五章规定了关系国有资产出资人权益的重大事项，包括企业改制、与关联方的交易、资产评估、国有资产转让，其中涉及的出资人管理职责和程序相当具体，不得违反。出资人权益即国家所有权权益，在国有控股参股公司中，出资人委派股东代表代行国有股东权利，出资人管理职责是实现出资人权益的不可缺少的保障。

（2）国有财产监督

这是国家职能机构监督国有财产使用和经营的职责，属于国有财产监督机构的行政职责，具有公法性质。国务院和地方政府均常设国有资产监督管理委员会，国务院还可特别授权特定政府部门监管如财政部。

国有资产监督管理委员会常常因政府授权作为国家出资企业的出资人，同时履行出资人的国有财产管理职责和监督人的国有财产监督职责。我国《企业国有资产法》第53条规定："国有资产转让由履行出资人职责的机构决定。履行出资人职责的机构决定转让全部国有资产的，或者转让部分国有资产致使国家对该企业不再具有控股地位的，应当报请本级人民政府批准。"决定转让是出资人管理行为，属于私法行为，政府批准是政府监督行为，属于公法行为，两者不能混淆。

第三节 集体所有权

一、集体所有权的概念

集体所有权，又称劳动群众集体所有权，是指劳动群众集体对集体财产的占有、使用、收益和处分的权利，是劳动群众集体所有制的法律表现。劳动群众集体所有制是我国特有的所有制类型，包括农村集体所有和城镇集体企业。

20世纪50年代中期，我国进行农业、手工业和资本主义工商业的社会主义改造，生产资料私有制转变为社会主义公有制。农业合作化形成人民公社的"三级所有、队为基础"的集体所有制，生产队、生产大队和公社三级分别对其所有的土地及其生产资料享有集体所有权。改革开放后，我国取消了人民公社，生产队改称村民小组、生产大队改称村、公社改称乡，三级所有相应改称为村民小组集体所有、村集体所有、乡集体所有。手工业合作化和资本主义工商业公私合营形成了城镇的集体所有制企业，集体企业资产归企业全体职工所有。20世纪90年代中期，城镇集体所有制企业普遍进行了改制、兼并、破产，目前基本绝迹。

劳动群众集体所有制和全民所有制同为我国社会主义公有制。但全民所有即国家所有，只有一个所有权人，而劳动群众集体所有因地域和层级不同而存在众多的所有权人，特定的村民小组、村集体、乡集体都是特定集体财产的所有权人。学理上对集体所有权性质有了多种解读。有的认为集体所有权是法人所有权；①有的认为集体所有权是集体组织成员的共有权；②有的认为集体所有权是合作社所有权③；等等。这些学说以传统学理解释集体所有权，但集体所有权是我国社会主义公有制下的特有现象，我国《民法典》将农村集体经济组织确定为特别法人，其没有出资人和出资额，不能清算和破产，事务和利益由农村集体基于成员共同意志决定，法人所有权说不能准确体现集体所有权的公有性，共有权说可以用于任何所有权，合作社所有权说含义不明。

物权二元理论认为，集体所有权是新型总有。④总有是日耳曼法曾有的一种所有权形态，是指村落共同体对村落共同体财产的所有权，其特点是村落共同体对村落共同体财产享有管理权和处分权，村落共同体成员享有村落共同体财产的使用权和收益权。日耳曼法时代尚未出现法人主体，村落共同体不属于近代民法的法人主体，总有因而中断于近代民法。但是，总有与我国的农村集体所有高度契合：一是我国农村集体是以村、乡区域为基础的共同体，村民、乡民从出生之时起就是当然的农村集体成员，与总有的村落共同体相同。二是我国农村集体对集体土地享有发包权和特定的处分权，农户享有集体土地承包经营权、宅基地使用权及其收益权，与总有的所有权权能结构相同。三是我国农村集体成员一旦失去当地户籍，就失去集体成员的身份，除了继承，不再享有集体土地的使用权和收益权，与总有的团体成员脱离团体丧失团体成员资格相同。不同的是，总有的村落共同体是自然形成的，我国农村集体是我国社会主义实践的结果，具有鲜明的公有性和中国特色，因而是具有中国特色的新型总有。

二、集体所有权的客体

一般而言，除了专属国家的财产外，其他财产都可成为集体所有权的客体。依据我国《民法典》第260条，集体财产包括：法律规定属于集体所有的土地、森林、山岭、草原、荒地、滩涂；集体所有的建筑物、生产设施、农田水利设施

---

① 参见钱明星：《物权法原理》，北京大学出版社1994年版，第177页。

② 参见周林彬：《物权法新论——一种法律经济分析的观点》，北京大学出版社2002年版，第367页。

③ 参见马俊驹、宋刚：《合作制与集体所有权》，载《法学研究》2001年第6期。

④ 参见孟勤国：《物权二元结构论——中国物权制度的理论重构》，人民法院出版社2002年第1版，第162—167页；2004年第2版，第164—169页；2009年第3版，第164—169页；法律出版社2020年修订版，第156—161页。

和教育、科学、文化、卫生、体育等设施；集体所有的其他财产。其中，农村土地是农村集体所有制的物质基础，是集体所有权的主要客体，除了南街村、华西村等极少数非农经济比重较高的农村集体组织，绝大多数农村集体组织的财产就是土地，为数不多的其他财产多依托于土地或衍生于土地，与土地无关的集体财产较少。

我国的农村土地绝大部分是集体土地，集体土地不仅是农村集体财产，也是我国14亿多人的饭碗。因此，国家对集体土地实行严格管理。我国《土地管理法》和《土地管理法实施条例》《农村土地承包法》等对农村土地包括集体土地的利用作了详尽规定，涵盖土地用途管制、土地利用规划审批、土地调查和统计制度、耕地特别保护、建设用地规划审批、宅基地分配和使用、土地承包和流转、土地利用的全程监督等。这些公法规范使得集体土地成为限制流通物，主要表现为：集体土地所有权不得转让、抵押或以其他方式变相处分，集体土地利用和流转必须符合法定条件和法定程序，集体土地不能作为清偿集体组织或农户债务的强制执行标的。

集体土地占集体财产的比重使得集体财产与集体土地几乎等同，集体所有权与集体土地所有权几乎等同，[①]理清集体土地和集体土地所有权就基本理清了集体财产和集体所有权，少量的集体土地以外且不依附于集体土地的集体财产作为一般财产，对集体所有权的影响甚微。集体土地满足我国14亿多人口生存需求的价值，是中华民族的生存价值，不是财产价值可以衡量的，生存权高于财产权，尤其是民族的生存权，决定了集体土地所有权进而决定了集体所有权必须接受公法规制、集体所有权权能受公法限制。

三、集体所有权的主体

我国《土地管理法》第11条规定："农民集体所有的土地依法属于村农民集体所有的，由村集体经济组织或者村民委员会经营、管理；已经分别属于村内两个以上农村集体经济组织的农民集体所有的，由村内各该农村集体经济组织或者村民小组经营、管理；已经属于乡（镇）农民集体所有的，由乡（镇）农村集体经济组织经营、管理。"我国《民法典》第262条作出相同规定，但将经营、管理明确为"依法代表集体行使所有权"。由此，集体所有权和国家所有权一样，财产归属和财产利用法定分离，具有双重主体，集体所有权人是村农民集体、乡（镇）农民集体和村民小组，集体所有权行使主体是村集体经济组织或村民委员会、乡（镇）农村集体经济组织、村民小组集体经济组织。

---

① 参见温世扬、廖焕国：《物权法通论》，人民法院出版社2005年版，第366—374页。

农民集体是一定区域内农业人口的总和，乡（镇）农业人口总和为乡（镇）农民集体，村农业人口总和为村农民集体，村民小组农业人口总和为村民小组农民集体。一定区域内全体农业人口共享一定行政区域内的集体土地及其财产所有权，是集体所有权人。农村集体经济组织是一定区域内从事农业生产经营的法人，代表农民集体行使集体所有权，不是集体所有权人。乡镇农民集体所有权由乡（镇）集体经济组织行使。村农民集体所有权由村民委员会或村集体经济组织行使，村民小组集体所有权由村民小组或村民小组集体经济组织行使。

应当注意，农民集体和农村集体经济组织是两个概念，前者是集体所有权人，后者是集体所有权行使主体。除了农民集体和农村集体经济组织这两个法定名词，还有农村集体组织这一日常用词，这一用词有时指代农民集体，有时指代农村集体经济组织，以具体指代场景为准。

集体所有权主体是双重结构，但农民集体和农村集体经济组织成员意志同一。我国村级农村集体实行村民自治，村民委员会不仅由全体村民选举产生，而且村和村民小组的重要事务都由村民会议或村民代表会议直接讨论决定，集体财产是最重要的事务。农村集体经济组织的重要事务也需要全体村民投票决策，这是同一村民在不同形式组织体内对同一集体财产事务的集体决策。因而，农民集体或集体经济组织成员的共同意志是集体所有权的本质，农民集体或集体经济组织决策是否真正体现集体成员共同意志，是集体所有权的核心问题。

四、集体成员权

集体成员权是指具有农村户籍的村民作为农民集体或农村集体组织成员享有的权利。这一权利有三个特征：

1. 集体成员权是身份资格权

农民集体或农村集体经济组织基于村民人口和居住状况形成或确定。自20世纪50年代中期以来，我国一直以农业户籍为确定和维持村民身份的标准。农业户籍作为村民人口的统计标准，相对于人口流动性泛滥背景下的居住状况，是最能稳定和识别村共同生活体的要素和标志。具有某村农业户籍的自然人为村民，村民可以不在该村居住，但户口迁入城镇转为城市居民、迁入他村成为他村村民，不再是该村集体成员。长期居住在某村但无该村农业户籍的自然人不属于该村集体成员，居住一年以上经村民会议或村民代表会议同意可列入参加选举村民委员会的村民名单，但不享有集体成员权。

集体成员资格有无取决于村民身份。

2. 集体成员权是村民自治权

村是我国基层群众性自治单位，村民自我管理、自我教育、自我服务，实行民主选举、民主决策、民主管理、民主监督。18周岁以上的村民组成村民会议，人数较多或居住分散的村，可以按5户至15户推选1名代表的原则组成村民代表会议，村民会议或村民代表会议直接讨论决定村集体重要事务。村民会议选举并报县级以上人民政府批准产生村民委员会，村民委员会可以根据村民居住状况、集体土地所有权关系等分设若干村民小组，村民委员会办理本村公共事务和公益事业，调解民间纠纷，协助维护社会治安，向人民政府反映村民意见、要求和提出建议，我国《村民委员会组织法》确立了村民委员会的村务公开、村民监督职责和机制。

集体成员权集村民的选举权、决策权、管理权、监督权于一体，全面体现村民自治。

3. 集体成员权是财产支配权

依据我国《村民委员会组织法》第24条规定，9项涉及村民利益的集体事务由村民会议或村民代表会议直接讨论决定，前8项均涉及集体财产，包括集体土地及其他财产的使用、经营、处分，土地或项目承包，宅基地使用等，农村集体经济组织事务则是纯粹的集体财产经营。集体土地及其财产是农民集体或集体经济组织存续和发展的基础，集体事务就是或最终是集体财产事务。村民身份资格和自治权利都是为了有效利用集体土地及其财产，合理分配集体土地及其财产收益，确保村民对集体土地及其财产的权益。集体成员权是支配集体财产的权利。

集体成员权集中体现集体所有权的特性。集体所有权不是一般的财产归属和利用的权利，而是村民共同生活体对共同体财产的共同支配和分享财产利益的权利，具有程序性和实体性。单一集体成员不享有集体所有权，不能主张集体所有权份额，也不能转让或继承集体成员资格，但有参与和监督集体财产管理的权利、根据章程选举和罢免集体财产管理人员的权利、依据法律规定承包土地和分得宅基地的权利、使用一定集体财产和取得集体分配收益的权利、对集体财产以同等条件优先受让和承租的权利、集体财产遭受侵害时推选代表请求返还财产和赔偿损失的诉讼权利。这些权利能否产生支配集体财产的结果，取决于法律规定的多数集体成员意志，少数集体成员的意志不产生集体所有权效果，多数成员的共同意志即为集体所有权意志。集体成员权是实现集体所有权的程序性权利，也是集体所有权实现的实体性权利。

五、集体所有权的特色保护

集体财产易受侵害，原因有三：一是集体土地承载着我国的粮食安全，公权力介入理所当然，但公权力容易越过正当、合法、适度的红线而侵害集体所有权，实践中不乏地方政府违法征收集体土地、强迫农民流转承包土地、行政干预村民自治的事例；二是村民委员会、村民小组、农村集体经济组织及其工作人员时有因疏忽或私利损害集体成员利益的行为，如截留国家补贴款项、私分集体经济收益、放任集体资产流失等；三是农民集体或农村集体经济组织的相关机构容易侵害集体成员权，如决议出嫁女不得参与征地款分配、未经村民会议决议出租集体土地、村务公开信息不及时不完整等。因而，集体所有权需要与其特性匹配的针对性保护，主要有：

1. 集体所有权主体的特别明示

这具有防止集体财产所有者缺位或错位的作用。我国《民法典》第261条明确集体所有是指本集体成员集体所有，涉及土地承包等5项重要集体事务由本集体成员决定；我国《民法典》第262条规定了村民委员会、村民小组或农村集体经济组织代表集体行使所有权的集体财产范围，即集体所有的土地和森林、山岭、草原、荒地、滩涂等。集体所有权人和集体所有权行使人之间主体明确、分工明确、权限明确。

2. 集体成员权的特别监督功能

集体成员权对外对抗公权力滥用，对内防止集体所有权行使主体失职或谋私，是落实和维护集体所有权的关键。我国《民法典》第264条规定，村民委员会、村民小组或农村集体经济组织应依据法律、行政法规、章程、村规民约公布集体财产的状况，并赋予集体成员查阅、复制相关资料的权利，确保集体成员对集体所有权行使主体监督到位。

我国《民法典》第265条第2款规定："农村集体经济组织、村民委员会或者其负责人作出的决定侵害集体成员合法权益的，受侵害的集体成员可以请求人民法院予以撤销。"撤销权注入集体成员权可以有力改变集体成员权虚化，进而有力防范集体所有权的虚化。

第四节 私人所有权

一、私人所有权的概念

私人所有权是指私人对其不动产和动产享有占有、使用、收益和处分的权利。私人是我国《民法典》的一个独特名词，仅用于区别公有制的国家、集体，指代非公有财产的所有权人，包括自然人、自然人独资企业、自然人合伙企业、非公有的社会团体法人和捐助法人。

我国《民法典》总则编的自然人、法人、非法人组织是一般民事主体，物权编的国家、集体、私人是依据所有制分类的民事主体，私人所有对应国家所有、集体所有，私人所有权对应国家所有权、集体所有权，私有财产对应国有财产、集体财产。一般民事主体和所有制主体有交叉，自然人是私人，但私人不限于自然人，非公有的法人和非法人组织也属于私人；法人既有公有制法人如国有独资公司、集体经济组织，也有非公有制法人如民营企业，上市公司则多是混合所有制法人。

二、私人所有权的客体

我国《民法典》第266条规定："私人对其合法的收入、房屋、生活用品、生产工具、原材料等不动产和动产享有所有权。"私有财产不包括土地、森林、山岭、草原、荒地、滩涂以及专属于国有的财产，与国有财产和集体财产在范围和品种上有着严格而清晰的区分，私有财产不如国有财产广泛，不像集体财产集中。私有财产既包括生活资料如房屋、储蓄、生活用品、图书资料等，也包括生产资料如林木、牲畜、工具、原材料等，还包括投资性权益如股权、证券、保险等。

私有财产是合法财产，不包括非法取得的财产如贪污、受贿、盗窃、贩毒所得，也不包括违法形成的财产如违章建筑或用途违法的财产如赌博器具，私有财产源于合法收入，包括劳动收入和财产性收入。

三、私人所有权的特色保护

私人所有权极易受侵犯，原因有二：一是私人所有权是我国改革开放以后逐渐生长和发展的权利，由于历史原因，我国社会还未完全适应私人所有权与国家所有权、集体所有权平等的法律要求，以公共利益为由牺牲私人所有权的违法现象时有出现，如城市拆迁或旧房改造时有违法强拆；二是私人所有权自我保护能力有限，无力对抗公权力滥用，也不易通过自助行为阻止他人侵犯，只能依靠法律救济，如报警、申请复议、提起诉讼等。私人所有权保护应针对私人财产弱点，细化和确立以下的特色保护：

1. 私有财产推定为合法财产

我国《民法典》第267条规定："私人的合法财产受法律保护，禁止任何组织或者个人侵占、哄抢、破坏。"这里的"私人的合法财产"与私有财产意义相同，私有是所有权意义上的私有，非法财产不能取得所有权。私人的合法财产旨在表述私有财产保护的正当性，不是要求私人必须自我证明财产的合法来源。一般情况下，私人财产推定为合法财产，私人无须证明财产来源、财产状况、财产用途，私人财产的非法性必须由公权力指控和证明。法律特别规定有申报财产义务的，未履行申报义务应承担私人财产合法性的举证责任，如我国副处级以上党政干部必须申报家庭主要财产。

2. 限制私人所有权须有法律依据

公权力可以基于公共利益限制私人所有权，但目的正当必须匹配手段正当，手段不正当无所谓目的正当。法律明文规定是公权力限制私人所有权手段正当的标记，包括法定条件和法定程序两个不可或缺的方面。法定条件是公权力限制私人所有权的理由，法定程序是公权力限制私人所有权的路径。例如，无法律文书不得冻结、查封和查询私有财产，自然人生存必需品和学习、工作用品不受强制执行，征收、征用私有财产必须符合法定事由、程序并予以合理补偿，等等。

3. 公权力损害私有财产应承担国家赔偿责任

公权力行使难免出现私有财产遭受不当损害的情形，包括：公务活动损害与公务无关的私有财产，如警察在追捕犯罪嫌疑人过程中损坏商店陈列的商品；公务活动违法损害公务对象的私有财产，如自然资源局将已出让国有土地强行收回另行出让。公务活动不当损害私有财产由国家承担赔偿责任，依据我国《国家赔偿法》第36条的规定，私有财产因公权力不当行使遭受损害的，国家承担返还财产、恢复原状、给付相应的赔偿金、赔偿必要的经常性费用开支、支付银行同期存款利息的责任。

司法实践将国家赔偿责任作为行政责任，并不妥当。国家赔偿责任分为行政赔偿、刑事赔偿，这是以公务活动主体区分的，分别为国家行政机关和人民法院。从私有财产受侵害的角度，国家赔偿就是国家行政机关和人民法院侵害私有财产的民事赔偿责任。将国家赔偿责任定性为行政责任，私人财产损害往往难有足够赔偿。

第五节　法人财产权

一、法人财产权的概念

法人财产权是我国特有的学理概念，是指营利性法人对其名下财产享有的权利。我国《民法典》第269条规定："营利法人对其不动产和动产依照法律、行政法规以及章程享有占有、使用、收益和处分的权利。营业法人以外的法人，对其不动产和动产的权利，适用有关法律、行政法规以及章程的规定。"该条前身是我国《物权法》第68条，即："企业法人对其不动产和动产依照法律、行政法规以及章程享有占有、使用、收益和处分的权利。企业法人以外的法人，对其不动产和动产的权利，适用有关法律、行政法规以及章程的规定。"

法人财产权是为了确认和保障营利性法人的自主经营权利。营利性法人由出资人出资设立，但具有独立民事主体资格，独立从事经营活动，必须有独立经营权利。出资人和营利性法人之间的关系是营利性法人能否独立经营的关键。现代社会从两个方面保证营利性法人的独立经营，一是出资人只能以股东或其他出资人身份依照法律和章程行使法人内部决策和监督的权利，我国《公司法》和《证券法》对此作了系统规定；二是赋予和保障法人独立支配法人名下财产的权利，我国《民法典》第269条的目的即在于此。

“法人财产权”这一名词出现之前，学理上有国有企业法人对其财产享有法人所有权说和法人经营权说的争论。《物权法》第68条在全国人大法工委的物权法立法草案第二稿曾表述为“国有企业法人所有权”，物权二元理论对此明确反对并获得立法机关认可，[①]物权法立法草案第三稿即删除了法人所有权一词。此后，学理一般以法人财产权指代我国《物权法》第68条和《民法典》第269条的规定。由于财产权不是传统民法概念，法人财产权性质和意义至今没有共识。

二、法人所有权说

法人所有权说出现于20世纪80年代末。当时，有学者针对国有企业以承包、租赁为形式的“两权分离”改革陷入困境，引进日本企业法人所有权理论，提出国有企业对其财产应该拥有所有权，以真正实现国有企业自主经营、自负盈亏的国企改革目的。[②]

我国《民法典》第269条位于物权编第五章“国家所有权和集体所有权、私人所有权”，且营利性法人对其财产占有、使用、收益、处分的权利与我国《民法典》第240条的所有权定义相同，似乎可印证法人所有权说，其实不然。对比我国《民法典》第270条，即：“社会团体法人、捐助法人依法所有的不动产和动产，受法律保护”中“依法所有”的表述，我国《民法典》第269条并无“所有”两字，不具有所有权的文义，而权能可以表达不同权利，一种权利的权能与所有权权能相同并不能证明该权利就是所有权。

法人所有权说无法解释出资人与营利性法人之间的财产关系，这是法人所有权学说无法自圆其说的关键。出资人投资的企业不属于出资人所有违背市场经济规律，如果出资导致出资人失去财产所有权，就不会有市场经济必需的投资活动，营利性法人财产属于或最终属于出资人所有是一个生活经验常识。

---

① 2004年8月3日至9日，全国人大法工委召开中国物权法草案修改专家研讨会，孟勤国、徐国栋、郭明瑞3位京外教授应邀参加，孟勤国教授就物权法现代化、中国化的重大问题一一阐述和辩论，反对国有企业法人所有权是其中之一，发言内容参见孟勤国：《国有企业法人所有不可行》，载《人民法院报》2004年11月5日，理论版。

② 参见梁慧星：《论企业法人与企业法人所有权》，载《法学研究》1981年第1期；王卫国：《论国有企业法人所有权》，载《社会科学论坛》1994年第1期。

三、法人经营权说

法人经营权说早于法人所有权说，用以解释当时国有企业“所有权与经营权适当分离”的改革。由于“两权分离”改革主要采用承包、租赁方式，承包、租赁经营权易受发包人、出租人干预，在承包、租赁不久后就出现国有企业改革的停滞。为真正解决国有企业自主经营的问题，有学者提出了法定经营权说，即国家对国有企业财产享有所有权，国有企业法人对国有企业财产享有法定经营权，国家和国有企业法人之间的财产关系由法律直接规定。[①]之后，随着国企改革股份制和公司制改革，“经营权”一词逐渐淡出公众视野。

传统民法没有合适的名词指代经营权，法人所有权又被我国《物权法》明确拒绝，这就出现了法人财产权的提法。我国《民法典》第268条规定了出资人的资产收益权、重大决策权、选择经营管理者等权利，实现了出资人权利法定；我国《民法典》第269条规定了营利法人的权利，实现了法人财产权法定。出资人权利对应法人财产权，也就是出资人所有权对应法人经营权，我国《民法典》的出资人权利和法人财产权与法定经营权说所主张的国家和国有企业法人之间的财产关系由法律直接规定相一致，法人财产权的本质是法人的法定经营权。

思考题

1. 简述国家所有权的享有和行使。
2. 简述集体成员权的内容。
3. 简述私人所有权的特色保护。

延伸阅读

1. 谢鸿飞:《〈民法典〉中的“国家”》，载《法学评论》2020年第5期。
2. 孙宪忠:《“政府投资”企业的物权分析》，载《中国法学》2011年第3期。
3. 孟勤国:《国有企业法人所有权不可行》，载《人民法院报》2004年11月5日，理论版。
4. 张素华:《论国资委法律地位的再定位》，载《求索》2009年第11期。
5. 许中缘、高振凯:《民法典物权编的编纂应贯彻团体法思维——基于农民集体成员权的视角》，载刘云生主编:《中国不动产法研究》(2018年第1辑)，法律出版社2018年版。

---

① 参见孟勤国:《论法定经营权的独立性》，载《法学评论》1989年第4期；孟勤国:《再论法定经营权》，载《社会科学探索》1991年第5期。

第九章　建筑物区分所有权

导　语

建筑物区分所有权是指业主对建筑物内的住宅、经营性用房等专有部分享有所有权，对专有部分以外的共有部分享有共有和共同管理的权利。建筑物区分所有权并非单纯的财产关系，具有重要的社会管理意义。构建安全、舒适和便捷的业主共同生活环境，是建筑物区分所有权的重要功能。

业主专有权是指建筑物区分所有权人即业主对区分所有权建筑物的专有部分予以自由地占有、使用、收益和处分的权利，为建筑物区分所有权构造系统中的单独所有权因素。

业主共有权是指业主依照法律、管理规约、业主大会决定，对建筑物专有部分以外的共用部分享有的占有、使用和收益的权利。

业主社员权指业主作为业主团体成员所享有的参与建筑物共同事务管理的权利。

第一节　建筑物区分所有权概述

一、建筑物区分所有权的概念

所有权依据客体分为动产所有权、不动产所有权。建筑物区分所有权是不动产所有权的一种特殊类型，专指城市化背景下共同居住或经营的住房、商铺、写字楼等建筑物的所有权。建筑物区分所有权，法国称之为“区分各阶层不动产的共有”或“住宅分层所有权”，德国、奥地利称之为“住宅所有权”，意大利、英国称之为“公寓所有权”，瑞士称之为“楼层所有权”或“分层建筑物所有权”，美国称之为“公寓所有权”“单位所有权”“水平财产权”等，日本和我国台湾地区称之为“建筑物区分所有权”。[①]我国《民法典》的建筑物区分所有权，又称业主的建筑物区分所有权。

建筑物区分所有权的学说有一元论、二元论、新一元论和三元论。一元论又分为专有权说和共有权说，专有权说认为建筑物区分所有权是指在区分所有建筑物的专有部分上成立的所有权，共有权说认为建筑物区分所有权是全体区分所有

① 参见陈华彬：《物权法论》，中国政法大学出版社2018年版，第243—244页。

权的共有。二元论认为建筑物区分所有权由区分所有建筑物专有部分所有权与共有部分持份权结合构成。新一元论否定二元论区分专有部分和共有部分的做法，径直将两者合并为“享益部分”，在“享益部分”上成立的区分所有权是一种全新的所有权。三元论认为建筑物区分所有权由区分所有建筑物的专有部分所有权、共有部分持份权和基于共同关系产生的成员权构成。[①]这些学说就是解释不同，对建筑物区分所有权没有任何实质影响。

依据我国《民法典》第271条，建筑物区分所有权是指业主对建筑物内的住宅、经营性用房等专有部分享有所有权，对专有部分以外的共有部分享有共有和共同管理的权利。这一概念体现了三个中国特色：一是以业主指代建筑物区分所有权人，业主不仅仅是传统意义上的所有权人，也是建筑物管理的参与人；二是建筑物可以是一栋建筑，也可以是几栋、几十栋建筑组成的小区，小区的范围由城市规划确定；三是突出业主的共有和共同管理权利，满足业主的共同居住和经营需求。

建筑物区分所有权并非单纯的财产关系，具有重要的社会管理意义。我国城镇有密集的共同居住或经营的建筑物或小区，有北京天通苑、贵阳花果山这类可以容纳数十万人的巨型小区。[②]构建安全、舒适和便捷的业主共同生活环境，是建筑物区分所有权的重要功能。

二、建筑物区分所有权的特征

1. 权利复合性

一般所有权是单一的权利，即所有权人的占有、使用、收益和处分权利。建筑物区分所有权是复合的权利，由专有权、共有权和成员权三要素复合而成。建筑物区分为专有部分和共有部分，专有部分由业主独自占有、使用、收益和处分，共有部分如电梯、花园、道路由全体业主共同所有、共同使用。共有部分如何共同使用由全体业主协商决策，业主身份是业主参与协商决策的资格条件，其协商决策的权利属于社员权或成员权。建筑物区分所有权的复杂性主要体现于共有权和社员权。

2. 主体多重性

一般所有权的主体身份简单，只有所有权人和非所有权人。建筑物区分所有

---

① 参见最高人民法院民法典贯彻实施工作领导小组主编：《中华人民共和国民法典物权编理解与适用》（上），人民法院出版社2020年版，第332—334页。

② 参见申悦、柴彦威：《基于GPS数据的北京市郊区巨型社区居民日常活动空间》，载《地理学报》2013年第4期；薛峰等：《老龄化社会背景下住区发展趋势及居家养老——2013年适老研究与设计座谈会》，载《建筑学报》2013年第3期。

权的主体具有多重身份，就权利主体而言，建筑物区分所有权人是专有部分的专有权人，共有部分的共有权人，共同管理的成员权人；就义务主体而言，共有权人和成员权人同时也是义务人，业主须遵守业主公约、缴纳物业费、服从物业管理等。

3. 专有权主导性

一般所有权的权能是由所有权人意志决定的不同情形下的不同表现，不存在内容的复合结构。建筑物区分所有权是三种内容的复合，专有权、共有权、成员权内容各不相同。其中，专有权起主导作用。专有权是共有权和成员权产生、存在以及行使的前提和基础。业主取得专有权时即取得了共有权和成员权；反之，丧失专有权时即丧失共有权和成员权。我国《民法典》第273条第2款规定："业主转让建筑物内的住宅、经营性用房，其对共有部分享有的共有和共同管理的权利一并转让。"同时，专有部分大小决定业主行使共有权和成员权的限度，决定业主承担共有部分费用的比例。

4. 客体整体性

建筑物区分所有权的客体虽然区分为专有部分、共有部分，但两者不能分割，专有部分和共有部分作为一个整体成为建筑物区分所有权的客体。与之相应，专有权、共有权、成员权是建筑物区分所有权的不可分割的内容，本身不具有独立性。

应当注意，建筑物区分所有权客体不能狭义理解为以栋计量的建筑物，我国的建筑物有单栋的如酒店、办公楼，更多的是几栋甚至几十栋建筑物组成的小区，政府规划确定的小区内的建筑物及其附属设施都是我国《民法典》规范的建筑物。

三、建筑物区分所有权的类型

1. 纵切型建筑物区分所有权

纵切型是指建筑物从纵的角度划分为数户，一般是连栋式或双并式分间所有的建筑物。纵切型区分所有的建筑物的共有部分划分较为简单，除共有的境界壁和柱子外，一般的走廊及楼梯均各自独立，外周壁、屋顶及基地等均以境界壁为界而分别归属于各业主所有。

2. 横切型建筑物区分所有权

横切型是指建筑物以横的水平分割，建筑物各层分别归属于各区分所有权人。如，一栋二层建筑物，一层归甲所有，二层归乙所有。横切型区分所有的建筑物的共有部分较纵切型的复杂，共有部分包括共同壁、共同的屋顶、走廊、楼梯等。

3. 混合型建筑物区分所有权

混合型是指上下横切、左右分割成独立成套的建筑物。混合型区分所有的建筑物中，在构造上通过墙、楼梯、地板、屋顶等形成封闭性、独立性的专有部分，二层以上的区分所有权人因专有部分与地基不直接相通，而是通过走廊、楼梯、电梯等与外界相通，共有部分比较重要。

不同种类的建筑物区分所有权，对于确定共有部分和共有关系具有一定意义。纵切型区分所有的建筑物的共有部分较少，一般无须管理；横切型和混合型区分所有的建筑物的共有部分较多，需要一定的管理、维护和修缮。现代社会，横切型和混合型区分所有的建筑物是主流，尤其在我国，建筑物区分所有以小区为单位，小区共有部分的管理、维护和修缮更为重要。

四、建筑物区分所有的构成要件

1. 建筑物客观上可以区分所有

建筑物区分所有限于房屋，不包括房屋之外的建筑物如桥梁、隧道、水坝等。房屋结构应能区分上下左右，形成一个闭合的独立空间。独立空间具有独立使用的基本功能，同时独立空间之间有相互依赖的共有空间，例如一栋楼中的一层或一套房。

2. 建筑物区分所有得到规划许可

在我国，建筑物均需政府规划审批，没有或违反政府规划审批，即便建筑物结构上可以区分独立结构，也不能形成区分所有。例如，宅基地上的“小产权”楼房，尽管结构上可以区分一层或一套房的独立空间，不构成区分所有，因为政府规划审批不允许区分所有。

第二节　业主专有权

一、业主专有权的概念

业主专有权又称专有所有权或特别所有权，是建筑物区分所有权的最重要部分。建筑物区分所有权表现为专有权和共有权等要素的有机结合。有学者认为，业主专有权依附于共有权而存在，其表现之一为“利用共有部分为专有权行使的合理延伸”[①]。但学理通说认为，业主专有权是指建筑物区分所有权人即业主对区

① 参见李国强：《建筑物区分所有权内涵的重新解释和规则厘清——基于民法典物权编编纂的展开》，载《河南社会科学》2018年第8期。

分所有权建筑物的专有部分予以自由地占有、使用、收益和处分的权利，为建筑物区分所有权构造系统中的单独所有权因素。[①]我国《民法典》第271条规定："业主对建筑物内的住宅、经营性用房等专有部分享有所有权，对专有部分以外的共有部分享有共有和共同管理的权利。"区分所有权人对其专有部分享有排他的支配权，可以使用、收益和处分并排除他人干涉。

二、业主专有权的客体

业主专有权的客体是指建筑物内的住宅、经营性用房等专有部分。《最高人民法院关于审理建筑物区分所有权纠纷案件适用法律若干问题的解释》第2条规定："建筑区划内符合下列条件的房屋，以及车位、摊位等特定空间，应当认定为民法典第二编第六章所称的专有部分：（一）具有构造上的独立性，能够明确区分；（二）具有利用上的独立性，可以排他使用；（三）能够登记成为特定业主所有权的客体。规划上专属于特定房屋，且建设单位销售时已经根据规划列入该特定房屋买卖合同中的露台等，应当认定为前款所称的专有部分的组成部分。本条第一款所称房屋，包括整栋建筑物。"业主专有权的客体具有以下特征：

1. 具有构造上的独立性

构造上的独立性，又称物理上的独立性，是指建筑物经过区分而形成的特定部分，以墙壁、楼板等建筑构造物与建筑物的其他部分相隔离，形成特定的可以识别并支配的空间范围。构造上的独立性至少体现为两点：一是建筑物经过区分而形成的特定部分须有明确的外部范围；二是该特定部分须有别于建筑物的其他部分或者与外界隔离的构造物存在，具备可供利用的机能，如屋顶、地板、墙壁、门窗等。

2. 具有利用上的独立性

利用上的独立性，又称功能上的独立性，是指建筑物经过区分而形成的特定部分，可作为一建筑物单独使用，如同一般的建筑物，具有独立的经济效用，能够满足社会经济生活的目的。是否具有利用上的独立性至少体现为两点：一是单独使用，即建筑物的专有部分无须其他部分的辅助就可使用；二是独立的经济效用，即一栋建筑物的专有部分须具有与一般建筑物同样的独立经济效用。

3. 能够进行不动产登记

业主专有权客体除了构造和功能独立性外，还须具有法律认可的独立性。不动产登记是专有部分成为业主专有权客体的要件之一，不能登记的专有部分即便

---

① 参见马俊驹、陈本寒主编：《物权法》（第二版），复旦大学出版社2014年版，第120页。

具有构造和功能上的独立性也不能成为业主专有权客体，如一栋别墅中的独立套间。

三、专有部分的认定

1. 认定专有部分的学说

专有部分指专有部分相互间或专有部分与共用部分相互间的分割部分。对此，有四种学说：一是“中心说”或“壁心说”，认为专有部分达到墙壁、柱子、地板、天花板等部分厚度的中心。二是“空间说”或“全部属于共用部分说”，认为专有部分仅限于由墙壁、地板、天花板所围成的空间部分，界线点如墙壁、地板、天花板等为共有部分。三是“最后粉刷表层说”，认为专有部分包括墙壁、柱子等部分表层所粉刷的部分，粉体后面的本体属于共有部分。四是“壁心和最后粉刷表层说”，认为专有部分应分内部关系和外部关系，就业主自己而言，专有部分仅指壁、柱、地板、天花板等境界部分表层所粉刷的部分，在与其他业主的关系上，专有部分包含至壁、柱、地板、天花板等境界部分厚度的中心线。[①] 上述四种学说中，“壁心和最后粉刷表层说”赋予各业主自由使用分界部分表面的权利，又顾及整体建筑物的维持，比较合理。

2. 专有部分类型

根据专有部分的独立功能，专有部分可分为四种类型：一是房屋，包括住宅、公寓、厂房、办公用房、商服用房等，这是建筑物区分所有权的主要客体。二是特定空间，具有独立和排他使用功能的房屋，以及车位、摊位等。三是露台，《最高人民法院关于审理建筑物区分所有权纠纷案件适用法律若干问题的解释》第2条第2款规定：“规划上专属于特定房屋，且建设单位销售时已经根据规划列入该特定房屋买卖合同中的露台等，应当认定为前款所称的专有部分的组成部分。”四是其他，这是建筑物的结构部分之外的建筑物附属物，如专用设施，或者附属建筑，如车库、仓库等。

3. 专有部分的面积

《最高人民法院关于审理建筑物区分所有权纠纷案件适用法律若干问题的解释》第8条规定：“民法典第二百七十八条第二款和第二百八十三条规定的专有部分面积可以按照不动产登记簿记载的面积计算；尚未进行物权登记的，暂按测绘机构的实测面积计算；尚未进行实测的，暂按房屋买卖合同记载的面积计算。”

---

① 参见温世扬、廖焕国：《物权法通论》，人民法院出版社2005年版，第283页。

第三节 业主共有权

一、业主共有权的概念

业主共有权，也称共有所有权、共用部分持分权、持分共有所有权部分，是指业主依照法律、管理规约、业主大会决定，对建筑物专有部分以外的共用部分享有的占有、使用和收益的权利。业主共有权与本书第十章的一般的共有权有本质区别，其特点是：

1. 建筑物客体决定的共有

建筑物区分所有权由专有权和共有权组成，缺一不可，这是建筑物客体所决定的。所有权客体既有专有部分也有共有部分，业主共有权仅限于建筑物的共有部分，不涉及建筑物的专有部分。一般的共有权基于主体共有而产生，即两个或两个以上的物权人对同一客体共享同一物权，同一客体上存续的既可能是单独物权也可能是共有物权，与建筑物区分所有权必然包含共有权截然不同，而且不存在共有权只限于客体一部分的情形。一言蔽之，业主共有权是客体决定的共有，一般的共有权是主体决定的共有。

2. 共有关系的复合性、多重性

业主是一种法定身份，是专有权人、共有权人、成员权人多重身份的复合。共有权包括全体业主对建筑物整体的共用权利义务、全体业主对建筑物一部分的共用权利义务、特定业主之间对建筑物特定部分的共用或专用的权利义务、全体业主与土地所有权人之间的建设用地使用权，是多重权利义务的复合。共有权行使依据包括法律、业主管理规约、业主大会决议、业主意思表示，是多重意志的复合。一般的共有权是两个或两个以上物权人之间的内部共有关系，主体确定，权利义务简单，权利义务行使主要取决于共有人意志。

3. 业主共有权不可变更或消灭

业主共有权基于客体而生，建筑物不变更、不消灭，业主共有权一如既往存在，转让建筑物区分所有权只发生主体变更，不发生业主共有权客体和内容的变更。业主任何时候均不能要求分割建筑物的共有部分，不发生业主共有权的消灭。一般的共有权可以发生客体和内容的变更，也可以因共有物的分割而消灭。

4. 业主共有权表现为业主持有份

业主持有份是建筑物区分所有权的特有现象，是指业主专有部分面积占建筑物专有部分总面积的比例，例如，建筑物专有部分总面积为1万平方米，甲业主的专有面积为100平方米，持有份为1%。业主持有份决定业主投票权和业主承担共有部分费用等义务，不具有所有权效力，不可转让或抵押。一

般的共有权份额是共有人之间的所有权份额，具有所有权效力，可以转让或抵押。

二、业主共有权的客体

业主共有权的客体是指建筑物内外的共有部分，包括四类：一是建筑区划内的道路、绿地、公用设施、物业服务用房、公共停车位等建筑物的附属物；二是建筑物内的承重、外墙、屋顶、通道、楼梯、大堂，避难层、设备层、设备间、不属于专有的露台等结构空间；三是不属于业主专有也不属于市政公用的附属设施，如消防、照明等；四是建筑区划内的不属于专有的建设用地使用权。就共有部分与专有部分的关系而言，共有部分具有以下属性：

1. 从属性

共有部分是专有部分的附属物或者从物，不能单独转让或抵押，只能随着专有部分转让而转让、抵押而抵押。

2. 不可分割性

共有部分为实现专有部分功能而存在，如楼梯、走廊、电梯等，不可与专有部分分割，共有部分不能成为单独的物权客体。共有部分在权利上也不能与专有部分分割，只能随着专有部分转让而转让、抵押而抵押，共有部分不能单独转让或抵押。

3. 不对称性

共有部分与专有部分没有比例关系，专有部分占建筑物的比例是业主行使成员权的依据，不是业主使用共有部分的比例，业主可以使用能够使用的全部共有部分，如小区道路、绿化、公共停车场等。

三、共有部分的认定

1. 法定共有部分

我国《民法典》、相关行政法规、《最高人民法院关于审理建筑物区分所有权纠纷案件适用法律若干问题的解释》明确规定，属于业主共有的为法定共有部分。包括：建筑区划内的道路，属于业主共有，但是属于城镇公共道路的除外；建筑区划内的绿地，属于业主共有，但是属于城镇公共绿地或者明示属于个人的除外；建筑区划内的其他公共场所、公用设施和物业服务用房，属于业主共有；占用业主共有的道路或者其他场地用于停放汽车的车位，属于业主共有；建筑物及其附属设施的维修资金，属于业主共有。

2. 天然共有部分

天然共有部分是指法律和合同均未规定且不具备登记条件，但其自然属性属于业主共有的部分，如建筑物的基础、承重结构、外墙、屋顶等基本结构部分，通道、楼梯、大堂等公共通行部分，消防、公共照明等附属设施设备、避难层、设备间等空间部分。

3. 约定共有部分

约定共有部分是指开发商与业主约定业主共有的部分，如开发商和业主约定建筑区划内的停车位、停车库、地下室等属于业主共有。约定共有不得与法定共有或天然共有相冲突，若冲突不产生效力。

4. 定向共有部分

共有部分一般为全体业主共用，但也有一部分由于结构或功能原因仅供部分业主共用，如某一楼层的配电室、走廊等，这称为定向共有部分。定向共有部分依然属于全体业主共有，但由部分业主使用、收益和承担费用。

四、车位（库）的归属和使用

小区车位主要有地下车位（库）、建筑物架空车位（库）和地上车（库）。车位（库）的归属和使用是我国小区最为重要的实务问题。

1. 归属于业主共有的非规划车位

我国《民法典》第275条第2款规定："占用业主共有的道路或者其他场地用于停放汽车的车位，属于业主共有。"《最高人民法院关于审理建筑物区分所有权纠纷案件适用法律若干问题的解释》第6条规定："建筑区划内在规划用于停放汽车的车位之外，占用业主共有道路或者其他场地增设的车位，应当认定为民法典第二百七十五条第二款所称的车位。"这是强制性规定，不能通过开发商与购房人的约定或业主大会决议加以改变，因为这些车位是为了满足建筑物整体功能需要，体现全体业主利益，具有公共利益意义。

2. 业主专有或专用的规划车位（库）

我国《民法典》第275条第1款规定："建筑区划内，规划用于停放汽车的车位、车库的归属，由当事人通过出售、附赠或者出租等方式约定。"这专指规划车位（库），即建筑物规划图上就已注明是车位（库），不包括建筑物规划图上注明道路或其他场所实际是业主共有的车位。规划车位可由业主专有或专用，开发商将规划车位出售、附赠给业主成为业主的专有部分，出租或借用给业主则由业主专用。

3. 国家所有由业主专用的非规划车位

我国《人民防空法》规定，建筑物的防空设施属于国家所有。防空设施空间平时可以停放车辆，在防空设施空间划出车位并将使用权转让给业主是房地产开发的惯例。这类车位有别于业主共有的非规划车位，所有权归属于国家，但因为建设成本由开发商承担，开发商有日常使用的权利，因而开发商可以转让使用权的方式将这类车位交给业主专用。

4. 规划车位（库）的使用规则

我国《民法典》第276条规定："建筑区划内，规划用于停放汽车的车位、车库应当首先满足业主的需要。"《最高人民法院关于审理建筑物区分所有权纠纷案件适用法律若干问题的解释》第5条第2款规定："前款所称配置比例是指规划确定的建筑区划内规划用于停放汽车的车位、车库与房屋套数的比例。"因而，首先满足业主需要是规划车位（库）的使用规则。这一规则的要点有二：一是业主专有或专用规划车位（库）应符合规划设计的车位（库）配比比例，依据户型大小，户与车位（库）的配比比例有1∶2、1∶1.2、1∶1、1∶0.6等，除非其他业主放弃，不能出现一户业主专有或专用几个车位（库）的情形；二是在满足业主需求后仍有空余车位的情形下，才可将车位出售或出租给非业主。

第四节　业主社员权

一、业主社员权的概念

业主社员权，又称业主的成员权、共同管理权，指业主作为业主团体成员所享有的参与建筑物共同事务管理的权利。业主团体是基于建筑物构造、功能和权利行使的共同关系自然形成的群体。我国《民法典》以业主大会和业主委员会赋予业主团体的非法人组织民事主体地位，业主团体具有管理建筑物共同事务的权利，业主是业主团体的社员，依照法律直接参与建筑物共同事务的管理。业主社员权是建筑物区分所有权的重要组成部分，主要保障业主参与管理建筑物共同事务，具有以下特性：

1. 管理性

建筑物区分所有权中，业主专有权体现业主单独的财产归属关系，业主共有权体现业主共同的财产利用关系，业主社员权体现的是建筑物共同事务的管理关系。业主社员权源于业主专有权和业主共有权，但具有相对独立性，业主参与建筑物共同事务的管理，须服从法律、有效的管理规约、有效的业主大会决议，业主专有权和业主共有权在管理事务上表现为业主社员权，犹如股权在公司事务上表现为知情权、监督权、投票权、异议权、撤销权等股东社员权。

2. 永续性

业主社员权基于建筑物构造、功能、权利行使的共同关系而生，建筑物存在是业主共同关系和社员权存续的客观基础，只要建筑物存在就有业主社员权。

3. 法定性

业主社员权虽然源于业主专有权、业主共有权，但其内容和行使由我国《民法典》和相关行政法规直接规定，业主大会可以制定管理规约和作出具体事务决议，前提是符合法律、法规，业主对不符合法律法规的管理规约和决议可以依法主张撤销。业主社员权是法定的权利。

二、业主社员权的内容

1. 决定权

我国《民法典》第278条规定了由业主共同决定的9项事项：制定和修改业主大会议事规则；制定和修改管理规约；选举业主委员会或者更换业主委员会成员；选聘和解聘物业服务企业或者其他管理人；使用建筑物及其附属设施的维修资金；筹集建筑物及其附属设施的维修资金；改建、重建建筑物及其附属设施；改变共有部分的用途或者利用共有部分从事经营活动；有关共有和共同管理权利的其他重大事项。

我国《民法典》第278条规定了上述9项事项表决通过的标准，这是一个强制性标准，由参与表决人数和同意人数两部分构成。

（1）参与表决人数的标准。参与表决业主人数所代表的专有部分面积应当占建筑物总专有部分面积的2/3以上。例如，建筑物总面积为3万平方米，其中专有部分面积为2.1万平方米，参与表决业主人数所代表的专有部分面积应当达到1.4万平方米以上。同时，参与表决业主人数也要达到专有部分面积业主总人数的2/3以上。例如，建筑物专有部分面积业主总人数为210人，参与表决人数应当达到140人以上。

（2）同意人数的标准。在符合参与表决人数法定要求的前提下，同意人数是表决事项是否通过的关键。同意人数也取决于面积和人数，而且区分为一般事项和重大事项。

一般事项是指我国《民法典》第278条规定的9项事项中除第6、7、8项事项之外的其他事项，同意业主人数所代表的专有面积应达到参与表决业主所代表的专有面积的一半以上；同时，同意业主人数应达到参与表决人数的一半以上。例如，基于参与表决业主人数所代表的专有部分面积在1.4万平方米，参与表决业主人数为210人，同意业主人数所代表的专有面积应超过0.7万平方米，同意业主人数应为105人以上。

重大事项是指我国《民法典》第278条规定的第6、7、8项事项，同意业主所代表的专有面积应达到参与表决业主所代表的专有面积的3/4以上，同时，同意业主人数应达到参与表决人数的3/4以上。例如，基于参与表决业主所代表的专有部分面积在1.4万平方米，参与表决业主人数为216人，同意业主人数所代表的专有面积应超过1.05万平方米，同意业主人数应为162人以上。

2. 撤销权

我国《民法典》第280条第2款规定："业主大会或者业主委员会作出的决定侵害业主合法权益的，受侵害的业主可以请求人民法院予以撤销。"依据《最高人民法院关于审理建筑物区分所有权纠纷案件具体应用法律若干问题的解释》第12条，受侵害业主应当自知道或应当知道业主大会或业主委员会作出决定之日起一年内行使撤销权。撤销权是业主社员权的重要保障。可以说，决定权是业主社员权的积极权能，撤销权是业主社员权的消极权能。

3. 业主义务

业主义务是业主应承担的法定义务。

（1）我国《民法典》第272条规定，"业主行使权利不得危及建筑物的安全，不得损害其他业主的合法权益"。第273条规定业主"不得以放弃权利为由不履行义务"。

（2）我国《民法典》第279条规定："业主不得违反法律、法规以及管理规约，将住宅改变为经营性用房。业主将住宅改变为经营性用房的，除遵守法律、法规以及管理规约外，应当经有利害关系的业主一致同意。"

（3）我国《民法典》第280条第1款规定："业主大会或者业主委员会的决定，对业主具有法律约束力。"

（4）我国《民法典》第286条第1款规定："业主应当遵守法律、法规以及管理规约，相关行为应当符合节约资源、保护生态环境的要求。对于物业服务企业或者其他管理人执行政府依法实施的应急处置措施和其他管理措施，业主应当依法予以配合。"

三、业主大会和业主委员会

1. 业主大会和业主委员会的性质

业主大会是指全体业主成立的管理建筑物共同事务的自治组织。业主委员会是业主大会的执行机构。我国《民法典》第277条第1款规定："业主可以设立业主大会，选举业主委员会。业主大会、业主委员会成立的具体条件和程序，依照法律、法规的规定。"《最高人民法院关于春雨花园业主委员会是否具有民事诉讼主体资格的复函》认定："业主委员会是业主大会的执行机构，根据业主大会的授权对外代表业主进行民事活动，所产生的法律后果由全体业主承担。业主委员会与他人发生民事争议的，可以作为被告参加诉讼。"这是迄今为止唯一的规范解释。业主大会在法国、日本为法人，在我国不具有法人地位，仅仅是代行业主社员权的非法人组织。业主大会和业主委员会为业主共同利益处理建筑物共同事务，所产生的法律后果由业主承担。

2. 业主大会和业主委员会的职权

业主大会的职权源于业主社员权，业主大会在有限范围内代行业主社员权。有学者认为，我国《民法典》第278条规定的9项事项属于业主大会的职权。[①]这是一种误解，这9项事项须经全体业主专项投票决定，不能由业主大会直接决定，除非法律明确规定有例外。例如，我国《民法典》第281条第2款规定："紧急情况下需要维修建筑物及其附属设施的，业主大会或者业主委员会可以依法申请使用建筑物及其附属设施的维修资金。"业主大会和业主委员会的职权主要限于建筑物日常管理。例如，我国《民法典》第286条第2、3款规定："业主大会或者业主委员会，对任意弃置垃圾、排放污染物或者噪声、违反规定饲养动物、违章搭建、侵占通道、拒付物业费等损害他人合法权益的行为，有权依照法律、法规以及管理规约，请求行为人停止侵害、排除妨害、消除危险、恢复原状、赔偿损失。业主或者其他行为人拒不履行相关义务的，有关当事人可以向有关行政主管部门报告或者投诉，有关行政主管部门应当依法处理。"

3. 业主大会和业主委员会的法律责任

业主大会和业主委员会是非法人组织，其民事活动的法律后果由业主承担。但是，业主大会和业主委员会的违约行为和侵权行为后果是否也由业主承担，值得研究。实践中已有不少业主委员会随意对外违约或侵害业主权利的纠纷，而目前的法律、法规、司法解释对此一片空白。本书认为：业主大会和业主委员会是业主自治组织，其违约和侵权行为首先应由全体业主承担，因为全体业主有选人不当的过错，业主承担责任后可以要求业主委员会成员赔偿不当行使职权导致的业主损失。只有这样，才能遏制业主委员会岗位成为无风险逐利对象的倾向。

思考题

1. 简述建筑物区分所有权的特性。
2. 如何理解业主专有权的客体？
3. 如何理解业主共有权？

延伸阅读

1. 白江：《传统与发展：德国建筑物区分所有权法的现代化》，载《法学》

---

① 参见杨立新：《物权法》（第八版），中国人民大学出版社2021年版，第101页。

2008年第7期。

2. 李国强:《建筑物区分所有权内涵的重新解释和规则厘清——基于民法典物权编编纂的展开》，载《河南社会科学》2018年第8期。

3. 王利明:《论业主的建筑物区分所有权的概念》，载《当代法学》2006年第5期。

第十章　共 有 关 系

导　语

共有是基于一物一权原则产生的特殊物权关系。共有的重心在于所有权内部关系，共有原理和规则主要源于共有人之间的利益平衡，解决共有人如何共同行使所有权、共享所有权利益、共担所有权成本的问题，也权衡共有人与他人之间的利益平衡。

按份共有的核心在于份额。份额既不是所有权的质的分割，也不是量的分割，而是共有物所有权利益的占比。一般而言，共有存续期间，份额决定共有人成员权的作用；共有消灭之时，份额决定共有物分割或价款分配的多少。成员权是共有物所有权在共有人集体决策过程中的特有形态，其权能为共有物事务的协商、表决、监督。按份共有既适用于消费性共有，也适用于生产经营性共有如公司、合伙。

共同共有是由共同关系和共有关系组合而成的法律关系。共同关系可能形成共有关系，也可能不形成共有关系，共同关系是否形成共有关系，取决于法律规定和共同关系人约定。依据我国社会现实，共同共有包括夫妻共同共有、家庭共同共有和遗产共同共有。

共有原理和规则主要适用于所有权的共有，也适用于他物权的共有。

第一节　共有关系概述

一、共有关系的意义

共有是基于一物一权原则产生的特殊物权关系。日常生活中普遍存在同一财产归两个以上主体所有的情形，如合伙购买的货车、夫妻婚后的所得、儿女法定继承的住房等。但同一物上不能有两个所有权，只能两个以上所有权人对同一财产共同享有一个所有权，由此形成共有关系。较之于单独所有是所有权人与非所有权人之间的权利义务关系，共有多了一层所有权人和所有权人之间的权利义务关系，是所有权内部关系和外部关系的结合。

共有的重心在于所有权内部关系，共有原理和规则主要源于共有人之间的利益平衡，解决共有人如何共同行使所有权、共享所有权利益、共担所有权成本的问题，公平实现每一个共有人的合法利益。同时，共有人共同行使所有权可能触动共有人以外的他人利益，一个共有人未经其他共有人同意将财产转让他人，这一转让客观上将他人卷入了共有纠纷，共有原理和规则也需要权衡共有人与他人之间的利益平衡，解决共有人和他人的利益冲突，合理保护他人的合法利益。

共有原理和规则源于所有权，传统学理将其作为所有权规则。但是，现代社会日益普遍和重要的用益物权和担保物权不乏两个以上他物权人共享，共有也指一个用益物权或担保物权内两个以上他物权人之间的权利义务关系。我国《民法典》第310条规定："两个以上组织、个人共同享有用益物权、担保物权的，参照适用本章的有关规定。"传统学理称之为准共有，"准"是传统学理固守自身知识体系的托词，正如准物权与用益物权无本质区别一样，准共有也就是他物权的共有。为避免争议，本章依然以所有权共有定义论述共有。

二、共有的概念与特征

共有是指两个以上权利人共同享有同一财产的所有权，共有的所有权人称为共有人，共有的同一财产称为共有物，共有人共同支配共有物的权利称为共有权。共有与单独所有的区别主要有：

1. 共有人为复数

一个所有权至少有两个所有权人，是共有区别于单独所有的根本特征。单独的所有权可能因增加所有权人而变成共有，共有的所有权可能因减少所有权人而变成单独所有。前者如甲购买乙的房屋的一半份额，后者如乙回购甲持有的甲乙共有房屋的一半份额。共有人可以是同类民事主体如自然人，也可以是不同类民事主体如自然人、法人、非法人组织。

2. 共有权及于整个共有物

共有权是共有人所有权的形态，对外表现为共有物所有权，对内表现为共有人按照共有份额或法律规定支配共有物的权利和义务。共有权的行使因共有的不同类型如按份共有、共同共有、总有而有所不同，但共有权效力及于整个共有物，不能认为30%份额的共有权只对共有物的30%部分产生效力，持有30%份额的共有人处分共有物一旦有效，处分的是整个共有物而不是共有物的一部分。

3. 共有权权能主要是成员权

就外部关系而言，共有权要求他人应注意和尊重共有人均为所有权人的事实，参与共有物交易时应注意交易是否出于全体共有人的共同意志。就内部关系而言，共有权表现为共有人的成员权。共有人有依照约定或法定的参与权、决策权、监督权，同时有依照约定或法律参与共有物日常管理的权利。

传统学理几乎不提共有的成员权，是因为共有常被狭义地理解为消费性共有如合买汽车或住房，德国法的民商分立遮挡了传统学理观察生产经营性共有的视线。公司和合伙是现代生产经营性共有的主要形态，公司或合伙的财产源于股东或合伙人的出资，股东或合伙人按照出资比例享有公司或合伙的股份并行使相应权利，是不折不扣的按份共有。生产经营性共有的共有物管理或经营比较复杂，须有规范有序的决定共有事务的机制，这就有了公司和合伙的法定治理结构，有了耳熟能详的社员权，社员权源于出资比例，按照出资比例行使，就是按份共有人的成员权。消费性共有的共有物管理比较简单，共有人口头约定就可以轮流使用合买的汽车，无须规范有序的决定共有事务的机制，无所谓社员权，但共有人口头约定同样是按份共有人共同决定共有事务，体现共有人的成员权，与社员权没有本质区别。

明晰共有长期被传统学理忽略的成员权，有助于以共有原理理解和应对公司和合伙等生产经营性共有的现象，有助于将公司法、合伙企业法等统一于我国《民法典》民商合一体系，有助于澄清股东或合伙人的有关社员权的不当学理解释。

4. 共有依赖于基础法律关系

共有人约定或法律规定是共有存续的基础。传统学理将共有人约定或法律规定解释为共有的法律事实[①]不甚确切。法律事实是产生、变更、消灭法律关系的原因，不一定是基础法律关系。共有人约定或法律规定不仅产生共有关系，更重要的是维持共有关系，是共有关系的基础法律关系。共有人协议或法律规定状态不变，共有关系不变。若变，共有关系也变直至消灭。共有关系存续期间，共有人协议或法律规定是共有人成员权的主要依据，按份共有关系的基础关系是按份共有协议如合伙、合资、合作、合买协议，共同共有关系的基础关系是法律规定的共同关系如婚姻、法定继承。

三、共有与公有的区别

共有和公有是两个不同的概念，共有是所有权的一种形态，公有是所有制的一种形态。国家所有或集体所有属于公有制的所有权，自然人所有属于非公有制的私人所有权，共有仅仅是指所有权由两个以上所有权人共享。共有人可能都是自然人，可能既有自然人也有国有企业和集体组织，也可能只有国有企业和集体组织，共有可能出现非公有制的共有、混合所有制的共有、公有制的共有三种情形。

公有制和非公有制构成我国基本经济制度，我国宪法确立了不同所有制的平等地位，我国《民法典》确立了公有制所有权和非公有制所有权平等保护的原则。公有是财产所有权人的一种特征，不影响共有原理和规则。

---

① 参见杨立新：《物权法》（第八版），中国人民大学出版社2021年版，第118—121页。

第二节 按份共有

一、按份共有的概念

按份共有又称分别共有，是指两个以上共有人按照各自份额对共有物享有权利、承担义务。我国《民法典》第298条规定："按份共有人对共有的不动产或者动产按照其份额享有所有权。"

按份共有的核心在于份额，甲对甲、乙共有的汽车拥有70%的份额，如无特别约定，甲有权占用70%的使用时间或里程，同时承担70%的维修费、保险费等。关于份额，曾有实在部分说、价值部分说、理想部分说、内容分属说、计算的部分说，权利范围说。[①]这些学说没有实际意义，再多的解释也不影响份额的含义。份额既不是所有权质的分割，也不是量的分割，而是共有物所有权利益的占比。份额不对应共有物某一部分，更不意味共有物依份额分割为两个以上的所有权，任何份额包括最少份额的权利义务均覆盖整个共有物。共有存续期间，份额决定共有人成员权的作用；共有消灭之时，份额决定共有物分割或价款分配的多少。

份额的确定一般由共有人事先约定，合伙、合作、合资、合买协议大多约定共有人出资比例和份额比例，未约定份额比例的以共有人出资比例确定份额，未约定出资比例的以共有人人数确定等额份额。共同共有终止可形成按份共有，如离婚协议约定当事人各自住房份额。

份额可以转让。共有人事先约定不得转让且其他共有人不同意转让的，共有人可在承担违约责任前提下要求分割共有物。为了防止份额转让损害其他共有人的利益，其他共有人在同等条件下有权优先购买拟转让份额。两个以上其他共有人要求优先购买的，由其协商确定各自的购买比例，协商不成的按转让时各自的共有份额比例行使优先购买权。

二、按份共有的权利义务

1. 成员权

按份共有人依据其份额享有对共有物事务的协商、表决、监督的权利。份额不直接导致共有人对共有物的占有、使用、收益和处分，而是赋权按份共有人参与协商、表决、监督，这是一种成员权。对共有物直接产生占有、使用、收益、处分效果的是共有人集体决策的决议，不是份额，任何共有人都不能凭借份额直接占有、使用、收益和处分共有物。成员权是共有物所有权在共有人集体决策过

---

① 参见杨立新：《物权法》（第八版），中国人民大学出版社2021年版，第118—121页。

程中的特有形态，成员权权能不是占有、使用、收益、处分，而是协商、表决、监督。

2. 管理权

按份共有人享有参与共有物日常管理的权利。我国《民法典》第300条规定："共有人按照约定管理共有的不动产或者动产；没有约定或者约定不明确的，各共有人都有管理的权利和义务。"一般而言，生产经营性共有需要明确约定由谁管理、如何管理，消费性共有物的日常管理大多无须约定或约定不明确。对于非日常管理事务，有约定的属于管理权事项，没有约定的属于成员权事项。我国《民法典》第301条规定，"对共有的不动产或者动产作重大修缮、变更性质或者用途的，应当经占份额三分之二以上的按份共有人或者全体共同共有人同意，但是共有人之间另有约定的除外"。

3. 优先购买权

按份共有人享有在同等条件下优先于非共有人购买拟转让共有份额的权利。我国《民法典》第305条规定："按份共有人可以转让其享有的共有的不动产或者动产份额。其他共有人在同等条件下享有优先购买的权利。"优先购买权是共有人的法定权利、依附于共有物所有权的从权利、以同等条件为前提的选择性权利。优先购买权的逻辑是：按份共有人不能自行处分共有物，但有权自行处分自己的份额，因为份额所代表的所有权利益专属于该份额共有人。

实践中，常有按份共有人不得转让份额的约定，这类约定可以作为按份共有人强行转让份额构成违约的依据，但不具有份额不得转让的效力，因为我国《民法典》第305条没有不得转让的文义。按份共有具有强烈的人合性，按份共有人铁了心转让其份额时已无人合性可言，其他共有人既不受让又不让转让，只能以分割共有物方式终止共有。其他共有人不能阻止按份共有人转让份额，终止共有又可能遭受损害，需要一个合理的法律救济机制。同等条件下的优先购买权足以有效维护按份共有，同等条件不损害转让份额共有人的利益，优先购买挡住了不足信任者的进入。

优先购买权的关键在于同等条件。转让价格是同等条件的核心要素，但不是唯一要素。同一价格因付款方式或期限不同而价值不同，100万元价款10年后支付与立即支付不是同一价值；100万元价款以标价100万元的物品顶替也不是同一价值，甚至有可能是转让人与受让人串通虚报价格逼迫其他共有人放弃优先购买权。因而，同等条件是一个概念确定、内涵不确定的标准，往往需要当事人或法官依据生活经验或商业习惯进行个案综合考量。

优先购买权行使包括两个环节：一是转让份额的共有人应当将转让条件及时通知其他共有人，通知应载明受让人、拟转让份额、转让对价、履行方式和期限、违约责任等转让合同必要条款的内容，便于其他共有人评估是否合理以及有无优先购买的必要。例如，受让人是其他共有人的竞争对手往往影响评估。二是其他共有人收到优先购买通知后应在合理期限内行使优先购买权，逾期不行使的视为放弃优先购买权。合理期限，共有人有约定的按约定，没有约定的按优先购买通知载明的足以使其他共有人行使优先购买权的期限，没有优先购买通知载明期限或载明期限不合理的，按转让份额的正常交易一般所需的期限。

应当注意，共有人之间转让份额不存在优先购买权的问题，因为共有人之间本来就有人合性。继承、遗赠等导致的份额转让也不存在优先购买权问题，除非按份共有人之间另有约定，因为继承、遗嘱不存在对价。

4. 分担共有物费用的义务

共有物可能产生各种费用开支，常见的有保存费用、改良费用、赔偿费用、税务费用、日常费用等。保存费用是为避免共有物灭失、毁损或其权利丧失、受限等维持共有物现状的开支，如房屋漏水维修；改良费用是因共有物重大修缮或功能改造而产生的开支，如旧房翻新；赔偿费用是共有物致他人损害而产生的赔偿开支，如屋顶物件脱落致行人受伤；税务费用是指共有物依法应缴纳的税、费开支，如公司的建设用地每年应缴土地使用税；日常费用是共有物的日常管理所产生的费用，如物业管理费、保管费等。

我国《民法典》第302条规定："共有人对共有物的管理费用以及其他负担，有约定的，按照其约定；没有约定或者约定不明确的，按份共有人按照其份额负担，共同共有人共同负担。"共有物的费用承担首先取决于共有人的约定，共有人可以约定依照份额比例承担费用，也可以不按份额比例承担费用。共有人没有约定或约定不明确的，则按照份额比例承担费用开支。

5. 遵守共有事务决议的义务

共有物事务决议是共有人占有、使用、收益、处分共有物的集体意志，在合法有效的前提下，按份共有人应当遵守共有事务决议。共有事务决议一般按照份额的少数服从多数原则表决，但共有人另有约定的除外，如公司章程约定同股不同权或一票否决。少数服从多数的标准由共有人约定，法律另有规定的除外。

三、按份共有人与第三人的关系

1. 对第三人的请求权

各按份共有人均系共有物所有权人，其与第三人是所有权人与非所有权人的关系。在第三人侵害共有物时，各按份共有人可以共同也可以单独向侵权人请求返还共有物、排除妨害或消除危险、修理或赔偿损失等。

2. 对第三人的债权或债务

一般情形下，因共有物产生的债权债务，各按份共有人对第三人享有连带债权、承担连带债务。但有两个例外：一是法律明确规定各按份共有人不承担连带债权、债务关系，如《合伙企业法》规定有限责任合伙人对合伙债务不承担连带责任；二是第三人明知或应当知悉共有人不具有连带债权债务关系，如第三人明知或应当知悉共有物由管理共有人独立经营、自负盈亏。

第三节 共同共有

一、共同共有的概念

共同共有，是指两个以上共有人基于特定共同关系对共有物无份额地享有权利和承担义务。我国《民法典》第299条规定："共同共有人对共有的不动产或者动产共同享有所有权。"

1. 共同关系与共有关系

共同共有是由共同关系和共有关系组合而成的法律关系。共同关系是共有人之间基于共同目的产生的身份关系，包括夫妻关系、家庭成员关系、继承人关系，与共有关系不是同一概念，共有关系是共有人之间基于共有物产生的财产关系。共同关系可能形成共有关系，也可能不形成共有关系，共同关系是否形成共有关系，取决于法律规定和共同关系人约定。例如，夫妻可以约定财产各自所有，如无约定，依照法律形成夫妻财产共有。在共同共有关系中，共同关系是共有关系的基础关系，共有关系是共同关系的一种财产所有形态，共同共有中，共同关系变更或消灭，共有关系随之变更或消灭。

2. 共同共有不计份额

一般而言，共同共有不计份额，这区别于按份共有。共同共有存续期间，共同共有人对共有物无份额可言，但法律另有规定的除外。共同关系消灭时，共同共有可转化为按份共有，这是共同共有消灭后的新的共有关系，不能理解为是共同共有的份额。共同共有是潜在的按份共有之说容易导致误解。[①]

3. 共同共有人权利义务平等

共同共有不计份额，不存在按份共有的份额权，共同共有人权利义务没有多少或高低之分，完全平等，共同共有人只能协商不能以表决的方式决定共有物的

---

① 参见李锡鹤：《究竟何谓"共同关系"——再论按份共有与共同共有之区别》，载《东方法学》2016年第4期。

占有、收益、使用、处分和管理等。

二、共同共有的类型

共同共有的类型取决于共同关系。现代社会，大部分共同关系以独有或按份共有规则规范和处理，共同共有主要是一些特殊的共同生活关系，依据我国社会现实，共同生活关系包括夫妻关系、家庭成员关系、继承关系，由此形成夫妻共同共有、家庭共同共有、遗产共同共有。

1. 夫妻共同共有

基于夫妻关系的共同共有，是指婚姻关系存续期间取得的财产归夫妻共同所有。夫妻关系并不必然导致夫妻共同共有，我国《民法典》第1065条规定，男女双方可以约定婚姻关系存续期间所得的财产以及婚前财产归各自所有、共同所有或者部分各自所有、部分共同所有，约定明确的依据约定，没有约定或约定不明确的，婚姻关系存续期间所得的财产属于夫妻共同共有。

2. 家庭共同共有

基于家庭共同生活关系的共同共有，是指家庭共同生活关系存续期间取得的财产归作出贡献的家庭成员共同所有。家庭共同共有不是家庭所有成员的共有，而是作出贡献的家庭成员的共有，未成年成员和对家庭共有财产未作贡献的成年成员不属于共有人，不参与或退出家庭共同共有的家庭成员也不属于共有人。所谓贡献，是指对家庭共同共有财产的取得、管理、增值付出了一定劳动或投入。家庭共同共有人对家庭共有财产的权利义务平等，除法律另有规定或者家庭成员另有约定外，共有人不得随意处分家庭共有财产。家庭共同共有因分家析产而消灭。现代社会，传统大家庭越来越少，家族企业大多采用按份共有模式，家庭共同共有已比较少见。

3. 遗产共同共有

基于遗产法定继承的共同共有，是指被继承人死亡时至遗产分割之前的遗产由法定继承人共同所有。被继承人死亡时留下的财产是遗产，遗产分配给法定继承人后成为法定继承人的财产，遗产这一概念专指法定继承人有权取得但尚未取得的财产。法定继承中，遗产是集合物，未分配之前无法确定各继承人取得多少遗产和取得哪部分遗产，因而由各继承人共同共有。遗嘱继承不存在共同共有，因为遗嘱已明确指明继承人的继承份额和遗产种类。

三、共同共有的权利义务

1. 协商权

共同共有人平等享有共有物的所有权，涉及共有物的占有、使用、收益和处分，必须由共同共有人协商一致决定，共同共有人可以同意也可以一票否决协商事项。协商权是共同共有成员权的一种形态，以一票否决为原则，有别于按份共有成员权的少数服从多数原则。

2. 管理权

共同共有人对共有物享有平等的管理权。共有物的管理由共有人协商一致确定，但法律另有规定的除外，例如继承人可以推选遗产管理人管理共同共有遗产。

3. 代理权

根据法律规定或者共同共有人的协议，共同共有人有权代理全体共有人处理共有事务或处分共有物。例如，婚姻存续期间，夫妻可依据法律规定或约定相互成为家事代理人，符合家事代理要件的，家事代理人的管理或处分行为有效。

4. 承担共有物费用的义务

和按份共有一样，共有物可能产生各种费用开支，常见的有保存费用、改良费用、赔偿费用、税务费用、日常费用等。和按份共有不同，共同共有人共同承担共有物的费用。

四、共同共有人与第三人的关系

1. 对第三人的请求权

各共同共有人均系共有物所有权人，与第三人是所有权人与非所有权人的关系。在第三人侵害共有物时，各共同共有人可以共同也可以单独向侵权人请求返还共有物、排除妨害或消除危险、修理或赔偿损失等。

2. 对第三人的债权或债务

因共有物产生的债权债务，各共同共有人对第三人享有连带债权、承担连带债务，但法律另有规定的除外。

五、婚姻财产制与共同共有

最为普遍和持久的共同共有物是婚姻财产，但婚姻财产不等于夫妻共有财产，婚姻财产包括夫妻共同财产和夫妻个人财产。夫妻共有财产不是一般的共有，而是与配偶身份不可分离的共有，是婚姻财产制下的共同共有。婚姻财产制是指婚姻财产的归属、管理、使用、收益、处分和分割等的法律规定，包括法定婚姻财产制和约定婚姻财产制。

1. 法定婚姻财产制

这是指夫妻未就婚姻财产归属作出约定或者约定无效，直接依据法律规定确认婚姻财产的归属。法定婚姻财产制以“婚后所得推定共有”为原则，我国《民法典》第1062条规定，“夫妻在婚姻关系存续期间所得的下列财产，为夫妻的共同财产，归夫妻共同所有：（一）工资、奖金、劳务报酬；（二）生产、经营、投资的收益；（三）知识产权的收益；（四）继承或者受赠的财产，但是本法第一千零六十三条第三项规定的除外；（五）其他应当归共同所有的财产”。

婚后所得财产不能理解为夫妻婚后所得的一切财产。我国《民法典》第1063条规定：“下列财产为夫妻一方的个人财产：（一）一方的婚前财产；（二）一方因受到人身损害获得的赔偿或者补偿；（三）遗嘱或者赠与合同中确定只归一方的财产；（四）一方专用的生活用品；（五）其他应当归一方的财产。”

2. 约定婚姻财产制

这是指夫妻为了排除或部分排除夫妻法定财产制的适用，明确约定婚姻财产归属。我国《民法典》第1065条规定，“男女双方可以约定婚姻关系存续期间所得的财产以及婚前财产归各自所有、共同所有或者部分各自所有、部分共同所有。约定应当采用书面形式”。约定婚姻财产制优先于法定婚姻财产制。

约定婚姻财产归属属于附随身份的法律行为，以婚姻关系存在为前提。约定的内容可以是各自所有、共同所有、部分各自所有与部分共同所有。各自所有称为分别财产制，共同所有称为一般共同制，部分各自所有与部分共同所有称为部分共同制。约定的婚姻财产既可以是婚姻关系存续期间所得财产，也可以是婚前财产。约定婚姻财产的协议直接发生婚姻财产权利变动效力，无须交付。

3. 日常家事代理

根据我国《民法典》第301条，夫妻原则上应协商一致处分其共同财产。夫妻一方擅自处分的，构成无权处分，第三人可以善意取得，配偶一方可在离婚时请求另一方赔偿损失。[①]夫妻共同生活的日常事务琐碎繁杂、事无巨细，如购物、买菜、子女教育等，无法执行共同共有人协商一致原则，需要日常家事代理，即夫妻一方因日常家庭事务与第三人为一定法律行为的视为夫妻共同意思表示。我国《民法典》第1060条第1款规定：“夫妻一方因家庭日常生活需要而实施的民事法律行为，对夫妻双方发生效力，但是夫妻一方与相对人另有约定的除外。”一般认为，日常家事代理权是共同共有协商一致原则的特例。

日常家事代理只含有与日常事务相关的婚姻财产的处分权，如抛弃废旧杂物。夫妻一方擅自处分与日常事务无关的婚姻关系存续期间的财产，属于无权代理。

4. 夫妻共同财产的分配

夫妻关系消灭，夫妻共有财产原则上均等分配。但基于夫妻关系浓厚的人伦

---

① 参见《最高人民法院关于适用〈中华人民共和国民法典〉婚姻家庭编的解释（一）》第28条。

色彩，我国《民法典》第1087条第1款规定："离婚时，夫妻的共同财产由双方协议处理；协议不成的，由人民法院根据财产的具体情况，按照照顾子女、女方和无过错方权益的原则判决。"

我国《民法典》第1066条规定："婚姻关系存续期间，有下列情形之一的，夫妻一方可以向人民法院请求分割共同财产：（一）一方有隐藏、转移、变卖、毁损、挥霍夫妻共同财产或者伪造夫妻共同债务等严重损害夫妻共同财产利益的行为；（二）一方负有法定扶养义务的人患重大疾病需要医治，另一方不同意支付相关医疗费用。"

我国《民法典》第1088条规定，"夫妻一方因抚育子女、照料老年人、协助另一方工作等负担较多义务的，离婚时有权向另一方请求补偿，另一方应当给予补偿"。

我国《民法典》第1091条规定："有下列情形之一，导致离婚的，无过错方有权请求损害赔偿：（一）重婚；（二）与他人同居；（三）实施家庭暴力；（四）虐待、遗弃家庭成员；（五）有其他重大过错。"

我国《民法典》第1092条规定："夫妻一方隐藏、转移、变卖、毁损、挥霍夫妻共同财产，或者伪造夫妻共同债务企图侵占另一方财产的，在离婚分割夫妻共同财产时，对该方可以少分或者不分。离婚后，另一方发现有上述行为的，可以向人民法院提起诉讼，请求再次分割夫妻共同财产。"

5. 夫妻共同债务的认定

我国《民法典》第1064条规定："夫妻双方共同签名或者夫妻一方事后追认等共同意思表示所负的债务，以及夫妻一方在婚姻关系存续期间以个人名义为家庭日常生活需要所负的债务，属于夫妻共同债务。夫妻一方在婚姻关系存续期间以个人名义超出家庭日常生活需要所负的债务，不属于夫妻共同债务；但是，债权人能够证明该债务用于夫妻共同生活、共同生产经营或者基于夫妻双方共同意思表示的除外。"

第四节 共有物的分割

一、分割请求权

分割请求权是指共有人在共有存续期间请求分割共有物的权利。共有的效率依赖于共有人协商，协商受阻容易导致共有物利用效率低下，共有人请求分割共有物是解决协商受阻问题的一种方式。我国《民法典》第303条规定了共有人的分割请求权。

1. 随时分割请求权

共有人没有约定不得分割或约定不明确的，按份共有人可以随时请求分割共有物。随时分割请求权对冲按份共有的少数服从多数原则，在按份共有人不接受多数决议时，按份共有人可以退出按份共有，请求依照自己的份额分割共有物。按份共有人无法接受多数决议意味着失去了人合性，而人合性是维系按份共有的纽带，这是按份共有人随时分割请求权的正当性。

2. 有条件分割请求权

共有人明确约定不得分割共有物，共有人一般不享有分割请求权。不得分割共有物约定是共有协议的组成部分，具有合同约束力，同时，共有协议以人合性为基础，失去人合性意味着共有协议目的的落空。有条件分割请求权兼顾合同目的和合同约定。按份共有中，共有人有重大理由需要分割的，可以请求分割，不受不得分割共有物约定的约束。共同共有中，共同关系丧失或有重大理由需要分割的，共有人可以请求分割，不受不得分割共有物约定的约束。

这里的重大理由，有学者理解为情势变更事由，[①]本书认为不妥。情势变更原则只能适用于权利义务相对的双方法律行为，不能适用于权利义务共同的多方法律行为。情势变更原则以适当调整合同权利义务为目的，而共有协议属于共同法律行为，不存在情势变更引发共有人利益失衡的问题。重大理由以分割共有物为目的，应当是足以严重影响共有人合性的事由。例如，管理共有物的共有人持续损害其他共有人利益，共有人自身发生重大变故不能继续共有，共有物面临重大自然、市场、社会风险，共有物的经营出现重大亏损，共同共有人感情不和长期分居等。

共同关系是共同共有的基础，共同关系丧失导致共同共有消灭，不得分割共有物约定随之失去约束力，产生分割请求权。

3. 分割请求权的义务

分割请求权是共有人单方行使的权利，无须其他共有人同意即可主张，一旦实现可能造成其他共有人损害，分割请求权人对此应予赔偿。

二、共有物分割的方法

我国《民法典》第304条规定："共有人可以协商确定分割方式。达不成协议，共有的不动产或者动产可以分割且不会因分割减损价值的，应当对实物予以分割；难以分割或者因分割会减损价值的，应当对折价或者拍卖、变卖取得的价款予以分割。共有人分割所得的不动产或者动产有瑕疵的，其他共有人应当分担

① 参见王利明、尹飞、程啸：《中国物权法教程》，人民法院出版社2007年版，第274页。

损失。”具体的分割方法有以下三种：

1. 实物分割

可以分割且分割不减损共有物价值的应当实物分割。可以分割的实物包括种类物和集合物，种类物如粮食、钢材、成品等单一财产，集合物如商铺、汽车、现金等组合的合伙财产。种类物可以数量分割，分割不影响共有物的价值和使用价值。集合物可以分割为单一物，共有人分别取得商铺、汽车或现金等单一物不影响共有物的价值和使用价值。

2. 变价分割

共有物难以分割或分割造成价值减损的应当变价分割。变价分割的共有物包括单一物、种类物、集合物。单一物一旦实物分割即失去单一物的价值和使用价值，如一辆汽车分割为汽车零部件；种类物和集合物可以实物分割但不为共有人需要，如共有人无法处理钢材或只要现金不要商铺。变价分割是指共有人拍卖或变卖共有物就价款进行分配，拍卖或变卖的方式和程序应由全体共有人协商决定，无法取得一致意见的，可由人民法院依法裁决。

3. 作价补偿

共有物可由部分共有人取得，取得共有物的共有人对其他共有人应分价款予以补偿。作价补偿不是法定分割方式，而是生活经验，共有人一致同意作价补偿，相当于共有人协商确定共有物分割。

三、共有物分割的效力

共有物分割何时生效，域外有认定主义和移转主义之分。《法国民法典》《日本民法典》《意大利民法典》认为共有物分割是确认共有人份额所有权，分割效力溯及共有成立之时；《德国民法典》认为共有物分割是将共有物所有权拆分为各自独有一物的所有权，分割效力以分割时为准。我国《民法典》对共有物分割生效未作明确规定，但共有物的“一物”和独有“一物”其实不是同一个“一物”，《德国民法典》的移转主义符合逻辑，也符合生活经验。

我国《民法典》规定了共有物瑕疵担保责任，共有人分割所得的共有物有瑕疵的，其他共有人应当分担损失。这里的瑕疵限于共有物分割时未为取得人知晓的瑕疵，取得人知晓共有物有瑕疵予以接受，属于共有物分割的合意。同时，瑕疵应当达到减损物的价值和使用价值的程度，才需要其他共有人分担损失。

思考题

1. 简述共有的定义和特征。

2. 简述按份共有中份额的意义。

3. 简述共同共有的定义和特征。

延伸阅读

1. 李锡鹤:《究竟何谓“共同关系”——再论按份共有与共同共有之区别》,载《东方法学》2016年第4期。

2. 胡吕银:《论物权法的双重结构——兼评〈物权法〉的立法体例》,载《法学评论》2007年第6期。

3. 许中缘:《论物权法中共有关系的法定与约定规则》,载《北京政法职业学院学报》2006年第4期。

4. 薛军:《〈物权法〉关于共同共有的规定在适用中的若干问题》,载《华东政法大学学报》2007年第6期。

第十一章　用益物权概述

导　语

重要财产需要用益物权，因为所有权往往不足以实现重要财产的物尽其用。现代社会的重要财产不只是土地及其他不动产，依据我国《民法典》的规定，还包括土地以外的自然资源和具有用益物权需求的动产。

用益物权指一定民事主体依照法律规定对他人所有的不动产或动产享有的占有、使用和收益的物权。用益物权以对物的占有为前提，没有对物的占有，不能发生物的使用和收益。用益物权是一种独立于所有权的他物权。

用益物权的传统学理已远远落后于时代，需要更新为现代学理。以物权二元理论为代表的现代学理认为：用益物权应当包括动产用益物权，用益物权可以包括一定的处分权能，用益物权应当具有时代特色和中国特色。我国《物权法》《民法典》体现了用益物权由传统学理更新为现代学理的过程。

第一节　用益物权的内涵

一、用益物权的意义

所有权是财产归属权利的法律表达，用益物权则是重要财产利用权利的法律表达。所有权确保所有权人利用自己的财产，用益物权承认用益物权人利用他人的财产，所有权和用益物权都是实现财产使用价值进而实现财产价值的权利路径。

对社会具有重要意义的财产需要用益物权，是因为所有权往往不足以实现重要财产的物尽其用。土地自古以来就是人类生存和发展的基本物质资料，但耕种土地的往往不是土地所有权人，私有制社会普遍出现土地所有权人不愿或没能力耕种的现象，公有制社会的制度决定土地所有权人无法耕种土地。为了有效利用土地，私有制或公有制都须承认非所有权人耕种土地的现实，建构非所有权人耕种土地的物权机制，古罗马永佃权是这样，我国土地承包经营权也是这样。现代社会的重要财产不只是土地及其不动产，依据我国《民法典》，还包括土地以外的自然资源和具有用益物权需求的动产。

物尽其用是用益物权的基本价值和功能。财产是人类社会的稀缺资源，合理配置稀缺资源是人类社会力争资源供给与需求平衡的重要路径，用益物权促使稀缺资源从所有权人流向非所有权人，避免社会需要的稀缺资源闲置于所有权人。

财产的利用效益取决于专业化、规模化、市场化，用益物权促使所有权人和有能力利用财产的非所有权人携手合作，共同分享所有权人自己利用无法获得的超额利益。财产的利用效益更取决于财产利用关系的稳定，用益物权促使所有权人与用益物权人相互尊重和信任，同时要求第三人对用益物权人予以所有权人一样的尊重。

保障用益物权人生存利益是我国用益物权特有的价值和功能。家庭承包土地和宅基地是我国农民的基本生产和生活资料，土地承包经营权和宅基地使用权不仅为了土地资源的物尽其用，而且承载着我国农民的生存利益，其设立和流转有着严格的法定条件和程序。住宅是基本的生活资料，居住权不仅减少住宅闲置，也解决特殊人群的居住需求，其设立和流转同样有着限制性的法定条件和程序。

二、用益物权的定义

《物权法》颁布之前，用益物权在我国只是一个学理概念，是指一定民事主体依照法律规定对他人所有的不动产或动产享有的占有、使用和收益的物权。我国《民法典》第323条规定："用益物权人对他人所有的不动产或者动产，依法享有占有、使用和收益的权利。"这是用益物权的法律定义，其含义有：

1. 用益物权以物的使用、收益为内容

使用是指按照物的性质和用途加以利用，收益是指收取物的孳息包括天然孳息和法定孳息。用益物权既可以是单纯地使用物或者取得物的收益，也可以是通过使用物而获取收益。用益物权一般没有处分的内容，用益物权人对物不能实施抛弃、转让等处分行为。

2. 用益物权以对物的占有为前提

占有是使用的前提，没有对物的占有，不能发生物的使用和收益。用益物权的"占有"一般是用益物权人的直接占有，但法律另有规定的也可以是用益物权人的间接占有。例如，我国《民法典》允许土地承包经营权人将土地经营权流转给他人，土地经营权人直接占有承包土地，土地承包经营权人间接占有承包土地。

3. 用益物权设立于他人所有的物

物为他人所有是用益物权设立和行使的前提，用益物权人不是物的所有权人。所有权人占有、使用、收益自己的物，是行使所有权。用益物权和所有权均可表现为占有、使用、收益权能，根本区别在于权利人是不是所有权人，用益物权是对他人所有的物的权利。

4. 用益物权的客体包括不动产和动产

受《日本民法典》、我国台湾地区"民法典"无动产用益物权的影响，传统

学理一直认为用益物权只能设立于不动产。[①]我国《民法典》虽然没有具体的有名动产用益物权，但第323条明确肯定动产是用益物权客体，这为立法在条件成熟时规定有名动产用益物权预留了空间。

第二节　用益物权的特性

一、物权性

对物的占有、使用、收益，可以基于所有权、用益物权，也可以基于租赁、借用、受托、保管等合同债权，还可以基于先占、无因管理、无权占有等占有事实。用益物权是他物权，而租赁人、借用人、受托人、保管人的占有权或使用权只是债权权能，两者要件不同、内容不同、效力不同。

1. 用益物权需要登记

不动产用益物权的变动一般以登记为生效要件。我国《民法典》的土地承包经营权和地役权虽然在合同生效时设立，但土地承包经营权设立后应登记造册，登记机构应当发放相关证书；地役权未经登记不能对抗善意第三人。合同债权变动取决于当事人合意，不以登记作为生效要件，如未登记的租赁权照样可以适用“买卖不破租赁”规则。

2. 用益物权权益可被处分

用益物权人一般无权处分用益物，但可以依法处分用益物权的财产权益。用益物权人可以抛弃或转让用益物权。例如，土地承包经营权人可将承包土地交还集体组织，也可以将土地承包经营权流转给他人。合同债权的占有权或使用权不是独立权利，不可独立处分。例如，承租人未经出租人同意不得转租，保管人不得擅自抛弃保管物。

3. 用益物权有物权保护请求权

用益物权受到所有权人或第三人侵害时，用益物权人可请求返还原物、排除妨害、消除危险和赔偿损失等。合同债权中的占有权或使用权受到侵害时，侵害人是合同相对人的只能请求其承担违约责任，侵害人不是合同相对人的只能请求占有保护。

二、用益性

用益物权支配和实现物的使用价值，其占有、使用和收益权能均围绕和体现

---

① 参见杨立新：《物权法》（第八版），中国人民大学出版社2021年版，第130页。

用益性，且可用于抵押担保。

用益性也是所有权的属性，但不是唯一属性，所有权支配物的使用价值也支配物的价值，但支配物的价值更为重要，支配了物的价值，物的使用价值就不言而喻，处分权能最为重要。用益物权没有处分权能，不能支配物的价值，仅仅是以法律规定或合同约定的方式支配和实现物的使用价值，是纯用益性的物权。用益物权的权利、义务、责任的界定和规范都以物尽其用为价值取向。例如，承包土地不允许抛荒、宅基地分配只能一户一宅。

担保物权不支配物的价值，也不支配物的使用价值，与所有权和用益物权截然有别。担保物权没有物的占有，或者占有仅仅是担保物权的构成要件，不具有用益性。

我国的土地所有权不能流转，土地不是我国担保物权的客体，用于抵押担保的财产其实是土地用益物权。这一事实是传统学理的盲点。土地价值和土地用益物权价值不同，后者是一定期限内支配特定土地使用价值的对价。例如，国有建设用地使用权的价值由出让金、使用期限、市场需要等要素构成。土地用益物权和担保物权不并存于土地，土地是用益物权的客体之一，土地用益物权是担保物权的客体之一。

三、独立性

用益物权是主权利，不从属于任何权利。用益物权虽然设定于他人所有的财产之上，但独立于所有权。与担保物权是其所担保债权的从权利不同，用益物权不受所有权变动的影响，如住宅买卖、赠与、继承不影响居住权。用益物权人在法律和合同范围内自主决定物的占有、使用和收益，不受所有权人干涉，如农民集体不能擅自收回宅基地或强令土地承包经营权人种植某一作物。传统学理认为用益物权是所有权权能分离的结果，具有派生性，不符合我国用益物权的定位。

用益物权独立于用益物权合同。用益物权合同的权利义务不全是用益物权的权利义务，用益物权种类和内容法定；用益物权合同违约责任不同于侵害用益物权的侵权责任，用益物权适用物权保护方法；用益物权合同对登记生效的用益物权不产生物权变动效力。

第三节　用益物权的种类

一、历史上的用益物权种类

罗马法上的用益物权有役权、永佃权和地上权。役权又分地役权和人役权。

地役权包括田野地役权和城市地役权，人役权包括用益权、使用权、居住权和对奴隶、牲畜的劳作权。罗马法的用益物权种类对后世大陆法系用益物权制度产生了深远影响。

法国民法秉承罗马法，在《法国民法典》第二编“财产及对于所有权的各种限制”中规定了类似于用益物权的权利，大体包括用益权、役权和地役权。[①]

德国民法的用益物权有地上权、役权和土地负担。役权包括地役权、限制的人役权、用益权和居住权。其中，用益权又分为物上用益权、权利用益权和财产用益权。

日本民法的用益物权有地上权、永小作权（永佃权）、地役权、入会权、温泉权、水权、共有权、矿业权、渔业权等。前四种规定于民法典，矿业权、渔业权规定于民事特别法，温泉权、水权、共有权为习惯法上的用益物权。

我国台湾地区“民法典”中的用益物权包括地上权、永佃权、地役权和典权，其中的典权为我国传统固有的土地用益物权。

各国和地区用益物权的种类差异较大，其中比较典型的有：

1. 地上权

这是指以建筑物或工作物为目的而使用他人所有土地及上下空间的权利。地上权制度源于罗马法，在他人所有土地上建筑房屋的人只要支付地租于土地所有权人，就可取得几乎与土地所有权人相同的权利。后为《德国民法典》《瑞士民法典》采用。[②]

2. 用益权

依照《法国民法典》第578条的规定，用益权是“对他人所有的物，如同自己所有，享有使用和收益的权利”。用益权有两个特征：一是用益权客体不以土地为限，无论土地、房屋、动产、权利或由多种财产聚合而成的综合性财产，均可设定用益权；二是用益权的权能接近于所有权，不仅有占有、使用和收益的权能，也有部分处分权能。用益权发轫于罗马法，罗马市民常常以遗嘱移转某项财产的使用权、收益权于一人，又保留该项财产本体归其他继承人所有。进入近代以后，《法国民法典》《德国民法典》《瑞士民法典》以罗马法用益权为基础规定了各自的用益权。[③]

应当注意，用益权与用益物权不能等同，用益权只是用益物权的一种。

3. 永佃权

永佃权是指以支付地租为代价而在他人所有的土地上进行永久耕种或畜牧的

---

① 参见李浩培、吴传颐、孙鸣岗译：《法国民法典》，商务印书馆1979年版，第77—84页。
② 参见谢在全：《民法物权论》（修订五版）（上册），中国政法大学出版社2011年版，第427页。
③ 参见梁慧星、陈华彬：《物权法》（第五版），法律出版社2010年版，第256页。

权利。永佃权一般依与土地所有权人的永佃权设立合同而取得，可以转让、继承或抛弃，但不能出租。永佃权人受破产宣告或积欠地租达法定限额时，土地所有权人有权撤销永佃权，收回土地。[①]

4. 典权

我国台湾地区“民法典”有典权。所谓典，是指典权人支付典价，长期如20年占有他人所有的不动产并使用和收益，典期届满，出典人可以典价回赎典物，如不回赎，典物所有权归属典权人。典权是指典权人对典物的占有、使用、收益和出典人不回赎时取得典物所有权的权利。典权源于我国南北朝，一直延续到新中国成立前后。

我国《物权法》和《民法典》未规定典权。这是因为，典是商品经济在封建社会重压下的扭曲的交易方式，在现代经济中毫无价值，完全可被便捷低廉的抵押、让与担保等取代，我国没有典权的现实需求。[②]但一些学者认为，典承载着使用收益和资金融通的双重功能，随着经济的发展，典权客体会有所扩大，[③]这种认识全然不顾典在我国绝迹已至少半个世纪的事实。

二、我国用益物权种类的历程

我国用益物权种类经历了如下过程：

1.《民法通则》的用益物权

《民法通则》第五章第一节“财产所有权和与财产所有权有关的财产权”的第80条至第83条规定了国有土地使用权、农村土地承包经营权、国有自然资源使用权、采矿权、农村自然资源承包经营权、全民所有制企业经营权和相邻权。

2. 司法解释的用益物权

最高人民法院《关于贯彻执行〈中华人民共和国民法通则〉若干问题的意见（试行）》第120条、《最高人民法院关于房屋典当回赎问题的批复》处理了新中国成立以前遗留的典权，《最高人民法院关于国营老山林场与渭昔屯林木、土地纠纷如何处理问题的复函》确认了地上权。

3. 特别法的用益物权

我国《草原法》《森林法》《渔业法》《野生动物保护法》等法律规定了放牧权、打草权、野生经济植物收获权、草地使用权、林木采伐权、水产养殖权、捕捞权和狩猎权。

---

① 参见梁慧星、陈华彬：《物权法》（第五版），法律出版社2010年版，第255页。

② 参见孟勤国：《关于典当几个基本问题的研究》，载《广西大学学报（哲学社会科学版）》1991年第1期。

③ 参见杨立新：《物权法》（第七版），中国人民大学出版社2020年版，第131页。

4.《物权法》的用益物权

《物权法》从第124条至第169条分别规定了土地承包经营权、建设用地使用权、宅基地使用权和地役权四种有名用益物权。第三编“用益物权”的第十章“一般规定”规定了国家和集体所有的自然资源占用权、海域使用权、探矿权、采矿权、取水权、水域和滩涂的养殖捕捞权。

5.《民法典》的用益物权

《民法典》在《物权法》用益物权基础上新增居住权和从土地承包经营权分离而出的土地经营权。由此，我国有名的用益物权包括土地承包经营权、土地经营权、建设用地使用权、宅基地使用权、地役权、居住权，还有自然资源占用权（包括海域使用权、探矿权、采矿权、取水权、水域和滩涂的养殖捕捞权等）。

三、自然资源占有权的概念

1. 准物权一词的不当

准物权是我国海峡两岸一些学者的学理名词，[①] 又称特许物权，是指非所有权人对土地之外自然资源开发利用的权利，包括海域使用权、探矿权、采矿权、取水权、养殖权等。也有学者称其为“准用益物权”。[②]

自然资源区分为土地和土地之外自然资源，因为土地和土地之外自然资源的用途和开发不同。土地主要用于农业生产和建造地上物，用途比较单一，开发方式和利益比较确定，且土地开发利用历史悠久，形成了比较成熟的土地权利及其体系，无论是罗马法、德国物权法或英美财产法，土地利用权利的核心意义无实质性差异。土地之外自然资源的用途具有特异性，海域、矿藏、动植物等的用途各异，即便是水资源也有取水、养殖、发电等不同用途，且土地之外自然资源的开发大多依赖科学技术，新的科学技术产生新的开发方式和利益，淘汰以往的开发方式和利益，其权利及体系是一个探索和发展的动态进程。土地权利难以合理解释和容纳土地之外自然资源的利用权利。

准物权试图统领土地之外的自然资源，这一努力本身没错，但准物权不是一个科学名词。一是准物权与物权处在同一逻辑层面，用益物权是物权的下位概念，土地之外自然资源利用权利又是用益物权的下位概念，以上位概念指代下位概念甚至是下位的下位概念是常识逻辑错误。二是准物权首先认为土地之外自然资源利用权利不是物权，只是准用物权规范，这一定性严重不当。土地之外自然资源利用权利与土地用益物权的重大差异仅仅是不同用益物权之间的差异，并

---

① 参见崔建远：《准物权研究》，法律出版社2003年版，第20页。
② 参见王利明：《物权法》，中国人民大学出版社2015年版，第219页。

非物权和非物权的区别，现实生活从未怀疑土地之外自然资源利用权利的物权地位。相比而言，特许物权一词远比准物权准确。

2. 自然资源占有权的概念

我国《民法典》第324条规定："国家所有或者国家所有由集体使用以及法律规定属于集体所有的自然资源，组织、个人依法可以占有、使用和收益。"土地之外自然资源利用权利是用益物权毋庸置疑。与其他用益物权有所不同的是，土地之外自然资源的用益物权特异性强，国家基本上以单行法方式规范和保护，无须《民法典》作具体规定。但学理上，土地之外自然资源的用益物权需要一个简明准确的名词，基于准物权一词逻辑不当，特许物权一词不够精确，占有是土地之外自然资源利用不可缺少的权能，本书称之为"自然资源占有权"。

自然资源占有权是占有权人对土地之外自然资源的占有、使用和收益的权利。占有是自然资源开发利用的前提，也是各种自然资源利用权利的共性所在。现代社会，任何人占有土地之外自然资源须经政府许可，政府发放的证照如探矿证、采矿证是占有权人对特定区域自然资源合法占有的依据，依据我国《民法典》第325条"国家实行自然资源有偿使用制度"，证照的取得需要支付特定对价。探矿、采矿、取水、养殖、捕捞是占有权人对特定区域自然资源的使用，产品或其他财产利益是占有权人开发利用特定区域自然资源的收益。

自然资源占有权的设立程序和具体内容由各自然资源的法律、法规加以规定。

四、自然资源占用权的种类

1. 海域使用权

海域使用权是指占有权人依法占有、使用特定海域并获取收益的权利。我国《民法典》第328条规定："依法取得的海域使用权受法律保护。"

有学者认为，海域使用权的产生只有取得过程，没有设定行为，海域使用权不同于一般用益物权的"合意+公示"取得方式，采取的是行政审批方式。[①]这是误解。一是占有权人向相关主管部门提出申请、主管部门审批许可，这就是申请人和相关主管部门的"合意"过程，和建设土地使用权是土地使用人和土地管理部门的合意结果没有质的区别。二是主管部门许可登记与颁发证照具有物权公示效力，同样是用益物权的设定行为，与建设用地使用权的设立没有质的区别。

海域使用权的客体是特定范围内的海水体（而非海水量）及其海床和底土，亦即特定海域的空间。这一空间不是无限的，是基于海域利用的必需在空间上的

① 参见王利明：《物权法》，中国人民大学出版社2015年版，第225页。

应有延伸。同理，海域使用权支配性和排他性也与具体海域利用的必需相关，不具有绝对支配性和排他性。

2. 探矿权和采矿权

探矿权和采矿权属于矿业权。矿业权是指占有权人经主管机关批准，依法在国家所有的特定矿区从事勘探、开采作业以获取矿产品或其他收益的权利。探矿权和采矿权所获取利益不同。探矿权取得的是矿石标本、地质资料等利益，采矿权取得的是矿产品等利益。矿产资源专属于国家所有，法律对矿产资源进行严格管理。我国《民法典》第329条确认了探矿权、采矿权。

3. 取水权

取水权是指占有权人利用取水工程或设施直接从江河、湖泊或地下取用水的权利。取水权的客体是特定水资源。申请人经申请、审查、批准等程序获得取水许可证是取水权的取得，缴纳水资源费是支付取水权对价。取水许可有明确的期限和限额，经原审批机关批准，取水权人可依法转让节约的水资源。我国《民法典》第329条确认了取水权。

4. 养殖权和捕捞权

养殖权和捕捞权属于渔业权。渔业权是指权利人在特定水域从事水产养殖或捕捞作业以获取相关收益的权利。养殖要利用国有的海域、湖泊、滩涂等资源，养殖过程中易造成水质污染等生态环境破坏，国家严格控制养殖经营者的资质和能力等，养殖权的取得须经行政许可。捕捞权以捕捞水生动植物产品并获取其所有权为目的，不当捕捞对水生动植物资源造成损害甚至灾难性破坏，捕捞权的取得须经行政许可。一般而言，捕捞权不具有绝对的排他性，同一区域可许可多人从事捕捞，但捕捞权客体是水生动植物资源，通过证照特定化并体现捕捞权人的财产利益，捕捞权仍然具有排他性。我国《民法典》第329条确认了养殖权和捕捞权。

第四节 我国用益物权学理的更新

一、用益物权的传统学理

物权法的传统学理是指以德国民法教义学为核心的物权原理和体系。德国物权法为日本、我国台湾地区继受的过程，也是传统学理传播和影响的过程。传统学理在我国的传播和影响主要经历三个阶段：一是1995年前后从我国台湾地区全面引入传统学理，催生了两个中国物权法草案专家建议稿和全国人大法工委物权法立法草案前两稿；二是2001年至2007年，物权二元理论及其建议稿引发物权立法重大争论，最终，在物权法调整对象、物权客体、基本原则、用益物权等物权法基本问题上，我国《物权法》基本抛弃了传统学理；三是2007年至今，随着物权理论研究视野的拓展和我国《民法典》对担保物权的修补，传统学理的影响力持续收缩，基本上限于物权法的名词、术语、概念层面。

用益物权的传统学理是物权法传统学理的组成部分。罗马法和近代大陆民法以“个人主义”为价值取向，强调物的“所有”，形成以所有权为中心的物权体系，用益物权仅仅作为现实生活无法回避的事实而存在，是有限物权、不完全物权。由此，用益物权的传统学理认为：

其一，用益物权客体限于不动产。理由是动产价值微小、没有用益物权需求，动产以交付公示、没有用益物权的必要，动产种类繁多、没有用益物权的可能。[①]

其二，用益物权不能有处分权能。理由是用益物权的使用和收益目的不需要处分权能，处分权能会导致所有权的转移或消灭，只能专属于所有权。[②]

其三，用益物权是所有权派生的权利。理由是所有权的一项或几项权能可暂时与所有权分离，用益物权是分离期间的所有权权能，分离的所有权权能回归所有权，即用益物权消灭。[③]

二、用益物权的现代学理

用益物权的传统学理是近代社会之前用益物权理论的反映，远远落后于时代。现代社会，随着科学技术的不断发展和社会分工的不断细化，所有权人利用自己财产的效益往往不如将财产交给专业的非所有权人利用所产生的效益，而非所有权人愿意利用他人财产往往基于可以分享财产利用的效益，以平等互利为基石的用益物权呈现常态化、多样化、普遍化。人类至今不能解决资源短缺和分配不公的问题，所有权依然不可或缺；人类已能最大限度利用财产进而推动社会文明和进步，用益物权的价值和功能足以并肩所有权。[④]这就有了以物权二元理论为代表的用益物权的现代学理，主要内容有：

1. 用益物权应当包括动产用益物权

传统学理否定动产用益物权的理由不当。即便近代社会以前，动产也不全是价值微小的，也不是没有动产用益物权，罗马法、《法国民法典》、《德国民法典》

---

① 参见杨立新：《物权法》（第七版），中国人民大学出版社2020年版，第130页；梁慧星、陈华彬：《物权法》（第五版），法律出版社2010年版，第252页。

② 参见王利明：《物权法》，中国人民大学出版社2015年版，第212页。

③ 参见［罗马］查士丁尼：《法学总论——法学阶梯》，张企泰译，商务印书馆1989年版，第64页。

④ 参见孟勤国：《占有概念的历史发展与中国占有制度》，载《中国社会科学》1993年第4期（中文版），1994年第4期（英文版）。

都有动产用益物权,[①]动产种类繁多与用益物权只设定于重要动产不相矛盾。现代经济呈现科技化、信用化、证券化、全球化，涌现了众多新的重要动产和动产交易模式，重要动产对生产和生活的意义丝毫不逊于不动产，甚至不动产也需要通过证券化增加价值的流动性，以农耕和蒸汽机时代的动产意义定位现代社会的动产未免陈腐。我国《物权法》第117条、《民法典》第323条依据现代学理确认用益物权可以设定于动产，是我国物权法现代化的重要标志，为融资租赁用益权、信托动产使用权、公共资源专用权这样的动产用益物权[②]预留了空间。

2. 用益物权可以包括一定的处分权能

用益性是用益物权的基本属性，用益物权不能导致所有权消灭，这是传统学理和现代学理的共识。但是，传统学理认为用益性与处分权能水火不容有失偏颇。现代学理认为，用益物权人以损害所有权利益为目的的处分固然不行，但如果处分是为了保护或增值所有权利益应该允许。例如，因房屋所有权人下落不明，居住权人签署了房屋拆迁协议，这一处分行为虽然导致被拆迁房屋所有权消灭，但房屋所有权人由此获得了房屋所有权补偿，《国有土地上房屋征收与补偿条例》第21条称之为房屋产权调换。处分权能对于不动产用益物权比较罕见，对于动产用益物权可能相当普遍。例如，证券基金管理人其实就是特定证券基金的用益物权人，其每一次买卖股票都是对基金资产的处分。由于种种原因，我国《民法典》未将处分权能作为用益物权的权能，这是一个有待补救的遗憾。

3. 用益物权应当具有时代特色和中国特色

传统学理对用益物权的认识停留在直观层面，未提取出像所有权那样的一般原理，也未设计出像所有权那样的通用规则，且凭着权能相同就作出用益物权是分离的所有权权能的结论。这既是因为传统学理以解决财产归属问题为己任，也是因为用益物权从来是特定时空的存在。现代学理认为，自罗马法以来，各国用益物权种类大有不同，名称不一，这不过是立法者的生活经验和判断而已，任何一种用益物权都出于当时普遍而重要的生活需求。我国《民法典》将动产与不动产并列为用益物权客体，体现和提升了动产的地位和价值，现代特色鲜明。我国《民法典》的用益物权，除了地役权，其他的用益物权都完全中国化。土地承包经营权、土地经营权、宅基地使用权从名称到内容都体现我国农村改革开放的成果，建设用地使用权是我国公有土地特有的利用模式，不以人役性为要素的居住权对于应对我国老龄化社会具有重要意义。

---

① 《法国民法典》第581条、《德国民法典》第1032条。

② 参见孟勤国:《民法典应设立的三种动产用益物权》，载《月旦民商法杂志》2015年第12期。

思考题

1. 简述用益物权的定义和特性。
2. 简述确立自然资源占有权的正当性。
3. 简述我国用益物权学理更新的必要性。

延伸阅读

1. 孟勤国:《民法典应设立的三种动产用益物权》,载《月旦民商法杂志》2015年第12期。

2. 陈小君:《论传统民法中的用益物权及其现实意义》,载《法商研究》1995年第4期。

3. 房绍坤:《用益物权与所有权关系辨析》,载《法学论坛》2003年第4期。

4. 温世扬、廖焕国:《人役权制度与中国物权法》,载《时代法学》2004年第5期。

5. 李冬:《自然资源资产国家所有权委托代理行使的法律表达》,载《中国不动产法研究》2021年第2期。

第十二章　土地承包经营权

导　　语

土地承包经营权是土地承包经营权人依据家庭承包或非家庭承包方式在集体土地或国有农地上从事农业生产经营活动的占有、使用和收益的权利。土地承包经营权是我国土地联产承包责任制的实践产物，具有鲜明的中国特色，是人类史无前例的法律权利。

土地承包经营权是土地承包经营权人占有和经营土地权利与义务的统一体。土地承包经营权是一种独立物权，可以对抗土地所有权人及一切非物权人的非法干预和侵害。

土地承包经营权设立须遵循物权法定和公平民主原则。土地承包经营权以承包合同为设立方式。土地承包经营权的流转不是简单的主体变更，而是土地承包经营权法律关系的重新建构。我国《民法典》区分了土地承包经营权的流转和分离，严格规定了土地承包经营权的流转形式，即互换和转让。

土地承包经营权的分离是指土地承包经营权人在保留承包权的前提下将土地经营权转让给他人，承包人享有土地承包权，土地经营权人享有土地经营权。土地经营权的性质存在学理争议，用益物权说是目前与实际生活最为接近的解释。

第一节　土地承包经营权的内涵

一、土地承包经营权的概念

土地承包经营权是土地承包经营权人依据家庭承包或非家庭承包方式在集体土地或国有农地上从事农业生产经营活动的占有、使用、收益的权利，有以下要点：

1. 土地承包经营权人是农业生产经营者

土地承包经营权主体限于从事农业生产经营的自然人、法人或其他组织。我国《民法典》第330条第1款规定："农村集体经济组织实行家庭承包经营为基础、统分结合的双层经营体制。"家庭承包是指农户承包经营集体土地或国有土地，依据我国《民法典》第55条规定，农户是指农村承包经营户，属于从事农业生产经营的特殊自然人主体。非家庭承包是指农户以外的农业生产经营者包括自然人、法人或其他组织承包经营荒山、荒丘、荒沟、荒滩等四荒地。

2. 承包经营土地是农用土地

我国《农村土地承包法》第2条规定："本法所称农村土地，是指农民集体所有和国家所有依法由农民集体使用的耕地、林地、草地，以及其他依法用于农业的土地。"农村土地主要是农村集体所有的农用土地，也有一些国有土地如国有农场、林场的土地。农村土地范围广泛，除建设用地以外的土地均为农村土地。农村土地可简称为农地，只能用于农业生产经营活动。

3. 土地承包经营是直接的农业生产经营

直接的农业生产经营是指种植、养殖、畜牧等直接利用农地获得农业产品的过程。这一过程有别于农业产品加工，后者不直接从土地利用获取收益，只是加工需要占用一定土地。这一过程也不是临时性的生产经营活动，而是持续、稳定、长期的生产经营活动。

4. 土地承包经营权是用益物权

我国《民法典》第331条规定："土地承包经营权人依法对其承包经营的耕地、林地、草地等享有占有、使用和收益的权利，有权从事种植业、林业、畜牧业等农业生产。"土地承包经营期间，土地承包经营权人可将其中的土地经营权在一定期限内流转给他人，由他人占有、使用和收益。

二、土地承包经营权的意义

土地承包经营权是我国土地联产承包责任制的实践产物，具有鲜明的中国特色，是人类史无前例的法律权利。

1. 土地承包经营权事关中华民族的命运

土地公有是中国特色社会主义的基本制度，公有土地如何物尽其用是我国社会主义实践的核心问题。始于1978年的土地承包经营使农村土地所有权和经营权法定分离，最大限度调动了农民的生产积极性，实现了公有的生产资料和劳动者的最佳结合，不仅是我国从站起来到富起来的主要标志，而且是支撑我国今后从富起来到强起来的百年基础。习近平指出："巩固和完善农村基本经营制度，深化农村土地制度改革，完善承包地'三权'分置制度。保持土地承包关系稳定并长久不变，第二轮土地承包到期后再延长三十年。"[①]

2. 土地承包经营权事关我国几亿农民的生存

农民的生存依赖于土地权利。新中国成立初期的土地改革让农民获得了土地

① 习近平：《决胜全面建成小康社会，夺取新时代中国特色社会主义伟大胜利——在中国共产党第十九次全国代表大会上的报告》(2017年10月18日)，人民出版社2017年版，第32页。

所有权，随后的农业合作化让农民以土地入股、集体劳动、统一经营，人民公社化将农民土地收归集体所有。党的十一届三中全会之后，农民通过土地承包获得了土地的经营权、自我支配劳动力的自由权、劳动产品的所有权，不仅解决了我国14亿多人口的吃饭问题，而且几亿农民由此摆脱贫困、奔向富裕。农民生存状况的根本转折，始于而且贯穿于农民拥有独立的不以土地所有权人意志为转移的土地用益物权，土地承包经营权从过去到未来都是我国农民的生存发展权。因而，我国《农村土地承包法》第27条规定，“承包期内，发包方不得收回承包地。国家保护进城农户的土地承包经营权。不得以退出土地承包经营权作为农户进城落户的条件。承包期内，承包农户进城落户的，引导支持其按照自愿有偿原则依法在本集体经济组织内转让土地承包经营权或者将承包地交回发包方，也可以鼓励其流转土地经营权”。

第二节 土地承包经营权的内容

土地承包经营权是土地承包经营权人占有和经营土地权利与义务的统一体。《民法典》规定了土地承包经营权人的基本权利义务，权利义务的具体化有待土地承包经营合同确定。基本权利义务是土地承包经营权基本性质和功能的反映，区别于其他土地用益物权。土地承包经营权是一种独立物权，可以对抗土地所有权人及一切非物权人的非法干预和侵害。

一、土地承包经营权人的基本权利

我国《农村土地承包法》第37条规定：“土地经营权人有权在合同约定的期限内占有农村土地，自主开展农业生产经营并取得收益。”

1. 土地占有权

土地占有权是指土地承包经营权人占有经营国有或集体所有农地的权利。土地承包经营权因农业生产目的而产生，以占有农地事实为基础，没有占有权能无所谓土地承包经营权人的使用、收益权能。土地占有权以经营为目的，土地承包经营权人将土地经营权流转给土地经营权人时，土地占有权随之流转，土地经营权转回土地承包经营权人时，土地占有权也随之转回。

2. 经营自主权

经营自主权是指土地承包经营权人按照土地自然特性或约定用途等独立自主经营农业生产的权利。土地承包经营权人从事农业生产，以获取农业收益为目的，对土地经营覆盖农业生产的各方面和全过程，必须有自主决定的权利。土地所有权人不能指令土地承包经营权人种植什么、不种植什么，地方政府部门也不能以集约经营、特色经营为由强迫土地承包经营权人服从。经营自主权以土地自然特性或约定用途为基础，耕地上耕种，草原上放牧，水面或滩涂上养殖，丘陵或山岭上种植等，往往是承包土地所在区域的农业生产的普遍状态，除非土地承包经营合同另有约定，自主经营应尊重承包土地的历史和现状。为实现经营目的，土地承包经营权人可在承包土地上修建必要的附属设施并对其拥有所有权，这不属于改变土地农业用途或违背土地自然特性。

3. 经营收益权

经营收益权是指土地承包经营权人取得农业产品及其相关利益的权利。农业生产经营需要一定的人力、物力、财力，土地的产出及其相关利益如政府补贴作为经营回报，归属于土地承包经营权人或土地经营权人。土地承包经营权人在土地上种植、养殖、畜牧的农作物、水产品和牲畜禽类等，其所有权属于土地承包经营权人。土地承包经营权设立之前的植物等归土地所有权人，孳息所有权归土地承包经营权人。土地承包经营权变更时，土地承包经营权人在经营上的投入应有相应的合理补偿。我国《农村土地承包法》第27条第4款规定：“承包期内，承包方交回承包地或者发包方依法收回承包地时，承包方对其在承包地上投入而提高土地生产能力的，有权获得相应的补偿。”

4. 经营权益的处分权

经营权益的处分权是指土地承包经营权人依法处分其土地承包经营权益的权利。用益物权人不能处分用益财产，可依法处分用益物权自身权益如土地经营权益。土地经营权益包括两方面：一是指土地承包经营权本身。我国《民法典》第334条规定：“土地承包经营权人依照法律规定，有权将土地承包经营权互换、转让。未经依法批准，不得将承包地用于非农建设。”二是指土地承包经营权人在承包期内的占有、使用、收益的权益。《民法典》第339条规定：“土地承包经营权人可以自主决定依法采取出租、入股或者其他方式向他人流转土地经营权。”我国的土地所有权不能流转、土地承包经营权流转严格受限，土地流转主要通过土地经营权流转的方式实现。土地经营权流转其实就是土地承包经营权人处分一定期限的占有、使用和收益权益，土地经营权存续期间，土地的经营权益归属土地经营权人。

二、土地承包经营权人的基本义务

土地承包经营权人作为土地所有权人的特定义务人，所负义务不是一般意义的尊重所有权，而是贯穿于土地经营始终、与经营行为不可分割的义务。基于农地的特殊性，土地承包经营权应包括下列基本义务：

1. 不得随意改变土地用途的义务

土地承包经营权人经营土地应符合土地的自然属性和约定的用途，不得随意改变。农业生产土地用途是一个村、一个乡乃至于更大区域的一定的农业生产结构的反映，在一定的自然条件和生产水平的基础上，历史地形成了一个区域的土地在不同种类农业生产中的分工，每一块土地的用途是这种分工的自然体现。为了一定区域农业生产的可持续性发展，土地所有权人与土地承包经营权人在设定土地承包经营权时，要对农业生产的用途进行约定。这种约定按大类区分，如种植、养殖和畜牧，必要时可进一步约定类别，如种植草本植物或木本植物等。一定的农业生产结构在一定时期相对稳定而且具有一定的自我调节能力，但不排斥个别土地用途的变动。土地承包经营权人在权利存续期间可以视生产经营需要，改变具体的生产经营项目，对农业生产土地的用途作一定程度的改变。但这种个别土地用途的变动也得置于一定区域的农业产业结构的框架内，在不影响或有利于一定区域农业生产可持续发展的前提下，以慎重而有序的方式变动土地用途。这种变动主要是指土地承包经营权人按自然和市场的要求变动农业生产经营项目，是基于农业产业结构合理调整而产生的土地用途的变更。

2. 维持土地地力的义务

土地承包经营权人经营土地应维护土地的肥力和使用性能。土地资源的利用不仅是土地承包经营权人的权利，也涉及其他社会成员和子孙后代的生存权利。土地承包经营权人应合理利用土地，提高土地效用，土地肥力的维持起码不低于土地承包经营权设立时的水平。地力维持涉及许多具体问题，如农民的经济能力、经验和技术，地力状况的检查和评估等，不能完全依赖于土地承包经营权人的自律，地方政府的监督、指导和服务不可缺少。县或乡镇政府可以依土地的生产习惯和经验判断地力状况，定期或不定期地检测地力，提供一定的资金技术帮助农民改良土地，采取一定的措施防污、防灾，减少自然因素和人为因素对地力的侵蚀，形成一些相对稳定、统一的地力维持要求和规则。

3. 不得抛荒土地的义务

土地承包经营权人取得土地承包经营权后，必须从事农业生产经营。我国本就人多地少，承包了土地又抛荒，既浪费土地资源，又易造成土地损害。一旦抛荒成风，会直接威胁百姓安居乐业和社会稳定发展。现实生活中，农民抛荒的原因很多，但无论何种原因，都不能作为土地承包经营权人抛荒的正当理由。政府和社会可以而且必须在整治抛荒的客观环境上采取有力措施，不应允许土地承包经营权人抛荒。

4. 不得随意流转土地的义务

土地承包经营权人处分自己的土地承包经营权益应受相关条件和程序的限

制。土地承包经营权人有权处分自己的土地承包经营权益，但处分导致的土地流转是一个严肃的社会问题。我国不存在土地自由流转的社会基础，土地作为社会基础性的资源，其流转有一定的必要性与合理性，但须为我国社会所能承受。允不允许土地流转、允许什么样的土地流转、土转流转依什么规则进行，取决于我国社会发展的现实需要和可能。因此，土地承包经营权人处分自己的土地承包权益不具有绝对意义，依照法律规定的条件和程序流转土地是土地承包经营权人不可缺少的义务。

5. 给付土地承包金的义务

土地承包经营权人应按照法律规定与合同约定缴纳承包金。目前，我国法律政策尚无关于土地承包金的规定，是否缴纳以及缴纳的多寡由当事人自行协商。家庭承包经营合同大多没有土地承包金条款，因为家庭承包其实是农民集体成员分享集体土地利益，且家庭承包是农户生存利益所在，可以不论对价。土地承包金是土地经营权流转和非家庭承包经营的对价，是土地经营权流转合同和非家庭承包经营合同的主要条款，土地经营权人和非家庭承包经营人必须履行缴纳土地承包金的义务。

第三节　土地承包经营权的变动

一、土地承包经营权的设立

1. 设立原则

（1）土地承包经营权的设立须遵循物权法定原则。土地承包经营权最初来自中共中央文件，后由《民法通则》《农村土地承包法》予以确认。《物权法》之前，土地承包经营权曾有债权或物权的争议，《物权法》和《民法典》先后确认土地承包经营权是用益物权，受物权法定原则约束。

（2）土地承包经营权的设立须遵循公平民主原则。一般财产设立用益物权取决于当事人利益互利或双赢，体现效率原则。农地不仅涉及农民的财产权，而且涉及农民的生存权，不允许土地所有权人依照利益最大化原则选择土地承包经营权人。一定区域农民集体的成员有权承包经营土地，土地承包经营方案须在公平基础上民主协商，非家庭承包经营合同须经农民集体成员共同审议决定。《农村土地承包法》第19条第3项规定："承包方案应当按照本法第十三条的规定，依法经本集体经济组织成员的村民会议三分之二以上成员或者三分之二以上村民代表的同意。"《民法典》第261条规定，"农民集体所有的不动产和动产，属于本集体成员集体所有。下列事项应当依照法定程序经本集体成员决定：（一）土地承包方案以及将土地发包给本集体以外的组织或者个人承包”。

2. 设立方式

土地承包经营权以承包合同为设立方式，其构成要件有：

（1）有效的、一致的意思表示。土地所有权人和土地承包经营权人就土地承包经营权人占有和经营土地的时间、方式、内容和法律责任等作出具体约定，具备意思表示生效的条件。承包经营的土地一般为村农民集体所有，根据集体土地所有权的行使规则，由村民委员会以集体所有权代表的身份同土地承包经营权人签订承包合同。

（2）承包合同内容不得与法律政策冲突。土地承包经营具有重大社会意义，相关的法律政策对土地承包经营权多有明确规定，可由当事人自由约定的不多，即便可自由约定也必须符合法律、政策原则和规则。土地承包经营权的具体权利义务必须在法律、政策框架内。

（3）自承包合同成立时设立。不动产物权变动一般以登记为生效要件，土地承包经营权设立是法定例外。《农村土地承包法》第23条规定：“承包合同自成立之日起生效。承包方自承包合同生效时取得土地承包经营权。”《民法典》第333条第1款规定：“土地承包经营权自土地承包经营权合同生效时设立。”土地承包经营权设立无须登记。土地承包经营权设立后可以申请登记，但登记发放的土地承包经营权证只是确认土地承包经营权，不是土地承包经营权的设立要件。

3. 公示方式

《农村土地承包法》第24条规定：“国家对耕地、林地和草地等实行统一登记，登记机构应当向承包方颁发土地承包经营权证或者林权证等证书，并登记造册，确认土地承包经营权。”《民法典》第333条第2款规定：“登记机构应当向土地承包经营权人发放土地承包经营权证、林权证等证书，并登记造册，确认土地承包经营权。”近年来，我国不断推进土地承包经营权的统一登记，登记成为土地承包经营权设立的重要公示方式。

但是，占有依然是土地承包经营权的公示方式。占有是土地承包经营权的基础权能，是农业生产经营活动的前提，尤其是家庭承包，村民日出而作、日落而息，彼此熟悉承包土地的位置，很少发生承包土地界限不明的纠纷。

4. 存续期限

土地承包经营权有期限。《农村土地承包法》第21条规定，耕地的承包期为30年；草地的承包期为30年至50年；林地的承包期为30年至70年；特殊林木的林地承包期，经国务院林业行政主管部门批准可以延长。《民法典》第332条规定了同样的期限。这是法定期限。非家庭承包的土地承包经营权存续期限由土地所有权人和承包经营权人在法定期限内协商确定，家庭承包分离的土地经营权存续期限由土地承包经营权人与土地经营权人在剩余的承包期限内协商确定。

土地承包经营权期限届满后，土地承包经营权人有权申请续展，土地所有权人非有正当理由，不得拒绝，但合同另有约定或法律另有规定的除外。

二、土地承包经营权的变更

1. 土地承包经营权的流转

土地承包经营权的设立标志着一定土地承包经营关系的形成和确立。《农村土地承包法》第4条规定："农村土地承包后，土地的所有权性质不变。承包地不得买卖。"这是为了保持农村土地承包关系稳定，确保农民对土地长期占有和经营的权利，并无不许土地承包经营权流转的含义。现实生活中，土地承包经营权流转总会发生，而且，随着农村社会经济结构变化，土地承包经营权流转逐渐频繁。土地承包经营权流转，是指土地承包经营权人将土地承包经营权流转给他人，他人成为新的土地承包经营权人的过程，也就是主体变更。

这不是简单的主体变更，而是土地承包经营权法律关系的重新建构，可以理解为流转土地的原土地承包经营权消灭，新土地承包经营权设立。《物权法》的流转概念比较宽泛，转包、互换、转让甚至入股、抵押都称为流转，《民法典》区分了土地承包经营权的流转和分离，严格规定了土地承包经营权流转形式，即互换和转让。

（1）互换。这是指土地承包经营权人基于方便耕种或各自需要相互交换同一集体经济组织土地的承包经营权。例如，村东的农户将其承包的村西土地与村西的农户交换村东土地。当年的土地承包大多是好坏肥瘦搭配，与几十年后的农业生产经营需求多有差距，互换可以优化土地经营。互换的土地承包经营权应有相同性质，家庭承包与非家庭承包之间的土地承包经营权不能互换，因为家庭承包的农户成员权不可流转。尊重土地所有权是土地承包经营权的义务，互换应向发包方备案，发包方如发现互换不符合法定条件，有权提出异议。

（2）转让。这是指土地承包经营权人将土地承包经营权转让给他人。家庭承包的土地承包经营权只能在本集体经济组织内转让，《农村土地承包法》第34条规定："经发包方同意，承包方可以将全部或者部分的土地承包经营权转让给本集体经济组织的其他农户，由该农户同发包方确立新的承包关系，原承包方与发包方在该土地上的承包关系即行终止。"非家庭承包的土地承包经营权没有身份限制，转让不限于本集体经济组织内外，但应取得发包方的同意。

2. 土地承包经营权的分离

土地承包经营权的分离是指土地承包经营权人在保留承包权的前提下将土地经营权转让给他人，也就是土地承包经营权一分为二，承包人享有土地承包权，土地经营人享有土地经营权。《农村土地承包法》第9条规定："承包方承包土地后，享有土地承包经营权，可以自己经营，也可以保留土地承包权，流转其承包地的土地经营权，由他人经营。"第10条规定："国家保护承包方依法、自愿、有偿流转土地经营权，保护土地经营权人的合法权益，任何组织和个人不得侵犯。"

土地承包经营权分离是权利和主体的部分变更。土地承包经营权分离后成为独立的权利，形成土地承包人和土地经营人两个独立的权利主体，《农村土地承包法》第37条规定："土地经营权人有权在合同约定的期限内占有农村土地，自主开展农业生产经营并取得收益。"土地承包经营权分离主要适用于家庭承包土地的流转，农户流转承包地只能通过流转土地经营权的方式实现。非家庭承包土地的流转可以转让土地承包经营权，也可以只流转土地经营权。土地承包经营权分离由土地承包经营权人和土地经营权人自主协商，《农村土地承包法》第36条规定："承包方可以自主决定依法采取出租（转包）、入股或者其他方式向他人流转土地经营权，并向发包方备案。"

（1）出租与转包。出租是指土地承包经营权人将承包地流转给本集体经济组织以外的他人收取租金，承租人在租赁期内享有独立的土地经营权。转包是指土地承包经营权人将承包土地有偿或无偿流转本集体经济组织成员，转承包人在转包期内享有独立的土地经营权。出租和转包的区别在于土地经营权人是否为本集体经济组织成员和转包有无可能无偿。

（2）入股。入股是指土地承包经营权人将承包地流转给一定的农业经营组织取得股份和分红，农业经营组织在土地承包经营权人持股期间享有独立的土地经营权。农业经营组织可以是农业生产合作社，也可以是农业公司或合伙组织，不同的农业经营组织依照相关法律、法规和合同确定土地承包经营权人与农业生产组织的权利义务关系。

（3）其他方式。其他方式是指土地承包经营权人将承包地以出租（转包）、入股以外的方式流转给他人，他人在流转期间享有独立的土地经营权。基于承包地的流转由土地承包经营权人自主决定，不违反法律、法规的流转方式都属于其他方式，包括代耕、委托、赠与、借用等。

3. 土地承包经营权的调整

土地承包经营权的调整是指土地所有权人基于特殊情形变更个别农户之间承包的耕地和草地。调整是土地承包经营权客体的部分变更，如集体经济组织将预留机动地、新增土地、收回土地等承包给因自然灾害、国家征用而失地的农户或新增人口的农户。

土地承包经营权的调整是一种例外，《农村土地承包法》第28条规定："承包期内，发包方不得调整承包地。承包期内，因自然灾害严重毁损承包地等特殊情形对个别农户之间承包的耕地和草地需要适当调整的，必须经本集体经济组织成员的村民会议三分之二以上成员或者三分之二以上村民代表的同意，并报乡（镇）人民政府和县级人民政府农业农村、林业和草原等主管部门批准。承包合同中约定不得调整的，按照其约定。”

三、土地承包经营权的消灭

土地承包经营权的消灭是指土地承包经营权终止。土地承包经营权是用益物权，和其他物权一样，可因客体毁损灭失、约定期限届满、权利人抛弃、客体被征收等消灭。

比较特殊的是进城农户自愿交回承包地。这其实就是土地承包经营权人抛弃土地承包经营权，但不同的是，《农村土地承包法》第27条有引导支持进城农户自愿交回承包地的规定。引导支持具有以一定利益或便利吸引进城落户农户交回承包地的意义，与普通的自愿交回不同。立法既要保证土地承包经营权不受侵害，又要充分发挥承包土地的经济和社会价值，引导支持进城农户自愿交回承包地。

第四节　土地经营权

一、土地经营权的性质

党的十八届三中全会决定推行农村土地“三权分置”的改革，即“坚持集体所有权、稳定农民家庭承包权、搞活经营权”。[①]这是我国农村土地产权制度的一个重大变革，反映了我国农业生产由农户经营为主逐渐转向农户和现代农业组织经营并存的客观趋势。学者普遍肯定“三权分置”，但对“三权分置”的权利结构解读不一。

1. 次级用益物权说

该说认为，土地承包权是用益物权，土地经营权是土地承包经营权人行使权

① 2014年《关于全面深化农村改革加快推进农业现代化的若干意见》提出：“在落实农村土地集体所有权的基础上，稳定农户承包权、放活土地经营权。”“鼓励有条件的农户流转承包土地的经营权，加快健全土地经营权流转市场。”这是中央文件首次正式使用“土地经营权”概念。2016年《中共中央国务院关于落实发展新理念加快农业现代化实现全面小康目标的若干意见》指出，“稳定农村土地承包关系，落实集体所有权，稳定农户承包权，放活土地经营权，完善‘三权分置’办法”。这是农地“三权分置”政策概念的首次出现。2018年修正的《农村土地承包法》第36条规定：“承包方可以自主决定依法采取出租（转包）、入股或者其他方式向他人流转土地经营权，并向发包方备案。”至此，农地“三权分置”就从一个政策概念演变为法律概念。我国《民法典》承继了《农村土地承包法》的规定。

利而设定的次级用益物权，承包权与经营权的法构造为“用益物权—次级用益物权”。[①]这一学说强化了土地经营权的物权性，体现了传统学理的物权优先理念，同时暴露了传统学理的自身缺陷。传统学理并无次级用益物权的概念和原理，学者未论证一个物权可否生生不息分离新的物权，次级用益物权是一个生造的概念。土地经营权期限有长有短，可登记也可不登记，甚至可以不签订书面合同如不足一年的代耕，[②]这些都与传统学理的物权标准冲突。以传统学理解说土地经营权又与传统学理相矛盾，这是次级用益物权说的软肋所在。

2. 债权说

该说认为，“三权分置”形成了“所有权—用益物权—债权”结构，土地经营权是债权性权利。土地承包权是集体所有权限缩的结果，土地承包经营权在私权归属功能下分离为承包权、经营权。[③]这一学说中规中矩，维护了传统学理的物权体系，同时暴露了传统学理的现实困境。土地经营权因出租、入股和其他方式产生，如果仅仅是债权，由相关合同规则调整即可，无须物权法调整。我国《民法典》第340条的土地经营权人自主经营和收益权、第341条的5年以上的土地经营权可登记产生对抗善意第三人的效力，都是典型的物权表述，符合立法旨意。将新的权利归入债权对于传统学理而言比较省事，但无助于深刻理解和落实土地经营权。

3. 用益物权说

该说认为，土地承包经营权其实是集体经济组织成员权和土地经营权的结合，农户承包权是集体经济成员权的重要内容，“三权分置”形成了“集体所有权—农民集体组织成员承包权—土地经营权”结构。其中，集体所有权和农民集体组织成员承包权是集体所有权内部结构，就外部权利而言，“三权分置”其实依然是所有权和经营权的两权分离，土地经营权就是用益物权。[④]这一学说符合传统学理的所有权、用益物权体系，也符合物权二元理论的所有权、占有权结构，更

---

① 参见孙宪忠：《推进农地三权分置经营模式的立法研究》，载《中国社会科学》2016年第7期。蔡立东、姜楠：《承包权与经营权分置的法构造》，载《法学研究》2015年第3期；《农地三权分置的法实现》，载《中国社会科学》2017年第5期。

② 我国《农村土地承包法》第40条第3款规定：“承包方将土地交由他人代耕不超过一年的，可以不签订书面合同。”

③ 参见温世扬、吴昊：《集体土地“三权分置”的法律意蕴与制度供给》，载《华东政法大学学报》2017年第3期；单平基：《“三权分置”理论反思与土地承包经营权困境的解决路径》，载《法学》2016年第9期；李国强：《论农地流转中“三权分置”的法律关系》，载《法律科学》2015年第6期；马俊驹、丁晓强：《农村集体土地所有权的分解与保留——论农地“三权分置”的法律构造》，载《法律科学》2017年第3期。

④ 参见陈小君：《我国农民集体成员权的立法抉择》，载《清华法学》2017年第2期；高飞：《农村土地“三权分置”的法理阐释与制度意蕴》，载《法学研究》2016年第3期；孟勤国：《论新时代农村土地产权制度》，载《甘肃政法学院学报》2018年第1期。

符合立法新设土地经营权的目的，是目前与实际生活最为接近的解释。

二、土地经营权的流转

土地经营权应依法流转。我国《农村土地承包法》对土地经营权流转作了诸多规定，主要有：

1. 土地经营权流转原则

我国《农村土地承包法》第38条规定了五项原则：

（1）自主流转原则。即任何组织和个人不得强迫或者阻碍土地经营权流转。

（2）维护现状原则。即不得改变土地所有权的性质和土地的农业用途，不得破坏农业综合生产能力和农业生态环境。

（3）有限流转原则。即流转期限不得超过承包期的剩余期限。

（4）主体特定原则。即受让方须有农业经营能力或者资质。

（5）农户优先原则。即在同等条件下，本集体经济组织成员享有优先权。

2. 土地经营权流转合同

我国《农村土地承包法》第40条要求土地经营权流转签订书面流转合同，内容包括：双方当事人的姓名、住所；流转土地的名称、坐落、面积、质量等级；流转期限和起止日期；流转土地的用途；双方当事人的权利和义务；流转价款及支付方式；土地被依法征收、征用、占用时有关补偿费的归属；违约责任。但该条同时规定，“承包方将土地交由他人代耕不超过一年的，可以不签订书面合同”。

3. 土地经营权流转登记

我国《农村土地承包法》第41条规定：“土地经营权流转期限为五年以上的，当事人可以向登记机构申请土地经营权登记。未经登记，不得对抗善意第三人。”是否登记由当事人自主决定，登记赋予土地经营权人对抗善意第三人的效力，有利于土地经营的长期稳定。

4. 土地经营权的再流转

我国《农村土地承包法》第46条规定：“经承包方书面同意，并向本集体经济组织备案，受让方可以再流转土地经营权。”

5. 土地经营权融资担保

我国《农村土地承包法》第47条规定，“承包方可以用承包地的土地经营权向金融机构融资担保，并向发包方备案。受让方通过流转取得的土地经营权，经承包方书面同意并向发包方备案，可以向金融机构融资担保。担保物权自融资担保合同生效时设立。当事人可以向登记机构申请登记；未经登记，不得对抗善意第三人。实现担保物权时，担保物权人有权就土地经营权优先受偿”。

6. 土地经营权人的责任

我国《农村土地承包法》第64条规定："土地经营权人擅自改变土地的农业用途、弃耕抛荒连续两年以上、给土地造成严重损害或者严重破坏土地生态环境，承包方在合理期限内不解除土地经营权流转合同的，发包方有权要求终止土地经营权流转合同。土地经营权人对土地和土地生态环境造成的损害应当予以赔偿。"

思考题

1. 简述土地承包经营权的含义。
2. 简述土地承包经营权的内容。
3. 论述承包地"三权分置"的权利结构。

延伸阅读

1. 孟勤国:《论新时代农村土地产权制度》，载《甘肃政法学院学报》2018年第1期。

2. 陈小君:《我国农民集体成员权的立法抉择》，载《清华法学》2017年第2期。

3. 高圣平:《承包地三权分置的法律表达》，载《中国法学》2018年第4期。

4. 孙宪忠:《推进农地三权分置经营模式的立法研究》，载《中国社会科学》2016年第7期。

5. 蔡立东、姜楠:《农地三权分置的法实现》，载《中国社会科学》2017年第5期。

第十三章　建设用地、宅基地使用权

导　语

建设用地使用权、宅基地使用权是我国特有的用益物权。

建设用地使用权是建设用地使用权人在国有或集体建设用地及其上下一定空间建造和保有地上物的权利，分为出让建设用地使用权和划拨建设用地使用权。建设用地使用权不仅具有域外地上权的意义，而且具有替代土地所有权流转的类所有权功能。建设用地使用权的占有、使用、收益和自身权益处分均须严格遵守法律、行政法规的规定。

空间利用权是空间利用权人对与建筑物等无关的特定空间的用益物权。我国《物权法》和《民法典》虽将空间利用权作为建设用地使用权的一种特殊形式，但明确空间利用权独立于地面土地所有权和建设用地使用权。

宅基地使用权是指农户在宅基地上建造和保有自住房屋及其附属物权利。宅基地使用权设立以定量分配为原则，即每户农民基于生存理由无偿取得定量的宅基地。宅基地使用权以自用为目的，以身份为前提，原则上不得买卖、赠与或抵押，法律禁止本集体组织以外的农村或城镇居民取得宅基地使用权。为充分利用宅基地资源，我国部分地区试点宅基地“三权分置”改革。

第一节　建设用地使用权的内涵

一、建设用地使用权的概念

建设用地和宅基地的使用权曾有“基地使用权”“土地使用权”“地上权”的名词争论，[①]我国《物权法》《民法典》确定为建设用地使用权、宅基地使用权。

建设用地使用权是建设用地使用权人在国有或集体建设用地及其上下一定空间建造和保有地上物的权利。这一概念有以下要点：

---

① “基地使用权”，参见梁慧星：《中国物权法草案建议稿：条文、说明、理由与参考立法例》，社会科学文献出版社2000年版，第446页；“土地使用权”，参见王利明主编：《中国民法典学者建议稿及立法理由：物权篇》，法律出版社2005年版，第249—250页；“地上权”，参见江平主编：《中国土地立法研究》，中国政法大学出版社1999年版，第295—300页；“建设用地使用权”，参见陈小君：《论传统民法中的用益物权及其现实意义》，载《法商研究》1995年第4期。

1. 建设用地用于建造建筑物等

建设用地是建筑物、构筑物及其附属设施所占的土地，包括城乡住宅和公共设施用地、工矿用地、交通水利设施用地、旅游用地、军事设施用地等。其中，建筑物一般指用于生产和生活的房屋，还包括地下室、停车场、空中走廊等；构筑物一般指房屋以外的建造物，如道路、桥梁、隧道、堤坝、水渠、养殖设施、地下管网等；附属设施是指辅助建筑物、构筑物使用的建造物，如电缆、电线杆、变压器、发射塔、纪念碑等。

建设用地以“四至界定”的方式特定化。“四至界定”即东、南、西、北的界限，是建设用地特定化为一物的标志。土地连绵不绝本为一体，但经“四至界定”分割并登记确认为位置和面积独一无二的物权客体。“四至”确定建设用地的横向范围，建造物所需的向上高度和向下深度确定建设用地的纵向范围，建设用地是一个以地面为基础，延伸一定地上、地下的特定的立体空间。在我国，建设用地的位置、面积、上下空间、用途、设计、建造等均由政府规划和审批确定，当事人不得自行协商和调整。

建设用地不包括宅基地，宅基地特指农户住宅用地，并列于建设用地。

2. 主体享有建造和保有建筑物等权利

建设用地使用权对建设用地的占有、使用、收益权集中表现为建造和保有建筑物等的权利。建造是指建设用地使用权人依据政府批准的规划设计建造建筑物等；保有是指建筑物等的所有权人占有、使用、收益建筑物等所占的土地。建造期间，建设用地使用权归属于建造人；建造完成后，建设用地使用权归属于建筑物等的所有权人。建造人和建筑物所有权人是建设用地利用者不同阶段的身份，最后可能同一也可能不同一。商品房开发中，开发商在建房期间是建设用地使用权人，交房后建设用地使用权随着房屋所有权转移给购房人，开发商此时只是一个建造人。

3. 建设用地使用权是基础性用益物权

建设用地的需求与城市化工业化程度相对应，我国城市土地归国家所有，建设用地使用权主要以国有建设用地为客体。农村土地成为建设用地一般须征收为国有土地，也可少量直接设定用途特定的建设用地使用权，如乡镇企业用地、村民公共设施或公益设施用地、集体经济组织三产用地和规划许可的经营性用地。建设用地使用权独立于土地所有权，建设用地使用权人依法自主行使建设用地的占有、使用、收益的权利，也可依法流转建设用地使用权，政府只能依据行政管理权监管，不能依据土地所有权干预。

建设用地使用权不仅独立于土地所有权，而且是建设用地抵押权、地役权的基础。建设用地抵押权的客体是建设用地使用权，地役权设定是建设用地使用权人之间的合意，建设用地物权呈现建设土地所有权—建设用地使用权—建设用地抵押权或地役权的结构，是基础性用益物权。

二、建设用地使用权的意义

1. 有效利用建设用地

和农用土地一样，土地公有制使得建设用地的归属和利用天然分离，建设用地使用权是建设用地的基本利用方式。国有土地通过出让或划拨设立国有建设用地使用权，集体土地经政府批准设立集体建设用地使用权，建设用地使用权人作为非所有权人实现建设用地的占有、使用和收益。与建设用地其他利用方式如租赁、借用不同，建设用地使用权长期稳定而且具有排他效力，可以全面、充分、持续实现建设用地的利用价值。

2. 依法流转建设用地

和农用土地一样，土地公有制使得建设用地所有权不能流转，排除了私有制社会的土地随着所有权流转而流转的可能。但土地流转是有效利用土地的客观要求，尤其是现代经济中，土地流转是提升土地价值和使用价值的重要路径，不能因为土地所有权不能流转而停滞。为此，我国确立了建设用地随着建设用地使用权流转而流转的制度，解决了土地公有制与市场经济有机融合的问题。建设用地使用权有别于域外的地上权，除了地上权的用益物权意义以外，建设用地使用权具有地上权所没有的替代所有权流转的功能，可以说是类所有权。①

第二节 建设用地使用权的内容

一、基本权利

1. 占有权

占有权能是建设用地使用权人实现使用、收益和权益处分等其他权能的基础。土地所有权人须向建设用地使用权人交付土地的占有。建设用地使用权移转，原建设用地使用权人须向新建设用地使用权人移转土地的占有。

2. 使用权

建设用地使用权的目的不在于占有土地，而在于建造和保有建筑物、构筑物及其附属设施。建设用地使用权人的建造和保有行为，只受土地用途和政府规划的严格限制，不受土地所有权人及其他非物权人的干预。

---

① 参见王利明、尹飞、程啸：《中国物权法教程》，人民法院出版社2007年版，第325页。

3. 土地收益权

建设用地的开发利用所产生的土地增值，在缴纳土地出让金的前提下，归属于建设用地使用权人，土地所有权人不能要求分享。

4. 权益处分权

建设用地使用权可以用于入股、转让、抵押等，这些均为建设用地使用权人处分自身权益的行为，不受土地所有权人及其他非物权人的干预，但法律规定不能处分的除外。

二、基本义务

1. 不得随意改变土地用途

建设用地使用权人占有和使用土地必须符合审批的用途，不得自行改变或变相改变，确需改变土地用途的，必须经政府自然资源主管部门审批并办理变更登记。

2. 不得随意流转土地

建设用地使用权的入股、转让、抵押等，必须符合法定条件和程序，经政府自然资源主管部门的审批并办理相应登记。

3. 支付土地出让金

土地出让金是出让国有建设用地使用权的对价。政府自然资源主管部门依据当地一定时间的建设用地使用权的交易价格和评估价格，确定不同位置、用途、期限、容积率等的单位面积的建设用地使用权的平均地价，即基准地价或土地初始价。出让建设用地使用权的土地出让金由市场竞价确定，可高于或低于基准地价，但不得低于基准地价的70%。①

划拨建设用地使用权设立时未支付出让金，转让时须办理土地出让手续并补交土地出让金，划拨建设用地使用权具有历史特殊性，一般只需补交基准地价40%的土地出让金。②

近年来，我国一些地方开展集体建设用地出让改革试点，土地出让金也成为集体建设用地使用权的对价。我国《土地管理法实施条例》第41条是集体经营性建设用地出让的规定。

4. 维护土地的资源价值

建设用地使用权人必须按照土地自然属性和法律属性建造和保有建筑物等，采取一定措施防污、防灾，减少自然因素和人为因素对土地的侵蚀和毁损，维

① 《协议出让国有土地使用权规定》第5条。
② 《划拨土地使用权管理暂行办法》（已失效）第26条。

护土地的资源价值。我国《土地管理法实施条例》第14条规定："建设项目需要使用土地的，应当符合国土空间规划、土地利用年度计划和用途管制以及节约资源、保护生态环境的要求，并严格执行建设用地标准，优先使用存量建设用地，提高建设用地使用效率。从事土地开发利用活动，应当采取有效措施，防止、减少土壤污染，并确保建设用地符合土壤环境质量要求。"

三、存续期限

1. 划拨建设用地使用权无存续期限

划拨建设用地是国家无偿交给用地单位使用的国有土地，其存续主要取决于建设用地的特定用途需要，特定用途需要不变，划拨建设用地使用权可以一直存续。用地单位因各种原因停止使用划拨土地或在城市建设发展需要时，政府可以无偿收回划拨用地或依照法定程序将划拨用地变性为出让用地。

2. 出让建设用地使用权有最高期限

出让建设用地使用权期限由出让合同确定，但不得高于法律规定的最高年限。依据我国《城镇国有土地使用权出让和转让暂行条例》第12条规定，建设用地使用权出让最高年限为：（1）居住用地70年；（2）工业用地50年；（3）教育、科技、文化、卫生、体育用地50年；（4）商业、旅游、娱乐用地40年；（5）综合或者其他用地50年。

通过建设用地使用权移转取得的建设用地使用权，其期限不能超过出让时设定的建设用地使用权的剩余期限。

3. 建设用地使用权期满后的处理

我国《民法典》第359条规定："住宅建设用地使用权期限届满的，自动续期。续期费用的缴纳或者减免，依照法律、行政法规的规定办理。非住宅建设用地使用权期限届满后的续期，依照法律规定办理。该土地上的房屋以及其他不动产的归属，有约定的，按照约定；没有约定或者约定不明确的，依照法律、行政法规的规定办理。"

住宅建设用地使用权期满自动续期，自动续期时间与出让时设定的期限相同。续期是否需要再次缴纳以及缴纳多少土地出让金，尚无法律、行政法规规定，依据法无明文规定不可为的原则，目前是免费自动续期。

非住宅用地使用权期满不能自动续期，但涉及地上建筑物等如何处理的问题。我国《城镇国有土地使用权出让和转让暂行条例》第40条规定，"土地使用权期满，土地使用权及其地上建筑物、其他附着物所有权由国家无偿取得"。这一规定赋予土地所有权人无偿强制取得建筑物所有权的权利，违背民事主体平等原则、等价有偿公平原则，没有可行性。实践中，非住宅用地使用权普遍因建筑物等所有权的存在而事实延期，是否续期、如何续期有待法律或行政法规作出新的规定。

第三节 建设用地使用权的变动

一、建设用地使用权的设立

土地所有权人和建设用地使用权人基于一定的法律事实设立建设用地使用权。根据我国《土地管理法》《民法典》等，引起建设用地使用权设立的法律事实有出让、划拨、审批。

1. 出让

出让是土地所有权人和建设用地使用权人就一定期限的建设用地设立建设用地使用权的合意行为，土地所有权人将约定的建设用地交付建设用地使用权人，建设用地使用权人向土地所有权人支付土地出让金，双方履行各自义务后，建设用地使用权人经登记取得出让建设用地使用权。出让包括协议出让、招标出让、拍卖出让、挂牌出让。

（1）协议出让。这是指土地所有权人与建设用地使用权人未经市场公开竞争签订出让合同。2003年国土资源部《协议出让国有土地使用权规定》是协议出让的基本规则。协议出让曾是国有建设用地出让的主要方式，由于容易引发暗箱操作的腐败，目前已很少适用。我国《民法典》第347条第2款规定："工业、商业、旅游、娱乐和商品住宅等经营性用地以及同一土地有两个以上意向用地者的，应当采取招标、拍卖等公开竞价的方式出让。"

（2）招标出让。这是指土地所有权人发布招标公告或邀请，有意向者依据招标条件提出自己的投标条件参与招标竞争，土地所有权人按照一定程序和标准审查、比较各投标者的投标条件、择优确定中标者，土地所有权人与中标者签订出让合同。招标投标是市场公开竞价的方式之一，我国《招标投标法》及其实施细则是招标出让的基础规范。

（3）拍卖出让。这是指土地所有权人发布拍卖公告，在规定时间和地点进行市场公开竞价，与报价最高者签订出让合同。拍卖是竞买人群体决定价格和选择成交者的过程，最高报价决定成交价和成交者，完全市场化。我国《拍卖法》是拍卖出让的基础规范。

（4）挂牌出让。这是指土地所有权人在土地交易场所发布挂牌公告，接受竞买人的报价申请并实时更新最高报价，与挂牌期间截止时的最高报价者签订出让合同。挂牌出让是2007年国土资源部《招标拍卖挂牌出让国有建设用地使用权规定》创设的一种市场公开竞价方式。与拍卖出让相同的是均为价高者得，区别在于挂牌出让是在指定的土地交易场所和公告规定的期限内的市场公开竞价，竞买人可能更为专业和冷静，建设用地出让更有利于物尽其用。

出让合同的性质，民法学者大多倾向于民事合同，而目前的司法裁判采行政合同之说，将出让合同定性为行政合同，这是行政法学和民法学缺乏沟通和共识的结果。出让合同的目的和功能是设立建设用地使用权，无论是市场公开竞价还是签订出让合同，政府始终以平等民事主体身份参与，并不依仗公权力。这表现在：出让土地的依据是国家所有权而不是行政管理权力，土地出让金以市场公开竞争为准而不是政府定价，成交取决于竞买人的自主意愿而不是政府命令，出现违约情形追究的是合同违约责任而不是行政处罚。因而，行政合同之说不能成立。

2. 划拨

划拨是土地所有权人以县级以上人民政府批准方式设立国有建设用地使用权的政府行为。用地单位申请无偿使用国有建设用地，经有批准权的人民政府批准，国家将建设用地划拨用地单位使用，用地单位持批准文件申请国有建设用地使用权的设立登记。划拨土地是集体所有的，用地单位依据批准文件办理征地手续，支付土地补偿费、安置补助费、青苗费等征地费用，取得国有建设用地使用权。《城镇国有土地使用权出让和转让暂行条例》和《划拨土地使用权管理暂行办法》（已失效）规定：除了出让建设用地使用权以外，用地单位取得国有建设用地使用权的方式为划拨。

划拨曾是国有建设用地设立的主要方式，目前已限于特定事由。我国《土地管理法》第54条严格规定了划拨用地的范围：国家机关用地和军事用地；城市基础设施用地和公益事业用地；国家重点扶持的能源、交通、水利等基础设施用地；法律、行政法规规定的其他用地，如监狱、看守所、拘留所等。这一范围内不全是划拨用地，新增的营利性基础设施用地（如民营电厂）或公益事业用地（如私立医院）等，大多是出让用地。

划拨建设用地使用权原则上不能转让、抵押。经有批准权的人民政府批准，划拨建设用地使用权可随着地上建筑物等转让和抵押。我国《城市房地产管理法》第40条规定，“有批准权的人民政府按照国务院规定决定可以不办理土地使用权出让手续的，转让方应当按照国务院规定将转让房地产所获收益中的土地收益上缴国家或者作其他处理”。

关于划拨行为的性质，学者普遍认为是行政许可行为。就主体和目的而言，划拨行为是行政许可行为。同时，划拨可视为土地所有权人的设权行为，以行政许可方式将国有建设用地授权用地单位无偿使用，是行使国家所有权的一种表现，也可以说是土地所有权人的单方民事行为。

3. 审批

审批是县级以上人民政府批准集体建设用地的出让、转让、互换、出资、赠与、抵押等的行政行为。集体建设用地分为经营性用地和非经营性用地，经营性用地可以出让、转让、互换、出资、赠与、抵押等。农民集体是集体建设用地的所有权人，有权决定集体建设用地的出让、转让、互换、出资、赠与、抵押等，但集体建设用地的确定和使用涉及社会公共利益，必须纳入政府监管，政府审批是政府监管的主要方式。

审批主要体现在两个环节：一是集体建设用地及其用途的确定，未经政府批准，农用地不得转为建设用地，建设用地的经营性用途由土地利用总体规划、城乡规划确定。二是集体建设用地的流转许可，我国《土地管理法》第63条第4款规定："集体经营性建设用地的出租，集体建设用地使用权的出让及其最高年限、转让、互换、出资、赠与、抵押等，参照同类用途的国有建设用地执行。具体办法由国务院制定。"

审批行为，无疑是行政监管行为，此外，审批行为也是集体建设用地使用权设立的要件之一，是集体建设用地使用权设立不可缺少的法律事实之一。

二、建设用地使用权的变更

1. 建设用地使用权的流转

这是指建设用地使用权人将建设用地使用权移转给他人，他人成为新的建设用地使用权人，也即建设用地使用权权利主体的变更。

出让建设用地使用权的流转，分为建造阶段的流转和保有阶段的流转。建造阶段的流转须符合我国《城市房地产管理法》第39条规定的条件；[①]保有阶段的流转依据为我国《民法典》第356条"地随房走"的规定、我国《城市房地产管理法》第42条，[②]土地使用权出让合同中的义务亦随之移转。划拨建设用地使用权原则上不得流转，确需流转的须经县级以上人民政府批准。

我国《民法典》第353条规定："建设用地使用权人有权将建设用地使用权转让、互换、出资、赠与或者抵押，但是法律另有规定的除外。"建设用地使用权

---

① 《城市房地产管理法》第39条规定："以出让方式取得土地使用权的，转让房地产时，应当符合下列条件：（一）按照出让合同约定已经支付全部土地使用权出让金，并取得土地使用权证书；（二）按照出让合同约定进行投资开发，属于房屋建设工程的，完成开发投资总额的百分之二十五以上，属于成片开发土地的，形成工业用地或者其他建设用地条件。转让房地产时房屋已经建成的，还应当持有房屋所有权证书。"

② 《城市房地产管理法》第42条规定："房地产转让时，土地使用权出让合同载明的权利、义务随之转移。"

的流转方式有：

（1）转让。这是指转让人以取得对价为目的将建设用地使用权转让给受让人，受让人支付价金而取得建设用地使用权。转让其实就是建设用地使用权的买卖，由于历史原因，建设用地使用权的买卖一直被称为转让。

（2）互换。这是指建设用地使用权人之间相互交换各自的建设用地使用权。互换是一种权利的相互让渡和交换，当事人双方对等享有权利、承担义务，负有向对方移转建设用地使用权和权利瑕疵担保义务。互换是以各自的建设用地使用权作为对方的建设用地使用权的对价，其实也是买卖，适用建设用地使用权转让的有关规定。

（3）赠与。这是指建设用地使用权人将建设用地使用权无偿移转给他人。建设用地使用权的赠与，适用合同法有关赠与的规定，同时必须符合土地管理法律法规。

（4）出资。这是指建设用地使用权人以其建设用地使用权作为与他人共同经营的投资，包括入股公司、参与合伙、合作建房等。出资适用公司法、合伙企业法、合伙或合作协议的规定或约定，同时必须符合土地管理法律法规。

（5）抵押。出让建设用地使用权可用作抵押担保，抵押并不直接导致建设用地使用权的流转，但可能因为所担保债务不履行而引起建设用地使用权被强制执行的流转。

2. 建设用地使用权的变性

这是指建设用地使用权因政府批准或规划发生性质或用途的改变，也就是权利内容变更。

（1）划拨变为出让。我国《城市房地产管理法》第40条规定，经有批准权的人民政府批准，划拨用地可以变性为出让用地。划拨建设用地使用权人依据批准文件、划拨国有土地使用权证、地上建筑物等的产权证明，签订建设用地出让合同并补交土地出让金后，办理划拨建设用地使用权变性为出让建设用地使用权的登记。

（2）用地要素改变。用地要素由城市规划和用地规划确定，包括位置、面积、用途、容积率、绿化率、公摊率、空间限制、配套设施、物业比例等，是决定土地出让金和建设用地使用权价值的重要依据。建设用地的建造和保有必须严格符合各项规划指标，未经规划批准不得改变，用地要素是建设用地使用权的具体内容。城市规划和用地规划调整用地要素时，建设用地使用权的具体内容随之改变。例如，商业用地改为住宅用地、建筑物最高限度由25米改为50米、绿化用地改为幼儿园用地等。

三、建设用地使用权的消灭

这是指建设用地使用权终止。建设用地使用权是用益物权，和其他物权一样，可因客体毁损灭失、约定期限届满、权利人抛弃、客体被征收等消灭。建设用地使用权的消灭事由中，比较特殊的是撤销。建设用地使用权可因土地所有权人行使撤销权而消灭。

1. 基于公共利益而撤销

为公共设施和公益事业等建设或城市规划调整需要，土地所有权人可以经法定程序撤销建设用地使用权，但必须对出让建设用地使用权人和建筑物所有权人给予合理补偿。

2. 基于法定理由而撤销

建设用地使用权人违法违约属于法定可撤销事由，土地所有权人可以经法定程序撤销建设用地使用权。法定撤销事由包括建设用地使用权人未在规定年限内实施项目建设导致土地闲置、擅自变更土地用途拒不改正、未按约定支付土地出让金等。例如，建设用地用于房地产开发的，建设用地使用权人须依照出让合同约定用途和期限动工开发，逾期满1年未动工开发的，土地管理部门可以向其征收相当于土地使用权出让金20%以下的土地闲置费；满2年未动工开发的，土地管理部门可以收回国有土地使用权。又如，建设用地使用权人因单位撤销、迁移等原因停止使用划拨土地的，公路、铁路、机场、矿场等经核准报废的，以及集体土地的使用权人不按照批准的用途使用土地的，土地管理部门可依法收回建设用地使用权。再如，建设用地使用权人未按照出让合同约定支付土地使用权出让金的，土地管理部门有权解除合同和请求违约赔偿。

我国《民法典》第360条规定："建设用地使用权消灭的，出让人应当及时办理注销登记。登记机构应当收回权属证书。"

第四节　空间利用权

一、空间利用权的概念

空间利用权是空间利用权人对与建筑物等无关的特定空间的用益物权。同一地面的上下空间分为两个部分：一是作为地面建设用地使用权组成部分的空间，如地下停车库空间、建筑物顶层与规划许可高度之间的空间；二是独立于地面建筑用地使用权的空间，如建筑物下的地铁空间、建筑物规划许可最高限度之上的空间。其中，第二部分的空间是空间利用权的客体。

现代社会之前，空间依附于土地所有权。从罗马法至《德国民法典》，一直有土地所有权上至寰宇、下至地心之说，《德国民法典》第905条仅仅限制土地所有权人干涉他人无害利用过高或过深空间。随着现代社会土地资源日益稀缺和现代科技的发展，空间的价值和意义日益重要，空间的开发和使用日益可能，空间逐渐与地面土地所有权和用益物权分离，成为独立的空间所有权和用益物权。我国物权立法时，三个物权法草案学者建议稿均建议将空间利用权作为用益物权的一个种类加以规定，但未为立法采纳。我国《物权法》和《民法典》均将空间利用权作为建设用地使用权的一种特殊形式。

我国《物权法》第136条规定："建设用地使用权可以在土地的地表、地上或者地下分别设立。新设立的建设用地使用权，不得损害已设立的用益物权。"我国《民法典》第345条规定："建设用地使用权可以在土地的地表、地上或者地下分别设立。"第346条规定："设立建设用地使用权，应当符合节约资源、保护生态环境的要求，遵守法律、行政法规关于土地用途的规定，不得损害已经设立的用益物权。"由此可知，虽然我国《民法典》将空间利用权并入建设用地使用权，但殊途同归，空间利用权独立于地面土地所有权和建设用地使用权。

二、空间利用权的特征

空间是与建筑物、构筑物及其附着物无关的立体空间。建设用地使用权也包括一定的空间，但以服务建筑物、构筑物及其他附着物的功能为限，是建设用地使用权的延伸，由建设用地使用权人享有。与建筑物、构筑物及其附着物无关的地下和地上空间可设定空间利用权，其设定和使用依据法律、法规和土地规划的规定。

空间所有权只能为国家所有。土地所有权客体是地面，基于地面利用的需要可相应延伸一定的地上或地下。与地面利用所需无关的地上和地下，不在土地所有权客体范围之内。集体土地所有权客体之内的空间属农民集体所有且为土地使用权人所利用，之外的空间则属国家所有。

空间利用权作为建设用地使用权的特殊形式，其设立、公示、移转、终止等的规定准用建设用地使用权的规定。

三、空间利用权的内容

1. 空间的占有、使用、收益权

空间利用权人可以在法律规定和合同约定的范围内占有一定的空间，这是空间利用权的基本权能。由于"空间"的特殊性，空间利用人占有和使用的空间，应通过登记来确定其"三维"范围和坐落地点。空间利用权人有权取得使用空间而产生的收益。

2. 合理利用空间的义务

空间利用人须按法定或约定用途利用空间，不得侵害地面土地所有权和用益物权的空间；同时，空间利用权人行使权利受到相关城市规划、环境保护、交通等公法限制。

第五节 宅基地使用权

一、宅基地使用权的概念

宅基地使用权是指农户在宅基地上建造和保有自住房屋及其附属物的权利。宅基地是我国特有的法律概念，专指农村集体组织分配给农户建造自住房屋及其附属物的集体土地。就用途而言，宅基地也是建设用地，其用途也是建造和保有建筑物。但宅基地不仅是农民的重要财产，而且是农民安身立命的基础，性质和功能与其他建设用地有着根本区别。因而，我国《民法典》将宅基地使用权单列，作为独立的用益物权与建设用地使用权并列。宅基地使用权具有以下特性：

1. 主体的限制性

宅基地使用权人限于农户，不包括城镇居民，更不能是法人或非法人组织。这是因为，宅基地是农村集体组织分配给农户无偿使用的土地，宅基地使用权如同家庭土地承包经营权一样，与农民集体组织成员权联动。我国1986年通过的《土地管理法》第41条允许城镇居民成为宅基地使用权人，1998年修正的《土地管理法》已删除这一条款。

宅基地使用权人限于本集体组织的农户，不包括本集体组织以外的农户。外乡、外村的农户因婚姻等将户口迁入本乡、本村成为本集体组织成员的，可以成为宅基地使用权人。

农户家庭人口因读书、工作等转为城镇户口的，不影响其宅基地使用权；城镇居民也可以通过继承房屋取得宅基地使用权。这些是宅基地使用权人限于农户的例外。

2. 客体的特定性

宅基地使用权只能设定于集体土地，不能设定于国有土地。村镇私人住房所有权人，占有国有土地的拥有建设用地使用权，占有集体土地的拥有宅基地使用权。

宅基地只能用于建造农户自住房屋及其附属物如厨房、厕所、院墙、沼气池、牛棚猪圈等，不能建造厂房、仓库、酒店等生产经营性建筑，但农户可以利用自住房从事一定的家庭生产经营活动如开办农家乐。

3. 内容的特异性

宅基地使用权系集体组织按照一户一宅原则分配而成，无须土地所有权人与宅基地使用权人之间的合意，也不存在宅基地使用权人支付对价的问题。

宅基地使用权没有期限，可以随宅基地上的房屋所有权一起继承。

宅基地使用权只能在本集体组织成员之间转让，受让方应符合宅基地使用权分配条件，且经本集体组织同意。

二、宅基地使用权的设立

1. 定量分配的设立原则

这是指每户农民基于生存理由无偿取得定量的宅基地。我国《土地管理法》第62条规定，“农村村民一户只能拥有一处宅基地，其宅基地的面积不得超过省、自治区、直辖市规定的标准。人均土地少、不能保障一户拥有一处宅基地的地区，县级人民政府在充分尊重农村村民意愿的基础上，可以采取措施，按照省、自治区、直辖市规定的标准保障农村村民实现户有所居”。农村居民无论贫富，每户按一定标准分得一处宅基地，确保农民有栖身之地。生存必需品或增加供应或定量分配，别无他策。基于最严格保护耕地的国策，定量分配是宅基地供应的唯一选择，现代社会不能允许一部分人用金钱剥夺另一部分人的生存权利。

定量分配具有强制性，无论农户或农村集体组织，都不能自由分配农村宅基地。宅基地的分配标准和用地计划必须随着人口和经济的发展合理地确定，纳入国家统一的土地管理体系之中。我国《民法典》第363条规定：“宅基地使用权的取得、行使和转让，适用土地管理的法律和国家有关规定。”

法律对宅基地使用权设立的条件和程序作了原则性规定，即一户只能分配一处宅基地且占地面积不得超过规定标准，村民住宅用地由乡（镇）人民政府审核批准。具体的条件和程序由各省、自治区、直辖市根据本地区的实际情况规定。[①]农村宅基地的分配标准，各地差异较大，法律授权各地根据具体情况加以确定，[②]大多在每户100—150平米，不超过3层或5层。

2. 设立方式

（1）已有房屋宅基地使用权的初始登记。原则上，农村土地确权时，现存住房及其他私有房屋，凡产权明确的，除有擅自占地、乱占耕地等违法情形之外，都应给予登记并发给宅基地使用权证。

（2）新增宅基地使用权的审批设立。符合条件需要新增宅基地的农户，应当

① 如《河北省农村宅基地管理办法》。
② 如《河北省农村宅基地管理办法》。

持户口簿向村民委员会申请，经村民代表会议通过后，报乡（镇）人民政府审核批准。其中，涉及农用地的，应当先办理农用地转用审批手续。

（3）因房屋继承而产生的宅基地使用权。农民住房作为公民的私有财产，可以继承，宅基地使用权也随之继承。

三、宅基地使用权的内容

1. 基本权利

（1）宅基地上建造房屋及其他附着物的权利。宅基地使用权人有权占有和使用依法经批准的宅基地，对宅基地上的房屋及其他附着物享有所有权。

（2）宅基地空闲处种植树木或其他经济作物的权利。对宅基地的房前屋后空闲处，宅基地使用权人有权种植树木或其他经济作物并享有所有权。

（3）房屋所有权的有限处分权。宅基地使用权属于限制移转的用益物权，宅基地上的房屋所有权的移转也受到限制，宅基地使用权人只能将宅基地上的房屋所有权转让给本集体组织中符合宅基地使用权分配条件的成员。

2. 基本义务

（1）不得改变宅基地用途。不得改变土地用途是我国土地管理的基本政策，宅基地使用权也不例外。宅基地使用权的用途具有唯一性，只能用于建造农户自住房屋及其附属物。

（2）尊重社会公共利益需求。因土地利用规划调整等公共利益需要收回或调整宅基地，如村镇统一规划宅基地进行合理利用，宅基地使用权人有义务接受和配合。

（3）原则上不能处分宅基地。宅基地使用权以自用为目的，以身份为前提，原则上不得买卖、赠与或抵押，法律禁止本集体组织以外的农村或城镇居民取得宅基地使用权。[①]

四、宅基地使用权的消灭

宅基地使用权因下列原因消灭：

1. 收回

任何组织和个人不得擅自收回宅基地。因乡村公共设施和公益事业建设需

---

① 宅基地使用权能否自由移转不是物权法能够决定的，其决定权在公法领域。严格的土地管理导致农村宅基地资源短缺，农民的基本生存需要决定了农村宅基地的分配制度。禁止宅基地使用权自由移转既是农村宅基地分配制度的组成部分，也是确保农村宅基地分配公平有效的重要手段。事关农民的生存权和土地资源的有效利用，宅基地使用权能否自由移转基本上是一个宪法和土地管理法的问题。参见孟勤国：《物权法开禁农村宅基地交易之辩》，载《法学评论》2005年第4期。

要，经法定程序批准，可以收回宅基地，但应当向失去宅基地的农户重新分配面积大致相等的宅基地。宅基地长期闲置的，土地所有权人有权收回。

2. 征收

国家为了社会公共利益的需要，可以征收集体所有的土地，包括征收宅基地，且应当重新分配面积大致相等的宅基地或者进行房屋补偿。

3. 灭失

宅基地因自然原因不复存在的，宅基地使用权消灭。失去宅基地的农户有权重新申请宅基地。

五、宅基地使用权的改革

2013年，《中共中央关于全面深化改革若干重大问题的决定》指出："赋予农民更多财产权利。……保障农户宅基地用益物权，改革完善农村宅基地制度，选择若干试点，慎重稳妥推进农民住房财产权抵押、担保、转让，探索农民增加财产性收入渠道。"2018年，《中共中央国务院关于实施乡村振兴战略的意见》又指出，"完善农民闲置宅基地和闲置农房政策，探索宅基地所有权、资格权、使用权'三权分置'"。这些宅基地使用权制度改革的政策出台后，国家在一定范围内进行了试点。在总结经验的基础上，全国人大常委会于2019年修正了《土地管理法》。该法第62条规定，"国家允许进城落户的农村村民依法自愿有偿退出宅基地，鼓励农村集体经济组织及其成员盘活利用闲置宅基地和闲置住宅"。这是对宅基地使用权制度所作的重大改革。具体体现为以下两方面：

1. 实行宅基地"三权分置"

这是指宅基地的所有权、成员使用权、使用权分别归属于不同主体。亦即农村集体组织是宅基地的所有权人，农户是宅基地的成员使用权人，其他主体是宅基地的使用权人。我国《民法典》规定的宅基地使用权属于宅基地成员使用权，成员资格和使用权合一，其他主体的宅基地使用权仅为使用权。农户的宅基地使用权和其他主体的宅基地使用权的关系相当于土地承包经营权和土地经营权的关系。

2. 农民自愿有偿退出宅基地

这是指允许已进城落户的农户自愿有偿退出宅基地。宅基地有偿退出的重点是自愿、有偿，一些地方出台了相关文件规范农民自愿有偿退出宅基地，[①]主要有：（1）退出的宅基地使用权和房屋所有权必须办妥确权颁证手续，取得宅基地使用权证与房屋所有权证，因历史原因未取得权证的须不存在权属争议。（2）申

① 如天津市蓟州区于2019年出台了《蓟州区农民自愿有偿退出宅基地补偿安置实施方案（试行）》。

请退出的农户在城镇或其他地方拥有固定住所。（3）老年农民退出宅基地使用权，必须参加职工养老保险或失地农民养老保险，确保基本的养老需求。（4）退出宅基地使用权必须经过本集体组织的"一事一议"程序并获得同意。（5）有稳定就业或可靠收入的农户可永久退出宅基地使用权，也可放弃集体组织成员的身份。

思考题

1. 简述建设用地使用权的客体。
2. 简述宅基地使用权的移转限制。
3. 论述宅基地使用权制度的改革。

延伸阅读

1. 孟勤国：《物权法开禁农村宅基地交易之辩》，载《法学评论》2005年第4期。

2. 张淞纶：《房地分离：宅基地流转之钥——以宅基地使用权继承之困局为切入点》，载《浙江大学学报（人文社会科学版）》2022年第1期。

3. 王崇敏：《宅基地使用权保障机制研究》，载《河南财经政法大学学报》2013年第5期。

4. 张素华、汪文张：《住宅建设用地使用权到期后自动续期的规范设计——兼评民法典第358条》，载《甘肃政法大学学报》2020年第5期。

第十四章　地役权与相邻关系

导　　语

地役权有广义和狭义之分。狭义地役权是指当事人约定产生的地役权人为自己不动产使用便利而利用供役地人不动产的权利。广义地役权囊括任何为自己不动产使用便利而利用他人不动产的情况。相邻关系与狭义地役权有着相同的基本性质、基本功能、基本权利义务，属于广义地役权的范畴。

我国土地资源紧张，不动产之间的使用便利普遍限于相邻关系意义上的最低限度，几乎没有当事人约定地役权的需求和可能，现实生活中极少有地役权的事例，相邻关系可以取代实际上也取代了地役权。

我国《民法典》在物权编的所有权分编规定相邻关系，相邻关系在形式上不是一种用益物权。但是，相邻关系是法定的权利义务关系，从权利角度，相邻关系是一种可诉的独立权利，具有用益物权的功能，不仅仅是指所有权或用益物权的限制。“有利生产、方便生活、团结互助、公平合理”是处理相邻关系的16字原则。

第一节　地役权的内涵

一、地役权的词义

役权是罗马法的他物权之一。“役”的基本词义是使唤与被使唤，如兵役、劳役、奴役、杂役等。役权是“为特定的土地或特定人的便利和收益而利用他人之物的权利”[①]，分为地役权和人役权。罗马最早的役权是耕作地役权，后分为通行权、用水权等“乡村地役权”和通水权、立墙权、采光权等“城市地役权”，罗马共和国末叶产生人役权。[②]

地役权是为自己不动产使用便利而利用他人不动产的权利。不动产以土地为基础，自己的不动产称为需役地，他人的不动产称为供役地；与之相应，利用他人不动产的一方称为地役权人，提供不动产的一方称为供役地人。地役权有两种关系：一是需役地和供役地之间的自然关系，即供役地的自然位置可为需役地提

① 参见周枏：《罗马法原论》（上册），商务印书馆1994年版，第360页。
② 参见周枏：《罗马法原论》（上册），商务印书馆1994年版，第360—361页。

供使用便利；二是需役地和供役地之间的法律关系，即供役地人为地役权人提供使用便利的义务和权利。自然关系是法律关系的基础。地役权一词缺乏应有的通俗性，学者曾建议改称邻地利用权[①]、土地便利权[②]，但未被我国《物权法》和《民法典》采纳。

地役权有广义和狭义之分。广义地役权囊括任何为自己不动产使用便利而利用他人不动产的情况，大致有不动产自然位置产生的使用便利关系、法律设立的不动产使用便利关系、当事人约定设立的不动产使用便利关系，[③]起源于罗马法，为《法国民法典》《意大利民法典》所继受。狭义地役权只限于当事人约定设立的不动产使用便利关系，不动产自然位置产生的使用便利关系和法律设立的不动产使用便利关系另行规定为相邻关系，起源于《德国民法典》，为《日本民法典》、我国台湾地区"民法典"、我国《民法典》所继受。

我国《民法典》沿用《物权法》的立法体例，将相邻关系置于所有权分编，地役权置于用益物权分编，学理释义一般遵循立法体例。但是，相邻关系和狭义地役权同属广义地役权，有着相同的基本性质、基本功能、基本权利义务，将两者放在一起比较符合逻辑和易于准确理解。为此，本章为"地役权与相邻关系"。下文的地役权均为狭义地役权。

二、地役权的概念

地役权是当事人约定产生的、地役权人为自己不动产使用便利而利用供役地人不动产的权利。这一定义的要点有：

1. 客体为他人不动产

供役地是提供需役地使用便利的不动产，需役地是获得使用便利的不动产，地役权的权利、义务取决于供役地，供役地是地役权客体。供役地和需役地必须分属于不同的权利人，包括分属不同的物权人，就需役地权利人而言，供役地属于他人不动产。供役地和需役地可以毗邻，也可以不毗邻，供役地的位置和范围由当事人约定。

2. 内容为使用便利

地役权不以持续占有他人不动产为目的，甚至无须占有，仅仅是为地役权人利用自己不动产提供便利。"便利"，我国台湾地区学者称为"便宜"，泛指一定

---

① 参见梁慧星主编：《中国物权法研究》（下），法律出版社1998年版，第753页；周林彬：《物权法新论》，北京大学出版社2002年版，第607—608页。

② 参见孟勤国：《现代物权思维与古老物权思维的碰撞》，载《湖北社会科学》2007年第10期。

③ 《法国民法典》第637条规定："役权系指为供他人不动产的使用或便利而对一个不动产所加的负担。"第639条规定："役权发生于地点的自然情况，或法律所定的义务，或数个所有权人间的契约。"

方便、一定要求、一定利益，包括经济上或财产价值的便利（如引水、排水、铺设管线），和精神上或感情上的便利（如眺望、采光等）。供役地为需役地提供使用便利，表现为供役地人容忍需役地人一定程度地影响其不动产的占有、使用和收益。例如，供役地上为需役地人留出通道，供役地建房时为需役地人留出眺望大海的空间。因而，地役权本质上是供役地的一种负担，是对供役地人不动产权利的一种限制。

3. 从属性和不可分性

地役权虽然是独立的用益物权，但与需役地的所有权或用益物权不可分离，因为地役权是为了需役地物权人方便利用需役地，具有目的从属性。地役权不能与需役地物权分离，不能单独让与、保留、抵押。供役地为需役地整体服务，地役权不因需役地或供役地分割为两个以上而消灭。需役地分割后，各地块均有地役权；供役地分割后，各地块依然有地役权负担。

三、地役权的意义

罗马法时期，役权相当发达，随着其他用益物权的出现，役权作用逐渐减弱，地役权成为役权中为数不多的幸存者。但是，地役权在我国几乎没有适用空间。我国土地资源紧张，不动产之间的使用便利普遍限于相邻关系意义上的最低限度，几乎没有当事人约定地役权的需求和可能，现实生活中极少有地役权的事例。同时，我国的土地承包经营权和建设用地使用权都是有期限的他物权，设定地役权不能不经土地所有权人同意，不能不受土地利用规划和城市规划的监管，与其费尽周折多得一些使用便利，不如轻松享有相邻关系的使用便利。相邻关系使用便利不能满足需要的，土地租赁也比地役权省事省心，也更具可能。我国的相邻关系基本可以取代地役权。

第二节　地役权的内容

一、地役权人的基本权利与义务

1. 使用供役地

地役权人在地役权目的范围内使用供役地。使用供役地的方法、范围和程度等，依当事人约定；约定不明时依据地役权性质和诚信原则，以对供役地损害最小的方法使用。地役权人对供役地的使用不具有独占性，在不妨碍地役权的前提下，供役地人自己可以使用供役地。同一供役地上可以设定数个地役权，依情形由数人同时使用，数个地役权相互冲突时，遵循时间在先权利在先、登记在先权利在先规则。

2. 实施附属行为

地役权人可在供役地上实施必要的辅助行为，如行使汲水地役权而在供役地上通行。地役权人可在供役地上修造必要的辅助设施，如为通行而修筑道路。必要性是指没有特定的辅助行为与设施无法实现地役权。辅助性是指辅助行为与设施是为了实现地役权。

3. 合理使用供役地

地役权人应依设定的目的和约定的范围、方式使用供役地，不得擅自变更。地役权人在考虑自己不动产使用便利和效益时，也要尊重和维护供役地人的利益。地役权人对供役地的使用应尽合理注意义务，以最小的损害使用供役地，超出合理使用范围造成供役地损害的，应恢复原状并给予合理补偿。

4. 支付地租

地役权可以有偿也可以无偿。约定有偿的，地役权人负有按约定数额和方式支付地租的义务。

5. 维护附属设施

地役权人应当维护其地役权的附属设施，当事人对附属设施的维护有约定的从其约定。在不影响地役权人使用的前提下，供役地人可以使用地役权的附属设施。

二、供役地人的基本权利与义务

1. 合理共享地役权

供役地人在不妨碍地役权人行使权利的前提下，可以行使与地役权人相同的权利，如排水、通行等，但应按其收益比例分担相应的设施维护费用，当事人有约定的从其约定。

2. 按约收取租金

有偿设定的地役权，供役地人有权按约定数额和方式向地役权人收取租金。

3. 变更利用场所或方法

地役权存续期间，供役地人因生产生活需要，在不影响地役权实现的情况下，有权请求地役权人变更利用场所和方法。因利用场所和方法变更所产生的费用，供役地人应给予合理补偿，当事人有约定的从其约定。

4. 容忍及不作为义务

供役地人对地役权人合理使用供役地负有容忍及不作为的义务。容忍是指供役地人对地役权人使用供役地可能出现的合理干扰或损害予以忍受；不作为是指供役地人不能干预地役权人合理使用供役地。

第三节　地役权的变动

一、地役权的设立

1. 协议设立

需役地人与供役地人通过合同方式设立地役权。我国《民法典》第373条规定，设立地役权应当采用书面形式订立地役权合同。第374条规定："地役权自地役权合同生效时设立。当事人要求登记的，可以向登记机构申请地役权登记；未经登记，不得对抗善意第三人。"

2. 法定取得

需役地人依据法定事由取得地役权。法定取得主要有继承取得和时效取得。继承取得是指需役地人死亡，其继承人因继承需役地所有权或使用权而取得地役权。地役权的时效取得，是指因需役地人持续、公开且和平地利用供役地达一定年限者，取得地役权。[①]我国《民法典》未规定时效取得，历史形成的地役权如通道，可参照相邻关系处理。

二、地役权的流转

地役权人将需役地所有权或使用权流转给他人，地役权随之流转，受让人取得地役权。

地役权具有从属性，不得单独流转或设定负担。需役地的物权人不能单独将地役权流转给他人，也不能将需役地物权与地役权分别流转给他人。地役权不能单独抵押，只能随着需役地物权的抵押而抵押。

三、地役权的消灭

1. 消灭事由

地役权的消灭事由包括地役权期限届满未能续期、供役地的土地承包经营权或建设用地使用权期满未能续期、地役权解除条件成就、供役地或需役地灭失、供役地事实上已不能再为需役地提供便利、地役权人违约导致地役权合同解除、法院依据当事人申请宣告地役权终止。

2. 消灭后果

地役权消灭的后果包括已登记的地役权办理注销登记、地役权人恢复原状交还土地、按照约定或公平原则处理附属设施。

---

① 参见谢在全:《民法物权论》(修订五版)(中册)，中国政法大学出版社2011年版，第523页。

第四节　相 邻 关 系

一、相邻关系的概念

相邻关系属于广义地役权，自《德国民法典》将地役权狭义化以后，相邻关系被划出地役权之外，只作为所有权的一种限制。

相邻关系是指两个以上毗邻的不动产物权人或使用人基于自然地理条件以及相应习惯、公德，相互间给予适当便利或接受适当限制而发生的权利义务关系。相邻关系中，一方相邻人要求对方相邻人提供必要便利或接受必要限制的权利称为相邻权，一方相邻人应对方相邻人要求提供必要便利或接受必要限制的义务称为相邻义务。

相邻关系在现代社会具有十分重要的意义。城市化和现代化是相邻关系多样化和普遍化的过程，摩天大楼越多相邻关系越多，高科技越发达相邻关系越复杂。相邻关系是现代生活和生产的基本要素。尤其是在我国，地役权可忽略不计，但相邻关系极其重要。

二、相邻关系的特点

相邻关系和地役权都是为自己不动产使用便利而利用他人不动产，但两者有着明显区别。相邻关系的特点主要有：

1. 客体是毗邻不动产

地役权的客体可以是毗邻不动产，也可以是不毗邻不动产；相邻关系的客体只能是毗邻不动产。毗邻有两种解释：一是不动产相互邻接，二是不动产位置邻近。后者更符合现代社会的相邻关系状况。例如，两栋高楼不邻接但可能影响邻近房屋的采光。毗邻一词表述相邻关系客体的地理位置，体现相邻人互为权利人、义务人的关系。虽然毗邻不动产也是供需关系，但不像地役权那样称为供役地和需役地。

2. 最低限度使用便利

地役权由合同设定，提供多少使用便利由当事人约定；相邻关系是法律直接规定的使用便利，无须当事人约定。毗邻不动产自动产生法定的相邻关系权利义务，但只能提供最低限度的使用便利，包括提供方便和避免妨碍。

（1）提供方便是相邻人的作为义务。例如，保留或提供对方相邻人必需的通道；允许对方相邻人安设必要的管道线路；容忍对方相邻人以正当理由和方式暂时进入或占用土地；依照自然条件取水、用水、蓄水、排水、承水等。提供便利方不负有改善自然条件的义务。

（2）避免妨碍是相邻义务人的不作为义务。例如，不影响对方相邻人的正常采光和通风；防止危及对方相邻人的地基或建筑物；将废气、灰屑、噪声、光亮或电波等其他不可称量物控制在正常的或合理的标准以下；允许对方相邻人处理越界植物的根枝叶实；不从事其他影响相邻人生产、生活的行为。

3. 无对价、无期限

地役权的使用便利往往需要支付对价，有固定期限；相邻关系的使用便利基于毗邻不动产权利人和谐相处的法律底线，不存在对价和期限。

4. 主体是相邻人

地役权主体是需役地的物权人，不包括需役地的其他使用人；相邻关系主体是相邻人，既包括毗邻不动产的物权人，也包括承租人、借用人、占有人等毗邻不动产使用人。

三、相邻关系的性质

我国《民法典》在所有权分编中规定相邻关系，导致相邻关系在形式上不是一种用益物权。但是，相邻关系是法定的权利义务关系。从权利角度，相邻关系是一种可诉的权利，不只是所有权或用益物权的限制。我国《物权法》颁行之前的民法教材中多有“相邻权”一词，“相邻权”在表达相邻人要求对方相邻人提供使用便利上较“相邻关系”更为清晰和准确。

相邻权不是用益物权不等于相邻权不是权利。权利是法律关系的内容而不是法律的位置，相邻关系既然是权利义务关系，就一定有相应的权利和义务，以所有权限制替代相邻权不过是文字游戏。历史上，相邻关系是广义的地役权，基本价值和功能与地役权同出一辙，本应规定于用益物权中，我国《民法典》将其规定于所有权分编是德国民法教义学影响的事例之一。

相邻权具有用益物权的实际功能，这是立法和学理无法改变的事实。

四、相邻关系的处理原则

我国《民法典》第288条规定：“不动产的相邻权利人应当按照有利生产、方便生活、团结互助、公平合理的原则，正确处理相邻关系。”有利生产、方便生活、团结互助、公平合理，是处理相邻关系的16字原则。

有利生产和方便生活是相邻关系的目的，也是法定最低限度使用便利的依据。有利生产适用于厂房、商铺、办公室等生产经营性不动产相邻关系，方便生活适用于住宅、学校、公共设施等生活性不动产相邻关系。有利生产和方便生活必须是有利和方便各方相邻人，而不是一方相邻人。

团结互助和公平合理是相邻关系的路径，也是法定最低限度使用便利的标准。相邻关系虽有权利义务内容，但权利的行使和义务的履行以友好协商、兼顾各方相邻人利益为基调，不轻易诉至法院，不轻易追究法律责任，不因争议存在而影响正常生产和生活。

五、相邻关系的种类

我国《民法典》第290条至第295条规定了相邻关系的种类：

1. 用水排水的相邻关系

我国《民法典》第290条规定："不动产权利人应当为相邻权利人用水、排水提供必要的便利。对自然流水的利用，应当在不动产的相邻权利人之间合理分配。对自然流水的排放，应当尊重自然流向。"

我国水资源不平衡，有些地区水资源短缺，合理分配水资源是有利生产、方便生活的重要体现。合理分配水资源须符合我国《水法》的规定，法律无明文规定的，应依据水的自然流向和历史形成的用水习惯。例如，旱季少水，不能随意截流，用水应由近及远、由高到低；雨季多水，不能随意排洪，排水应合理节制。

2. 通行的相邻关系

我国《民法典》第291条规定："不动产权利人对相邻权利人因通行等必须利用其土地的，应当提供必要的便利。"

通行是基本生活和生产条件。通行相邻关系主要因袋地和准袋地而发生。袋地是指为他人不动产所包围的不动产，袋地相邻人必须经过他人不动产才能进出，他人不动产应留出最低限度的通道供袋地相邻人通行。准袋地是指不动产虽然可以不经他人不动产通行，但极为不便，如道路艰难、环境危险、远距离绕道等，他人不动产应依据情况暂时留出最低限度的通道供准袋地相邻人通行。

3. 不动产建造修缮的相邻关系

我国《民法典》第292条规定："不动产权利人因建造、修缮建筑物以及铺设电线、电缆、水管、暖气和燃气管线等必须利用相邻土地、建筑物的，该土地、建筑物的权利人应当提供必要的便利。"

建造、修缮的相邻关系往往涉及安全和民生公共利益，不动产权利人为建造、修缮应临时提供必要便利，如允许堆放材料、搭建脚手架、管线占用空间等。如果时间过长，建造、修缮人应与不动产权利人协商，以租赁等方式解决使用便利问题。

4. 通风采光的相邻关系

我国《民法典》第293条规定："建造建筑物，不得违反国家有关工程建设标准，不得妨碍相邻建筑物的通风、采光和日照。"

通风、采光、日照是基本生活条件。我国的城乡建设均需规划审批，通风、采光、日照是规划审批的必有项目，违反规划审批的均为应拆除或整改的违章建筑。建筑物之间容易产生通风采光相邻纠纷，但建造过程影响相邻不动产的通风、采光和日照的，建造人可与相邻人协商暂时容忍，协商不成的，应停止建设、消除妨害。

5. 环境保护的相邻关系

我国《民法典》第294条规定："不动产权利人不得违反国家规定弃置固体废物，排放大气污染物、水污染物、土壤污染物、噪声、光辐射、电磁辐射等有害物质。"

环境保护是我国的基本国策。污染环境的行为应受行政处罚，同时应承担污染损害的侵权责任。就相邻关系而言，主要在于相邻人相互之间容忍最低限度的垃圾、噪声、射线等有害的物质，这些物质称为不可称量物。排放不可称量物引起的损害不能超过周围相邻人通常的忍受限度。

6. 工程安全的相邻关系

我国《民法典》第295条规定："不动产权利人挖掘土地、建造建筑物、铺设管线以及安装设备等，不得危及相邻不动产的安全。"

工程安全是工程施工的首要原则。工程安全不仅是施工人的责任，也是工程权利人的责任，施工不危及相邻不动产安全属于工程权利人的义务。危及不以危害结果为要件，只要有引发相邻不动产毁损、倒塌、威胁相邻人人身、财产安全的风险，施工就应当停止直至风险消除。

思考题

1. 简述地役权的定义。
2. 简述相邻关系的特点。
3. 论述相邻关系的性质。

延伸阅读

1. 王利明:《论相邻关系中的容忍义务》，载《社会科学研究》2020年第4期。

2. 韩光明:《民法上相邻关系的界定——兼论法律概念的制作》，载《北方法学》2008年第5期。

3. 朱广新:《地役权概念的体系性解读》，载《法学研究》2007年第4期。

4. 张翔:《论地役权的物权法律技术——兼论〈民法典〉上居住权、土地经营权的物权性质》，载《西北大学学报（哲学社会科学版）》2021年第3期。

第十五章　居　住　权

导　　语

居住权是指自然人对他人所有的住房及其附属设施的占有、使用的物权。我国《民法典》新增居住权，有利于应对我国人口老龄化问题和缓解城市住房紧张。

域外的居住权具有人役性。人役性是指居住权与特定自然人不可分离，由特定自然人专享，不能转移。我国居住权可以专属于特定自然人，也可以不专属于特定自然人，由当事人约定，不以人役性为要素。我国居住权可以“当事人另有约定的除外”方式改变居住权的无偿性、不可转让性、非继承性和不可出租，当事人意思自治可以塑造具体居住权的性质和内容。

我国长期存在的直管公房，名为租赁实为国家解决低收入无房户的福利，承租人的权利具有居住权的性质和功能。

第一节　居住权的内涵

一、居住权的概念

居住权是指自然人对他人所有的住房及其附属设施的占有、使用权利。我国《民法典》第366条规定：“居住权人有权按照合同约定，对他人的住宅享有占有、使用的用益物权，以满足生活居住的需要。”居住权要义有：

1. 他人所有的住房

居住权只能设定于住房，不能设定于厂房、商铺、办公室等非住宅用房。为了居住便利，居住权也及于住房的附属设施。

2. 居住权人的居住使用

居住权解决居住权人的居住问题。居住权的占有、使用权利主要体现为居住权人自己居住使用，但合同约定可以出租的除外。居住权人及其承租人不得以非居住方式使用住房，不能用作办公、会所、棋牌室等。

3. 权利主体限于自然人

居住权往往基于赡养、扶养和抚养需要设立。目前，居住权主要解决四类人的住房问题：夫妻离婚后无住房一方，失去双亲的无住房未成年人，以房养老的老年人，老人去世后无家可归的保姆。法人、非法人组织不能作为居住权人。

4. 居住权具有物权性

与承租人、借用人对他人住房的占有、使用不同，居住权人的占有、使用属于用益物权。

二、居住权的意义

我国《物权法》立法时，江平先生基于我国人口老龄化的趋势和保障特殊人士如保姆的居住需求，建议规定居住权。[①]反对者认为居住权需求仅为零星现象。[②]《物权法》未采纳江平先生的意见。13年后，我国《民法典》规定了居住权。

居住权有利于应对我国未来30年日益加剧的人口老龄化问题。据国家统计局公布的数据，截至2020年末，我国60周岁及以上人口有264 018 766人，占总人口的18.7%。其中，65周岁及以上人口190 635 280人，占总人口的13.5%。[③]一般认为，居住权是适宜以房养老的权利模式，老人可将自己的住房出售给养老机构等，同时设定居住权确保自己老有所居。老人也可为保姆设定居住权，为提供长期服务的保姆解决后顾之忧。

改革开放以来，我国城市化发展迅速，城市人口急剧增加，居住权可以适当解决城市住房紧张的问题。[④]我国《民法典》作了一些有别于域外居住权的例外规定，其关键点是不以人役性为居住权要素，居住权可由合同约定有偿、转让、继承、出租等，为居住权商业化预留了空间，居住权有可能发展成为与房屋租赁并驾齐驱的日常活动。

第二节 居住权的历史和特性

一、居住权的历史

居住权起源于罗马法，是一种人役权。人役权是指特定自然人利用他人之物的权利，由特定自然人专享，不能转移。这种权利与特定自然人不可分离的属性称为人役性。罗马法的人役权包括用益权、使用权和居住权。用益权是指特定用益权人有权无偿使用、收益他人之物而不损坏、改变物本身。罗马人经常以遗嘱方式让继承人继承遗产，将遗产的使用、收益权遗赠给其需要照顾的人，直至用益权人死亡。使用权是特定使用权人在个人需要范围内对他人之物按其性质加以

---

① 参见江平主编：《中国物权法教程》，知识产权出版社2007年版，第404—405页。

② 参见梁慧星：《关于民法典分则草案的若干问题》，载《法治研究》2019年第4期。

③ 参见《第七次全国人口普查公报》，载中华人民共和国中央人民政府网http://www.gov.cn。

④ 参见王利明：《物权法论》（修订本），中国政法大学出版社2003年版，第531页。

利用的权利，不包括收益，也不能转移。居住权是特定居住权人居住使用他人房屋的权利，权利范围广于使用权而狭于用益权。《法国民法典》基本沿袭罗马法，但居住权设立普遍采用合同方式，有别于罗马法居住权主要由遗嘱设立。

《德国民法典》规定了用益权和限制的人役权。用益权是指不可转让、不可继承地使用他人之物的权利，分为物上用益权、权利用益权和财产用益权。其中，物上用益权主要是对他人所有的房屋使用、收益的权利。限制的人役权是指为特定人设定的不动产使用权，主要是居住权。后来，德国《住宅所有权及长期居住权法》规定了“长期居住权”，即对公寓化住宅享有的居住使用权。长期居住权和限制的人役权中的居住权的区别在于，长期居住权无人役性，主体不限于特定自然人，可以转让、继承和出租。

《瑞士民法典》规定了居住权，未采用“限制的人役权”概念，居住权作为“其他役权”直接规定于用益权后，除客体限于住房外，其他内容与用益权基本相同。《意大利民法典》规定了用益权、使用权和居住权，其中居住权准用用益权的规定，居住权人可以在自己和家庭需要的限度内享用房屋，限于自己使用和家庭成员使用。

《日本民法典》和我国台湾地区“民法典”未继受人役权，也就没有人役权之一的居住权。

二、居住权的历史特性

1. 人役性

除了德国的长期居住权，居住权是一种人役权，以人役性为要素。“特定自然人”在罗马法时代仅指家庭成员，某些家庭成员特别是继承权被剥夺的寡妇或未婚女儿通过居住权获得一种供养，特定自然人才可享有居住权。居住权历经变迁，其结构和内容发生变异，但人役性这一点一直没变。德国的长期居住权由特别法规定，可解释为不是民法典意义上的居住权。

2. 长期性

居住权是长期、稳定的权利。居住权期限通常由合同约定或由遗嘱、遗赠协议确定；没有明确期限的，往往以特定自然人的生物状况推定：成年人的居住权期限至其死亡时止，未成年人的居住权期限至其独立生活时止。长期性使得居住权有别于租赁、借用的使用权，后者往往因期限较短难以满足使用人居住稳定的需求。

3. 不可转让性和非继承性

为特定自然人设定的居住权只能由该特定自然人享有。居住权人不得将其居住权转让。居住权人死亡后，居住权消灭，不发生继承。

4. 无偿性

居住权为特定自然人生活需求设定，具有恩惠性。居住权人不支付住房使用费，不承担重大维修费用，属于无偿居住使用。无偿性使得居住权有别于租赁使用权，后者出于双务、有偿的法律行为，以租金为对价。

三、居住权的中国特性

1. 非人役性

我国《民法典》有居住权无人役权，这与《日本民法典》和我国台湾地区“民法典”无人役权也无居住权不同。无人役权前提下的我国居住权，既可以容纳传统的人役性居住权，也可以容纳德国长期居住权那样的非人役性居住权。也就是说，人役性不是我国居住权的要素，我国居住权可以专属于特定自然人，也可以不专属于特定自然人，是否专属由当事人约定。

传统学理以传统的人役性居住权释义我国居住权，[①]扭曲了我国《民法典》居住权条款的文义。《民法典》的这些条款虽然有无偿性、不可转让性、非继承性、不得出租这些人役性居住权的特性，但既然“是否无偿、可否出租”可以由当事人约定，就表明我国的居住权不是非有人役性不可，我国《民法典》并无居住权和特定自然人不可分离的强制性要求。

2. 可塑性

我国《民法典》确认居住权的无偿性、不可转让性和非继承性，还确认居住权住房不得出租，表明我国居住权一定程度上借鉴了域外的居住权。但是，“当事人另有约定的除外”规定赋予当事人改变居住权性质的权利，当事人的意思自治可以塑造具体居住权的性质和内容，我国的居住权具有可塑性。

第三节　居住权的内容

一、基本权利

1. 居住使用权

居住权人因居住目的使用房屋，不受住房所有权人及继承人或第三人的干涉。居住使用房屋的主体不限于居住权人本人，居住权人的家属、保姆、护理人员可共同居住。居住权人可使用房屋附属设施和房屋共用部分。居住使用权不

---

① 参见王利明:《论民法典物权编中居住权的若干问题》，载《学术月刊》2019年第7期；钱明星:《关于在我国物权法中设置居住权的几个问题》，载《中国法学》2001年第5期。

以持续使用为条件，住房所有权人不能以住房经常或长期空置为由主张终止居住权。

2. 有限收益权

我国《民法典》第366条规定居住权的占有、使用权能，并非绝对排斥收益权能。居住权的居住使用目的不能为收益目的所取代，这是立法不规定收益权能的原因。在不违反或不改变居住使用目的的前提下，居住权人取得一定收益符合节约资源原则。例如，居住权人在自己居住的同时将部分房间出租或开小卖部。

3. 安置请求权

居住权存续期间住房灭失的，居住权人的居住使用利益落空，有权请求相应的安置或补偿。住房被征收拆迁，居住权人有权要求征收人或住房所有权人予以住房安置或租房补偿。住房因自然原因灭失如地震，居住权人可享受政府的安置救助。

二、基本义务

1. 合理使用

居住权人的居住使用应符合日常生活经验，可以作必要装修，但不得擅自改变住房结构和用途。例如，不能将客厅改为卧室，不能将一间房分隔为多间，不能影响相邻关系等。

2. 妥善养护

居住权人应当妥善养护住房及其附属设施，尽善良管理人注意义务。住房出现毁损隐患时，应及时通知住房所有权人或者予以必要修缮，修缮费用一般按照“小修归客、大修归主”原则承担。居住权人应承担相应的物业费、清洁费等。

3. 返还住房

居住权期满，居住权人应返还住房。居住权因居住权人死亡而消灭，居住权人的继承人负有返还住房义务。

第四节 居住权的变动

一、居住权的设立

我国《民法典》第368条规定，“设立居住权的，应当向登记机构申请居住权登记。居住权自登记时设立”。“登记时设立”是指居住权以登记为生效要件，即便居住权合同、遗嘱、遗赠生效，未经登记不成立居住权。合同、遗嘱和遗赠、法律规定是居住权的主要设立方式。

1. 合同

我国《民法典》第366条将合同约定作为居住权定义的要素，表明合同是我国居住权的主要设立方式。合同未作范围限制，表明居住权没有人役性或适用范围的限制。居住权合同可以是离婚协议，如离婚后住房归一方所有、另一方享有居住权；也可以是买卖房屋协议，如出卖人对出卖的住房享有居住权；还可以是合作建房协议，如出资建造人对住房享有居住权；等等。

2. 遗嘱和遗赠

我国《民法典》第371条规定："以遗嘱方式设立居住权的，参照适用本章的有关规定。"住房所有权人可立遗嘱设立居住权。例如，遗嘱确定住房由儿子继承，但女儿享有居住权。住房所有权人也可在遗嘱中明确住房由子女继承，但保姆享有居住权。由于保姆不属于住房所有权人的法定继承人，这种遗嘱称为遗赠。

3. 法律规定

20世纪50年代中期，我国进行私房社会主义改造，私人房屋除自留部分外由国家经租再分配给无房户租住，承租人交象征性租金。改革开放后，除退回不符合国家私房改造政策的私房给原房屋所有权人之外，其他经租的私房事实上归国家所有。至今，我国城镇依然存在这类为数不少的直管公房。所谓直管公房，是指改革开放前分配给无房户租住并延续至今的城镇房产局管理的国有住房。直管公房多为旧城老房，承租人须是当年无房户或其后代且别无住房，租金极低，租赁权可继承，不可转租，征收拆迁时须给承租人类似于房屋所有权人的安置补偿或货币补偿，与一般的房屋租赁完全不同。直管公房名为租赁，实为国家解决低收入无房户的福利，承租人的权利具有居住权的性质和功能。

二、居住权的变更

我国《民法典》第369条规定："居住权不得转让、继承。设立居住权的住宅不得出租，但是当事人另有约定的除外。"不得转让、继承、出租的居住权不存在变更问题，但合同约定可以出租的居住权可以发生主体、客体和内容的变更。

三、居住权的消灭

我国《民法典》第370条规定："居住权期限届满或者居住权人死亡的，居住权消灭。居住权消灭的，应当及时办理注销登记。"居住权消灭原因主要有：

1. 期满

居住权期限届满，居住权消灭。不得继承的居住权最长期限为居住权人的存活期间。未成年人居住权一般因其成年而消灭。

2. 混同

居住权人取得房屋所有权，居住权人与所有权人合二为一，即为混同，居住权消灭。

3. 抛弃

居住权人可在任何时候任何情况下抛弃居住权，但应以明示方式向住房所有权人作出。

4. 取消

居住权人未经许可擅自出借、出租、抵押房屋，将房屋用于生产经营活动，侵害住房所有权人及其亲属的人身权或财产权，危及住房安全等损害住房所有权人或者他人合法权益等情形，属于滥用居住权，住房所有权人可以单方取消居住权。

5. 房屋灭失

房屋灭失有事实上灭失和法律上灭失。事实上灭失如房屋因不可抗力，法律上的灭失如房屋被征收，都会导致居住权的消灭。房屋灭失后，依照合同约定、遗嘱和遗赠规定处理善后问题。

思考题

1. 简述居住权的概念。
2. 简述居住权的设立。
3. 简述居住权的内容。

延伸阅读

1. 王利明:《论民法典物权编中居住权的若干问题》，载《学术月刊》2019年第7期。

2. 钱明星:《关于在我国物权法中设置居住权的几个问题》，载《中国法学》2001年第5期。

3. 房绍坤:《论民法典中的居住权》，载《现代法学》2020年第4期。

4. 申卫星、杨旭:《中国民法典应如何规定居住权?》，载《比较法研究》2019年第6期。

5. 汪洋:《民法典意定居住权与居住权合同解释论》，载《比较法研究》2020年第6期。

第十六章　担保物权概述

导　语

物的担保有助于控制交易风险、强化交易信用，是经济活动的主要担保方式。担保物权是物的担保所产生的权利，是指担保物权人对债务人或第三人提供的担保财产享有的债权优先受偿权。担保物权具有物上性、变价性和从属性等特性。

担保物权的法定种类可以区分为典型担保物权和非典型担保物权。典型担保物权是法律明确规定的担保物权种类，包括抵押权、质权、留置权；非典型担保是我国司法解释确认的物的担保方式，包括让与担保、所有权保留、融资租赁、有追索权的保理。

担保合同因所担保的主债权债务合同而无效，也可因自身缺少合同有效要件而无效。担保合同无效，担保物权随之消灭，担保人有过错的，依照法律规定承担相应的担保无效过错责任。

第一节　担保物权的内涵

一、物的担保

担保是为了保障债权实现而采取的一种措施，包括增加债务清偿人和确定可用于债务清偿的特定财产。增加债务清偿人的担保主要是保证，又称人的担保，保证人向债权人承诺：债务人不履行债务或发生当事人约定情形时由保证人代为履行债务或承担责任。确定可用于债务清偿的特定财产，其方式主要有抵押、质押、留置等，又称物的担保，可用于清偿债务的特定财产包括债务人财产和第三人财产。

我国《民法典》第387、681条规定，债权人在借贷、买卖等民事活动中，为保障其债权的实现，可以要求债务人或第三人提供担保。担保方式由担保人和债权人约定，可以是人的担保或物的担保，也可以既有人的担保也有物的担保。

物的担保是经济活动的主要担保方式，其价值和功能主要有：

1. 控制交易风险

现代经济是风险经济，充斥着不可抗力等客观风险和债务不履行等主观风险，常常出现债务人不能履行或不能完全履行债务的情形。人的担保是一种控制或减少交易风险的方式，但效果取决于保证人的财产状况，一旦保证人没有足够财产代为履行债务，保证就起不到预期的风险控制作用。现实生活中，保证人无力履行保证责任的情况比比皆是。物的担保则不同，担保财产与其所担保债权直接挂钩，担保财产的价值往往显著大于所担保的债权，一旦出现债务不履行或其他约定情形，债权人即可依法请求处置担保财产，除非担保财产灭失或非常态严重贬值，担保财产所担保的债权多能实现。物的担保比人的担保可靠和有效。

2. 强化交易信用

现代经济是信用经济，生产经营的交易方式主要是先货后款或先款后货，如大宗商品购销、商品房预售等，这些非即时结清的交易离不开资金融通。资金融通的本质是货币借贷，借款人能否如期履行偿还借款本息的义务，决定着信用交易的规模和水平。物的担保最大限度地控制了借款不还的风险，有力支撑和促进生产经营的信用交易。现代经济流行最高额抵押、财团抵押与浮动担保、证券抵押以及最高额质押、权利质押等融资性担保，这些物的担保不仅为资金融通和商品交易提供相当可靠的安全保障，而且促进资金融通和商品交易的持续发展。

二、担保物权的概念

物的担保权利在不同法律体系中名称各异，英美法称之为担保权益，法国民法称之为优先权，德国、日本的民法典和我国台湾地区的“民法典”称之为担保物权。担保权益或优先权侧重于物的担保功能，担保物权侧重于物的担保权利的形式。有体物是《德国民法典》的特有符号，有体物上的权利均归入物权，担保物权一词由此而来。我国《物权法》和《民法典》继受《德国民法典》体系，将物的担保权利规定于物权编，采用了担保物权形式。

我国《民法典》第386条规定：“担保物权人在债务人不履行到期债务或者发生当事人约定的实现担保物权的情形，依法享有就担保财产优先受偿的权利，但是法律另有规定的除外。”担保物权是担保物权人对债务人或第三人提供的担保财产享有的债权优先受偿权，其要义有：

1. 确保债权实现

担保物权不是为了担保物权人占有、使用担保财产，而是确保其所担保债务得以清偿。债务人须清偿而不清偿债务时，债权人同时也是担保物权人，可依法请求处置担保财产，以担保物价款清偿所担保债权。如果债务人清偿了担保物权所担保债务，则担保物权随之消灭。确保债权实现是担保物权的唯一价值和功能。

2. 担保人可以是第三人

担保物权人必然是债权人，但担保人不一定是债务人。债务人和第三人均可提供财产担保特定债务。如果担保财产不足以清偿其担保债务，第三人以其担保财产为限承担清偿责任，债务人仍须清偿第三人担保财产清偿后的剩余债务。

3. 担保物权人的债权优先受偿

担保物权只用于所担保债务的清偿，不涉及担保人的其他债务。担保财产在所担保债务得以清偿之前，不能用于其他债务清偿，但法律另有规定的除外。同一担保财产担保多项债务，依照法律规定的先后顺序清偿。所担保债权优先受偿是担保物权的本质和内容。

第二节 担保物权的特性

一、物上性

担保物权位列他物权，但不具有直接支配担保财产的属性。所有权支配担保财产的价值和使用价值，用益物权支配担保财产的使用价值，担保物权只是一定程度限制担保人支配担保财产的价值或使用价值，但限制本身不构成直接支配。直接支配性是物权的基本属性，担保物权既不直接支配担保财产的价值也不直接支配担保财产的使用价值，这就有了“担保物权是否为物权”的质疑。物权二元理论为此明确提出“担保物权不是物权”。[①]

为证明担保物权具有物权的直接支配性，传统学理引入政治经济学的交换价值一词，将担保财产变价款或折抵价作为交换价值，声称担保物权人支配的是担保财产的交换价值。[②]这是一个谬误。一是误解交换价值概念。交换价值是指两种商品的交换比例，如美元与人民币的交换或兑换比例为1∶7，人们可以直接支配手中的美元，也可以直接支配手中的人民币，但绝不可能直接支配1∶7这个比例关系。二是混淆了债权和物权。变价款或折抵价是担保财产的对价，担保财产未变价或折抵时不是现实存在，担保物权人客观上无法直接支配，如果未来取得变价款或折抵价等同于直接支配，买受人受领标的物的债权也就成了物权。三是担保物权定义已自证不具有支配性。担保物权定义的关键词为“优先受偿”，优先受偿的对象是担保财产所担保的债权，与直接支配担保财产风马牛不相及。

担保物权不存在用益物权那样的物权性。但是，和用益物权一样，担保物权与担保财产不可分离，具有物上性。对于担保物权人而言，担保物权是设立于担保财产的优先受偿权。对于担保人而言，担保物权是对特定担保财产上既有物权

① 参见孟勤国：《物权二元结构论——中国物权制度的理论重构》，人民法院出版社2002年第1版，第222—225页；2004年第2版，第225—228页；2009年第3版，第225—228页；法律出版社2020年修订版，第216—219页。

② 参见梁慧星主编：《中国物权法研究》（下），法律出版社1998年版，第803页。

的一种限制。担保物权人在行使优先受偿权之前，担保物权是担保财产上的一种负担，随着担保财产所有权转移而转移，不因担保财产所有权转移而消灭。担保物权人在行使优先受偿权时，担保物权是依法请求处置担保财产和优先以担保财产变价款或折抵价受偿的权利，担保物权随着担保财产的变价清偿而消灭。

担保物权的物上性表现为：

1. 不可分性

担保物权不可分割，担保物权及于担保财产和所担保债权的全部。担保财产部分灭失或价值减少，其余部分或剩余价值依然是全部债权的担保；担保财产分割或部分转让，分割后的各部分依然是全部债权的担保；债权因清偿、抵销、混同等原因部分消灭，担保物权并不相应缩减，依然及于担保财产的全部；债权分割或部分转让，担保物权既不分割也不部分转让，而是数个债权人按其债权份额共享担保物权。债务分割或者部分转移，担保财产依然担保数个债务人履行债务，除非出现我国《民法典》第391条规定的情形。[①]

2. 特定性

担保财产和所担保债权明确而特定。担保财产无论是不动产、动产还是财产权利，其名称、形态、权利状况等在担保物权设立时就明确而特定，可与担保人的其他财产相区分和识别。担保财产所担保债权的名称、数量、履行期限等在担保物权设立时也明确而特定，可与担保物权人的其他债权相区分和识别。有些物的担保在担保物权行使时才能确定具体的担保财产和所担保债权数量，如浮动担保和最高额抵押，但担保财产和所担保债权在担保物权设立时已在明确而特定的范围之内，同样可以区分和识别。

3. 公示性

担保物权须以登记或占有方式公示。不动产、特殊动产、权利的担保一般采用登记公示，动产一般采用占有公示，具体采用何种公示方式由法律规定。第三人知晓或应当知晓担保物权的存在，是担保财产所担保债权优先于其他债权受偿的正当性基础，担保公示向第三人透明担保财产和所担保债权状况，是担保物权优先受偿效力的支点。无担保公示的担保物权不能成立或不得对抗善意第三人。

4. 追及性

担保物权具有追及担保财产的效力。担保物权与担保财产形影不离，担保财产出现不利于担保物权情形，如担保人违约转让担保财产、担保财产被他人非法占有、担保财产面临毁损灭失风险等，担保物权人有权追及担保财产所在，采取

---

① 我国《民法典》第391条规定："第三人提供担保，未经其书面同意，债权人允许债务人转移全部或者部分债务的，担保人不再承担相应的担保责任。"

一定的保全措施，确保担保财产的担保功能不受影响，但以法律规定的追及范围为限。[①]

二、变价性

担保物权的目的是实现所担保债权。抵押权人不占有抵押财产，质权人、留置权人只能保管质押、留置财产，不能使用或收益，担保物权人只能取得不超过担保债权数额的担保财产变价款、折抵值、替代金。担保物权人行使担保物权导致担保财产由实物变成货币值，这是担保物权的变价性或换价性。

担保物权的变价性表现为：

1. 对价性

这是指担保财产以对价方式将担保财产变换为货币值。对价通过拍卖或变卖而确定，拍卖或变卖所得变价款或折抵值清偿担保财产所担保的债权。变价款是指拍卖或变卖担保财产所得价款，折抵值是指以担保财产全部或部分冲抵所担保债权的数值。担保财产因变价款或折抵值去除物上的担保负担，恢复为一般财产。

对价性变价的时间点为担保物权行使之后。

2. 物上代位性

这是指担保财产以替代方式将担保财产变换为货币值。通说认为，担保财产因毁损灭失取得的保险金、赔偿金或被征收取得的补偿金，属于担保财产的替代物，两者仅仅是担保财产的形态变化，担保物权效力及于担保财产的替代物。这称为物上代位权，即担保物权人对担保财产替代物享有担保物权。我国《民法典》第390条规定："担保期间，担保财产毁损、灭失或者被征收等，担保物权人可以就获得的保险金、赔偿金或者补偿金等优先受偿。被担保债权的履行期限未届满的，也可以提存该保险金、赔偿金或者补偿金等。"

物上代位性变价的时间点为担保物权行使之前。

三、从属性

担保物权为从权利，所担保债权为主权利，这是担保物权的从属性，表现为：

1. 权利设立的从属性

担保物权设立以所担保债权为前提，不能单独设立。所担保债权可以是既存

---

① 如我国《民法典》第404条规定，动产抵押权追及效力"不得对抗正常经营活动中已经支付合理价款并取得抵押财产的买受人"。

债权也可以是将来债权。留置权担保既存债权，抵押权和质权担保既存或将来债权。但担保物权行使时，所担保债权必须是既存债权。

2. 权利效力的从属性

担保物权效力取决于担保合同效力，担保合同效力往往取决于所担保债权的效力。我国《民法典》第388条第1款规定："担保合同是主债权债务合同的从合同。主债权债务合同无效的，担保合同无效，但是法律另有规定的除外。"同时，担保物权效力以所担保债权范围为限，担保财产变价款或折抵值超出所担保债权范围部分，不属于担保财产。

3. 权利移转的从属性

担保物权移转的从属性又称担保物权处分上的从属性、附随性、随伴性，是指担保物权随着所担保债权的转移而转移。例如，担保人将担保财产所有权转移给第三人，第三人成为担保财产所有权人的同时成为担保人，原所有权人不再是担保人。

4. 权利消灭的从属性

担保物权所担保债权消灭，担保物权随之消灭。例如，主债权被撤销或者不成立的，担保物权随之无效或不成立。担保合同无效，担保物权也相应消灭，在担保人有过错的情况下，提供担保的第三人亦须承担一定的赔偿责任，但赔偿责任并非担保物权的责任，而是担保合同无效的过错责任。

应当注意，从属性并不意味担保物权自身不能单独无效或消灭。例如，担保物权所担保债权有效，担保物权因担保财产是禁止流通物而无效；因动产质权人放弃占有而消灭。

第三节 担保物权的种类

一、法定种类

依物权法定原则，担保物权种类由法律规定。由于法律传统不同，各国的担保物权种类有所不同，但都有抵押权、质权、留置权这三种法定种类。

我国《民法典》规定了抵押权、质权、留置权。同时，我国《民法典》第388条第1款规定了"其他具有担保功能的合同"，明确了融资租赁、保理、所有权保留等非典型担保合同的担保功能。[①]典型担保和非典型担保为学理用语，因

① 参见王晨：《关于〈中华人民共和国民法典（草案）〉的说明——2020年5月22日在第十三届全国人民代表大会第三次会议上》，载《中华人民共和国民法典（含草案说明）》，中国法制出版社2020年版，第206页。

我国司法解释成为法律概念。[①]由此，我国的担保物权法定种类区分为典型担保物权和非典型担保物权。

1. 典型担保物权

这是指法律规定的有名担保物权种类，即抵押权、质权、留置权。抵押权、质权只能约定设立，属于约定担保物权；留置权符合法定条件当然发生，属于法定担保物权。抵押担保财产可以是不动产、动产、权利，质押担保财产可以是动产、权利，留置担保财产限于动产，担保财产既可以是单一物也可以是集合物。

2. 非典型担保物权

非典型担保，又称新类型担保、不规则担保、变态担保、类担保等，是指典型担保之外的担保方式，可分为非典型人的担保与非典型物的担保。前者如债务加入、差额补足协议、流动性支持、到期或附条件的回购协议、对赌协议等，后者如所有权保留、融资租赁、保理、让与担保等。根据《最高人民法院关于适用〈中华人民共和国民法典〉有关担保制度的解释》，非典型担保仅指非典型物的担保，在法律概念语境中，非典型物的担保简称非典型担保。

非典型担保应否称为担保物权值得研究。有学者认为，我国《民法典》第388条将典型担保和非典型担保统一于担保功能，其实就是否定担保物权的物权性，确认担保物权不是物权，典型担保物权已有名无实，无名无实的非典型担保更不应称为担保物权。

二、学理种类

根据不同标准，担保物权有以下学理分类：

1. 约定担保物权和法定担保物权

这是根据担保物权发生原因所作的分类。约定担保物权，又称意定担保物权，是指基于当事人担保合同并依法公示而成立的担保物权，如抵押权、质权。法定担保物权，是指符合法律规定的条件当然发生的担保物权，如留置权、建筑工程价款优先权、船舶优先权、民用航空器优先权等。

二者从属性强弱不同。约定担保物权主要作为融资手段，又称融资性担保物权，从属性弱。法定担保物权主要保障特定的费用清偿如修理费、工程款等，又称费用性担保物权，从属性强。

---

① 《最高人民法院关于适用〈中华人民共和国民法典〉有关担保制度的解释》主要适用于典型担保和非典型担保。典型担保是指保证、担保物权（抵押权、质权、留置权等）。非典型担保是指所有权保留买卖、融资租赁中出卖人或出租人享有的所有权（具有担保功能）、有追索权的保理。

2. 不动产担保物权、动产担保物权和权利担保物权

这是根据担保财产形态的分类。担保财产为不动产的是不动产抵押权，为动产的是动产质权或抵押权，为可转让财产权利的是权利质权。

不同形态担保财产的担保物权在设立、公示、效力上有诸多不同。

3. 留置性担保物权和优先受偿性担保物权

这是根据担保财产占有状态所作的分类。留置性担保物权，又称占有型担保物权，是指债权人占有担保财产的担保物权，如留置权、动产质权、债权人占有权利凭证的权利质权。优先受偿性担保物权，又称非占有型担保物权，是指债权人以担保财产变价款或折抵值优先受偿所担保债权的担保物权，如抵押权、债权人无须占有权利凭证的权利质权。

留置性担保物权以占有为成立和消灭的要件。

4. 保全性担保物权和融资性担保物权

这是根据担保财产与所担保债权的牵连关系所作的分类。保全性担保物权是担保财产与所担保债权有牵连关系并以保全该债权为目的，如留置权等。融资性担保物权是担保财产与所担保的债权无牵连关系，以融资等为目的的担保物权，如抵押权、质权。一般而言，法定担保物权有保全性，担保既存债权；约定担保物权有融资性，可担保将来债权。

保全性担保物权以牵连性为成立和行使要件。

5. 登记担保物权和非登记担保物权

这是根据登记是否为担保物权成立要件所作的分类。登记担保物权是指未经登记不能成立的担保物权，如不动产抵押权、债权人不占有权利凭证的财产权利质权。非登记担保物权是指不以登记为成立条件的担保物权，一般以占有为成立要件，如留置权、动产质权、债权人占有权利凭证的财产权利质权等。动产抵押权自合同生效时成立，不以占有为成立要件，也不以登记为成立要件，不登记只是不具有对抗善意第三人的效力，属于非登记担保物权。

登记担保物权以登记为公示方式和成立要件。

6. 本担保物权、再担保物权和反担保物权

这是根据担保对象所作的分类。

本担保物权，又称正担保或主担保、第一担保，是指以主债权即担保物权人债权为担保对象的担保物权，普通的担保物权均为本担保物权。

再担保物权，又称副担保、第二担保，是指以本担保的担保义务作为担保对象的担保物权。再担保所担保债务不是本担保所担保债务，而是本担保人今后履行担保义务所产生的债务。例如，甲是乙贷款的保证人，这是本担保；丙将自己房屋抵押给银行担保甲的保证责任，这是再担保。在甲须承担保证责任但无财产

承担时，银行有权将丙的担保财产用于清偿甲的保证责任债务。我国《民法典》未规定再担保物权，也未限制多重担保。再担保物权以本担保为担保对象，间接增强本担保所担保债权的实现，有利于现代信用经济。

反担保物权，又称求偿担保，是指以本担保人对债务人的追偿权为担保对象的担保物权。本担保人代债务人清偿债务后有权向债务人追偿其损失，为了减少追偿风险，本担保人可要求债务人或第三人提供反担保。例如，甲为乙的贷款将自己的房屋抵押给贷款银行，乙或第三人将自己的红木质押给甲，一旦甲的抵押房屋用于清偿乙的贷款，甲可依法处置乙或第三人的质押红木以追偿甲代为清偿乙贷款的损失。我国《民法典》第387条第2款规定："第三人为债务人向债权人提供担保的，可以要求债务人提供反担保。反担保适用本法和其他法律的规定。"

再担保物权、反担保物权增强本担保的担保功能。

担保还有限额担保与全额担保、自己担保与他人（第三人）担保、单独担保与共同担保、普通担保与特别担保等分类，对担保物权及其规则适用也有相应价值。[①]

第四节　担保物权一般问题

一、担保范围

这是指担保物权所担保债权的范围，即担保物权人行使担保物权时所能优先受偿的债权范围。我国《民法典》第389条规定："担保物权的担保范围包括主债权及其利息、违约金、损害赔偿金、保管担保财产和实现担保物权的费用。当事人另有约定的，按照其约定。"据此，担保范围首先依据当事人约定确定，如约定限额担保。当事人没有约定或约定不明时适用法定担保范围。担保范围包括：

1. 主债权

主债权又称原债权，是指本担保物权所担保的债权。主债权一般在担保物权设立时确定和明确，担保物权登记时须登记主债权名称、数额、主体等。

再担保、反担保物权所担保债权为本担保人代为清偿主债权的损失。

2. 利息

利息是主债权法定孳息。法定利息或约定利息、期内利息或迟延利息，均属

① 参见刘保玉、吕文江主编：《债权担保制度研究》，中国民主法制出版社2000年版，第53—69页。

担保范围。当事人没有约定或约定不明的，利息标准为法定利率，当事人有约定的从其约定，但不能超过法律规定的利率上限，如民间借贷利率目前不能超过贷款基础利率（LPR）的4倍。

3. 违约金和赔偿金

违约金是债务人因违约向债权人支付的补偿款或惩罚款。赔偿金是债务人因违约或担保财产隐蔽瑕疵，依照法律或合同向债权人支付的损失赔偿款。违约金和赔偿金的范围、标准、计算等适用我国《民法典》第583—585条。

4. 必要费用

这是担保财产的保管和行使的必要开支。保管费用是担保物权人保管担保财产的开支，常见于动产质押或留置。行使费用是担保物权人保全、拍卖、执行担保财产的开支，包括评估费、担保费、诉讼费、律师费、拍卖费等。保管费用和行使费用因担保而发生，理应归入担保范围，但须是合理开支，如评估费、律师费可以低于但不能高于市场公允标准。

二、基本内容

1. 担保物权人的权利义务

优先受偿权是担保物权人的基本权利，可以形成各种具体权利。在优先受偿性担保物权中，担保物权人有权追及担保财产、申请保全担保财产、申请处置担保财产、主张担保物权的优先顺序、主张物上代位权、请求特定情形下提前偿债或提存价款等、主张担保财产变价款或折抵值的优先受偿等。在留置性担保物权中，担保物权人有权留置担保财产、收取担保财产孳息、依照约定或保管需要使用担保财产、依照法律或约定质押财产转质、依照法律或约定对质押财产提前变价、主张担保财产变价款或折抵值的优先受偿等优先受偿权等。

依照法律或约定保有和行使担保物权是担保物权人的基本义务。在优先受偿性担保物权中，担保物权人不能随意干预担保人占有和使用担保财产、无依据限制担保人转让担保财产、无正当理由申请保全担保财产、非经法定程序将担保财产直接抵债等。在留置性担保物权中，担保物权人应当妥善保管担保财产、垫付担保财产的维护费用、依照约定将担保财产孳息转交担保人、提存质押财产变价款，不得将担保财产直接抵债等。

2. 担保人的权利义务

担保财产的所有权或用益物权受担保物权限制，除此之外，担保人的所有权或用益物权不受影响。同时，担保人作为担保物权当事人也享有相应权利。在优先受偿性担保物权中，担保人可占有和使用担保财产并取得收益、将担保财产多次用于担保其他债权或设定租赁权等、依法转让担保财产、取回担保财产变价款超出清偿债权额的余款、依据法律或合同抗辩或拒绝承担担保责任、请求反担保人或债务人偿付担保责任损失、代位反担保人或债务人向第三人主张债权等。在留置性担保物权中，担保人有权请求担保物权人及时行使担保物权、主张担保物权人赔偿保管担保财产不当的损失、依照法律或约定主张返还担保财产、依照法律或约定收取担保财产孳息、依法转让担保财产、取回担保财产变价款超出清偿债权额的余款、依据法律和合同抗辩或拒绝承担担保责任、请求反担保人或债务人偿付担保责任损失、代位反担保人或债务人向第三人主张债权等。

担保人的义务主要有：行使担保财产的物权不得超出担保物权的限制，依照法律或约定履行担保义务。

三、共同担保

1. 共同担保的概念和种类

共同担保是两个以上的担保人或担保财产为同一债权提供担保。例如，甲、乙共同为丙的同一贷款的担保人，甲、乙各自提供财产为丙的同一贷款担保，或者丙的同一贷款由甲的财产、乙的保证提供担保。

依据担保方式是否同一，分为单一共同担保和混合共同担保。前者如共同保证、共同抵押、共同质押，后者如人的担保与物的担保并存、抵押与质押并存等。依据担保人是否为债务人，分为债务人的共同担保、第三人的共同担保、债务人与第三人的共同担保。根据担保人有无共同意思，分为有意思联络的共同担保、无意思联络的共同担保。

2. 共同担保责任

我国《民法典》第699、700条的共同保证规定和第392条物保与人保并存时担保权实现规则，否定了之前学理和实践曾有的数个担保人没有明确约定承担连带责任或者分担损失的情况下的相互追偿权，[①]共同担保的担保责任由担保人各自承担。

但是，2020年《最高人民法院关于适用〈中华人民共和国民法典〉有关担保制度的解释》第13条规定了两种例外：一是各担保人约定相互之间追偿，约定了分担份额的按约定相互追偿，未约定分担份额的按比例相互追偿；二是各担保人虽未约定相互之间追偿和承担连带责任，但各担保人在同一份合同书上签字、盖章或者按指印的，视为各担保人约定相互之间追偿。

---

① 参见黄薇主编：《中华人民共和国民法典释义》（上）（中），法律出版社2020年版，第755—756页，第1325—1326页；最高人民法院民法典贯彻实施工作领导小组主编：《中华人民和共和国民法典物权编理解与适用》（下），人民法院出版社2020年版，第1021—1022页。

3. 混合共同担保处理规则

我国《民法典》第392条规定:“被担保的债权既有物的担保又有人的担保的，债务人不履行到期债务或者发生当事人约定的实现担保物权的情形，债权人应当按照约定实现债权；没有约定或者约定不明确，债务人自己提供物的担保的，债权人应当先就该物的担保实现债权；第三人提供物的担保的，债权人可以就物的担保实现债权，也可以请求保证人承担保证责任。提供担保的第三人承担担保责任后，有权向债务人追偿。”据此：

（1）当事人有约定的按照约定。尊重当事人意思自治，当事人就数个担保的担保责任份额、清偿顺序等问题有约定的，债权人应当按照约定实现债权。

（2）先处理债务人担保财产。当事人没有约定或约定不明确，其中有债务人担保财产的，债权人应当先就债务人担保财产实现债权。这有利于减轻第三人承担担保责任后向债务人追偿的讼累。

（3）债权人自由选择。担保人均为第三人，且未约定担保责任顺序的，债权人有选择权，可以要求担保物权人承担担保责任，也可以要求保证人承担保证责任。

四、担保合同无效

1. 担保合同无效的原因

（1）所担保债权无效。担保的目的是确保所担保债权的实现，主债权债务合同一旦无效，担保合同目的落空，担保合同原则上无效。这一无效无须当事人协商或主张，直接基于法律规定。我国《民法典》第388条规定，“担保合同是主债权债务合同的从合同。主债权债务合同无效的，担保合同无效的，但是法律另有规定的除外”。应当注意，目前我国并无主债权债务合同无效而担保合同有效的法律规定。

（2）担保合同自身无效。担保合同欠缺主体资格、意思表示真实自愿、不违反法律和行政法规要件之一的，担保合同无效或可被撤销。

2. 担保合同无效的后果

（1）担保物权相应消灭。由于我国《民法典》未承认物权行为无因性，担保合同无效，担保物权随之无效。我国司法实践中，已登记的担保物权应作涂销登记，债权人须协助办理。[①]已交付的担保物权不再具有担保效力，担保人是第三

① 参见广东省广州市天河区人民法院（2005）天法民一初字第1709号民事判决书，广东省广州市中级人民法院（2006）穗中法民二终字第502号民事判决书，宁夏回族自治区中宁县人民法院（2021）宁0521民初1847号民事判决书，宁夏回族自治区中卫市中级人民法院（2022）宁05民终91号民事判决书。

人的，债权人应返还占有的担保财产；担保人是债务人的，债权人对担保财产不再有优先受偿权，只能将担保财产作为债务人的一般责任财产予以诉讼保全。[①]

（2）担保无效过错责任。担保无效导致债权人失去债权优先受偿利益，债权人有权要求有过错的担保人承担赔偿责任。担保人是债务人的，担保无效过错责任没有意义，因为债务人无论有无担保过错，总归以全部财产清偿债权。担保人是第三人的，无过错自然不存在担保无效过错责任，有过错的须依照法律规定承担担保无效过错责任。《最高人民法院关于适用〈中华人民共和国民法典〉有关担保制度的解释》第17条依据主合同效力区分担保合同无效的过错责任："主合同有效而第三人提供的担保合同无效，人民法院应当区分不同情形确定担保人的赔偿责任：（一）债权人与担保人均有过错的，担保人承担的赔偿责任不应超过债务人不能清偿部分的二分之一；（二）担保人有过错而债权人无过错的，担保人对债务人不能清偿的部分承担赔偿责任；（三）债权人有过错而担保人无过错的，担保人不承担赔偿责任。主合同无效导致第三人提供的担保合同无效，担保人无过错的，不承担赔偿责任；担保人有过错的，其承担的赔偿责任不应超过债务人不能清偿部分的三分之一。"应当注意，由于担保无效过错责任是债权性赔偿责任，第三人承担担保无效过错责任的责任财产不限于担保财产，而是以其全部财产承担赔偿责任。

第五节　非典型担保

一、非典型担保的意义

非典型担保是法律未明确规定为担保物权的物的担保，包括让与担保、所有权保留、融资租赁、有追索权的保理等。与典型担保纯属物的担保方式不同，非典型担保本身是现代经济的特定交易模式，自带特有的担保方式。例如，融资租赁是价值较大的动产如飞机、船舶、设备的常用交易方式，融资租赁物既是交易标的物，也是交易价款的担保财产。直接以交易模式指代非典型担保方式，能清晰展现非典型担保的特有担保结构和功能。

典型担保是通过为债权人设定对担保财产的担保物权而保障债权实现，并不改变担保财产的所有权或用益物权的归属，又称定限性担保物权。与之不同，非典型担保以改变担保财产的所有权或用益物权归属的方式进行担保，债权人以获

① 参见山东省德州市中级人民法院（2019）鲁14民初247号民事判决书，山东省高级人民法院（2020）鲁民终804号民事判决书，江西省南昌市中级人民法院（2013）洪民二初字第394号民事判决书，江西省高级人民法院（2020）赣民终15号民事判决书。

得担保财产的所有权或用益物权方式保障其债权的实现。例如，让与担保将担保财产的所有权移转给担保权人，融资租赁权人交付融资租赁物但保留融资租赁物所有权。非典型担保又有权利移转型担保之称。

非典型担保是现代经济的特定交易方式，具有基本固定的内容和规则。这些内容和规则是交易活动自发产生的，经过漫长实践形成的成熟的交易习惯，逐渐为学理、司法、立法以不同态度所接受：有接受让与担保和动产抵押的，有不接受让与担保但接受动产抵押的。英美法接受融资租赁、保理的担保权；日本学者认可临时登记担保、回赎、再买卖约定、让与担保、所有权保留；我国台湾地区学者认可让与担保、卖渡担保、所有权保留、代物清偿预约、抵销等。

我国《民法典》依据现代经济客观需求，自主选择了融资租赁等比较普遍而活跃的交易方式，将这些交易习惯上升为法律规则。与之相随，特定交易自带的担保方式也进入我国《民法典》。这些非典型担保也是法律规定的担保方式，只不过不是担保物权而已。也有学者认为，非典型担保大多属于融入了担保功能的新型物权。[①]

二、非典型担保的类型

1. 让与担保

这是指担保人为担保债务履行，将担保财产所有权移转给债权人，所担保债务到期未清偿的，债权人对担保财产享有优先受偿权；所担保债务到期获得清偿的，债权人将担保财产所有权返还给担保人。这里的担保财产所有权，包括一切可用于担保的不动产、动产、股权、债权、知识产权等财产归属权。让与担保由合同设立。如需在登记财产上设定让与担保，须办理所有权移转、股权变更等的登记，未登记的，不能成立让与担保或不具有对抗第三人的效力。[②]

让与担保历史悠久，可以说是物的担保的原始形态。罗马法最早的物的担保方式是让与担保性质的信托质权，后有动产质权、契据质权即抵押权。近代民法以担保物权为主流，让与担保少有规定，但当事人往往为更加安全而采用移转担保财产所有权的担保方式，各国判例和学说大多承认这种担保方式的效力。

让与担保中，担保财产通常由担保人占有、使用、收益，担保财产所有权在担保权人名下。这样既不影响担保人利用担保财产，又确保担保权人对担保财产有最强的控制。如担保人将股权转移至担保权人名下，但股东权利依然由担保人实际行使。

---

① 参见胡吕银：《担保权属性与各种担保方式的重新界定》，载《法学》2013年第8期。

② 参见邹海林、常敏：《债权担保的方式和应用》，法律出版社1998年版，第404—405页。

让与担保中，担保财产所有权一般只是名义上或形式上的移转，移转的真正目的是担保，就担保人和担保权人关系而言，担保权人对担保财产的权利不能超出担保目的和范围。但是，就担保物权人和第三人关系而言，担保权人对担保财产的权利类似于所有权。例如，担保权人可对第三人侵害担保财产请求赔偿或排除妨害，可对第三人查封或执行担保财产提出执行异议，可在担保人破产时行使担保财产取回权或别除权。①

让与担保中，担保权人行使担保权的方式可分为处分清算和归属清算。处分清算，又称清算型、变价受偿型，即担保权人将担保财产予以拍卖、变卖，以变价款优先受偿其债权，余额返还给担保人。归属清算，又称估价受偿型、代偿型，即依据担保财产合法评估价格，债权人以担保财产所有权清偿债权债务关系，不多退少补。这种方式属于传统法律上禁止的流质契约，只有在不构成暴利的情况下才可以。行使方式由当事人约定或协商择定，未有约定或不能达成一致意见时，应采用处分清算。

2. 所有权保留

这是指出卖人将买卖标的物交付给买受人，但所有权不随买卖标的物的交付而转移，在买受人支付全部价款及其他约定条件成就之前，出卖人保留买卖标的物所有权，买卖标的物由此成为价款等债权的担保财产。

所有权保留源远流长，据学者考证罗马法即有类似的制度。20世纪以来，分期付款买卖日益流行，尤其适合大额价款机器设备或耐用商品的买卖。所有权保留被普遍接受，如《德国民法典》第455条规定的所有权保留，我国台湾地区“动产担保交易法”的附条件买卖，《美国统一商法典》将附条件买卖作为“担保约定”的一种。

所有权保留有三种学说：一是附停止条件的所有权移转说，认为所有权保留是附停止条件的法律行为，停止条件成就而终止。二是担保物权说，认为出卖人所保留的所有权就是一种担保物权。三是所有权共有说，认为出卖人与买受人共有买卖标的物所有权，所有权随部分价金的给付“阶段性”移转给买受人。这些学说视角各有侧重，意义不大。

所有权保留存在两种法律关系：一是买卖合同关系，所有权保留是买卖合同的一个限制所有权移转时间和条件的条款。二是担保合同关系，限制所有权移转时间和条件是为了确保买受人支付全部价款。买受人在付清全部价款之前，出卖人是买卖标的物的所有权人。所有权保留和让与担保的担保功能大致相当。例

① 《企业破产法》第38条规定：“人民法院受理破产申请后，债务人占有的不属于债务人的财产，该财产的权利人可以通过管理人取回。但是，本法另有规定的除外。”

如，担保权人可对第三人侵害担保财产请求赔偿或排除妨害，可对第三人查封或执行担保财产提出执行异议，可在担保人破产时行使担保财产取回权或别除权。不同的是，所有权保留中，担保财产和所担保债权同为买卖合同对价，担保财产和买卖标的是同一财产；让与担保中，担保财产与所担保债权各自独立，担保财产和所担保债权标的不是同一财产。

所有权保留中，出卖人有特定条件下的取回权。这是指在买卖标的物所有权移转于买受人之前，买受人不依约定支付价款或有其他妨害出卖人权益的行为，出卖人有取回买卖标的物并在买受人于一定期间内不赎回时将买卖标的物再行变卖的权利。出卖人不得直接以买卖标的物抵充买受人剩余价款，取回买卖标的物再行出卖所得价款超过买受人应付剩余价款的部分应返还给买受人。

所有权保留中，买受人有所有权保留期间的期待权。这是指买受人期待支付全部价款后取得买卖标的物所有权的权利。这一权利要求出卖人在所有权保留期间不得另行转让买卖标的物所有权，不得设定买卖标的物所有权的限制或负担，第三人尊重买受人对买卖标的物的占有、使用和收益。期待权的价值随着价款支付的增多而增加，当买受人支付标的物价款接近全款时，经出卖人同意可将标的物转让或用于担保，新的买受人于支付全部价款时取代原买受人取得买卖标的物所有权。买受人期待权受第三人侵害时，买受人可请求占有保护或侵权赔偿。

3. 其他非典型担保

发端于《美国统一商法典》并影响各国立法和有关国际公约的担保功能主义扩展了担保方式，能以适当方式公示并能就特定财产价值优先受偿的交易模式均可归入担保交易。由此，现代经济盛行的融资租赁、有追索权的保理也属于物的担保。

（1）融资租赁。这是指出租人购买大额财产出租给承租人，承租人向出租人分期支付由价款、利息、手续费等组成的租金，租赁财产所有权属于出租人所有，承租人在支付租赁期满的全部租金及履行其他义务后，租赁物所有权依照约定转移给承租人。融资租赁是集融资和买卖于一体的交易方式，出资人购买租赁物的目的是解决承租人难以一次性支付租赁物价款的困难，承租人支付的租金是分期付款买卖的价款、利息、融资手续费的总和，出租人在收完租金之前保留租赁物所有权。这类似于所有权保留。

（2）有追索权的保理。这是指应收账款债权人将应收账款以较低价格转让给保理人，保理人依据应收账款债权人和债务人之间的合同向债务人收取应收账。保理分为无追索权保理和有追索权保理。无追索权保理等于应收账款转让，无担保意义。有追索权保理是指保理人既可向应收账款债务人主张应收账款债权，也可向应收账款债权人主张返还保理款本息或者回购应收账款债权。保理人从应收账款债务人处收回的应收账款，扣除保理款本息和相关费用后的剩余部分返还给应收账款债权人，不足部分由应收账款债权人补足。由此，应收账款债权成为担保财产，担保保理人收回保理款本息和相关费用。

三、我国《民法典》意义上的非典型担保

1.《民法典》的一般规定

我国《民法典》第388条第1款规定，“担保合同包括抵押合同、质押合同和其他具有担保功能的合同”。结合立法说明，[①]融资租赁、有追索权的保理、所有权保留、让与担保等非典型担保得到确认。依据我国《民法典》第401条、第428条，非典型担保权益的实现须对担保财产进行处分清算，担保权人只能就担保财产的变价款优先受偿，不能直接将担保财产归其所有。

2.《民法典》合同编的规定

所有权保留、融资租赁的担保功能体现于我国《民法典》第641—643条、第745条、第758条。相关条文规定，“出卖人对标的物保留的所有权”“出租人对租赁物享有的所有权”“未经登记，不得对抗善意第三人”，都是为了保障出卖人、出租人的价款、租金债权的实现。

保理的担保功能主要体现在我国《民法典》第766条的有追索权的保理和第768条的多重保理的清偿顺序规定。

此外，让与担保和受让人所取得权利的担保性质，立法已有旨意。[②]

3.《民法典》相关司法解释的规定

让与担保主要体现于《最高人民法院关于适用〈中华人民共和国民法典〉有关担保制度的解释》第68条，“债务人或者第三人与债权人约定将财产形式上转移至债权人名下，债务人不履行到期债务，债权人有权对财产折价或者以拍卖、变卖该财产所得价款偿还债务的，人民法院应当认定该约定有效。当事人已经完成财产权利变动的公示，债务人不履行到期债务，债权人请求参照民法典关于担保物权的有关规定就该财产优先受偿的，人民法院应予支持”。

思考题

1. 简述担保物权的定义。

---

① 参见王晨：《关于〈中华人民共和国民法典（草案）〉的说明——2020年5月22日在第十三届全国人民代表大会第三次会议上》，载《中华人民共和国民法典（含草案说明）》，中国法制出版社2020年版，第206页。

② 参见刘保玉：《民法典担保物权制度新规释评》，载《法商研究》2020年第5期。

2. 简述再担保和反担保的含义。

3. 论述担保物权的特性。

延伸阅读

1. 胡吕银:《担保权属性与各种担保方式的重新界定》,载《法学》2013年第8期。

2. 张素华:《论民法典分则中担保制度的独立成编》,载《法学家》2019年第6期。

3. 刘保玉:《担保的从属性规则中几个存疑问题探讨》,载《广东社会科学》2023年第2期。

4. 张淞纶:《债权人视角下的担保制度——兼论民法典中担保制度的立法构想》,载《法律科学》2019年第6期。

第十七章 抵 押 权

导 语

抵押权向来是安全可靠、物尽其用的典范，是债权人就他人占有的抵押财产依法享有的变价请求权和优先受偿权。抵押财产主要是不动产，也可以是动产如船舶、航空器、企业资产等，还可以是所有权以外的财产权利如采矿权、建设用地使用权等。

抵押权所担保债权的优先受偿主要是指：有抵押权担保的债权优先于普通债权人受偿；债务人受破产宣告时，抵押财产不列入破产财产，抵押权人有别除权；同一抵押财产上有两个以上抵押权的，顺位在先的抵押权人优先于顺位在后的抵押权人受偿。

抵押权优先受偿顺序的确定有公示在先原则、先公示原则、位序同等原则，法律直接规定优先顺位的依照法律规定。

抵押权存在法律限制，主要有抵押人主体限制、抵押财产范围限制、抵押合同形式限制、流押条款限制。不动产抵押应房地一体抵押。

最高额抵押权、浮动抵押权、共同抵押权、证券抵押权是现代经济需要的特殊抵押权。

第一节 抵押权的内涵

一、抵押权的概念

抵押权是债权人就他人占有的抵押财产依法享有的变价请求权和优先受偿权。我国《民法典》第394条规定："为担保债务的履行，债务人或者第三人不转移财产的占有，将该财产抵押给债权人的，债务人不履行到期债务或者发生当事人约定的实现抵押权的情形，债权人有权就该财产优先受偿。前款规定的债务人或者第三人为抵押人，债权人为抵押权人，提供担保的财产为抵押财产。"这一概念有以下要点：

1. 抵押财产不移转占有

抵押财产是指抵押人用于抵押但不转移占有的担保财产。例如，甲为乙的银行贷款将自己的住房抵押给银行，抵押期间，甲的住房无须交给银行，依然由甲居住或出租。抵押财产不转移占有，是抵押权的主要特征，相比之下，质权和留置权均以占有担保财产为成立要件，将抵押财产返还抵押人的丧失占有会导致质权、留置权的消灭。

抵押财产主要是不动产，也可以是动产如船舶、航空器、企业资产等，还可以是所有权以外的财产权利如采矿权、土地承包经营权、建设用地使用权等。

2. 抵押权设立于他人财产之上

抵押权是设立于他人财产之上的他物权。抵押财产由债务人提供的，属于自物保；由第三人提供的，属于他物保，又称物上保证。例外情况是《德国民法典》的“所有人抵押权”——所有权人就自己的财产设定或依法享有抵押权，为自己设定抵押主要是为了便于发行证券如附担保的公司债，依法享有抵押是出于权利混同、被担保债权消灭等法定原因。但我国和绝大多数国家不认可这种例外。

3. 抵押财产所担保债权优先受偿

抵押财产担保抵押权人的特定债权，在债务人不履行到期债务或发生当事人约定实现抵押权事由时，抵押权人对抵押财产有变价请求权和优先受偿权。变价请求权是指抵押权人与抵押人协商或请求人民法院将抵押财产变价为相应的货币价值，变价方式有变卖、拍卖、折价。优先受偿权是指抵押权人以抵押财产变价款（值）优先清偿抵押财产所担保债权，清偿方式为变价款清偿、抵押财产折价抵债。

4. 抵押权是一种担保物权

抵押权为传统三大担保物权之一，具有担保物权的物上性、变价性、从属性。

二、抵押权的意义

1. 实现物尽其用

抵押权的成立与存续不以移转财产占有为必要，抵押财产的变价款（值）用于担保，抵押财产的使用价值不受影响，抵押人和抵押权人各得其益。就抵押人而言，以抵押财产融资不影响抵押财产的占有、使用、收益；就债权人而言，登记公示的抵押权相当可靠又省却占有和保管抵押财产的累赘。尤其是生产经营领域，抵押权既可以避免厂房、设备、原材料闲置，又可以通过这些生产要素获得资金支持，对企业的生存和发展具有不可替代的意义。从古至今，抵押权是安全可靠、物尽其用的典范，素有“担保之王”的美誉。

2. 推动财产现代化

不动产资产化、资产证券化是现代经济的重要活动，标志着有体物财产向货币价值财产转化的财产现代化趋向。这一过程中，抵押权是不可或缺的推手。土地等不动产作为抵押财产，不仅为抵押人融通投向公司、合伙的资金，而且可以成为不动产证券基金的底层资产。抵押权可以多方面、多层次、多时段盘活流动性不强的资产。

第二节　抵押权的内容

一、抵押权内容概述

抵押权所担保债权的优先受偿权利，主要包括三个方面：一是有抵押权担保的债权，债权人就抵押财产变价款（值）优先于普通债权人受偿；二是债务人受破产宣告时，之前的抵押权不受影响，抵押财产不列入破产财产，抵押权人有别除权，就抵押财产变价款（值）优先于普通债权人受偿；三是同一抵押财产上有两个以上抵押权的，顺位在先的抵押权人优先于顺位在后的抵押权人受偿。

抵押权所担保债权优先受偿的同时产生相应义务。就抵押权人而言，主要是尊重抵押人在不损害抵押权利益的前提下行使所有权或用益物权，转让抵押权所担保债权应及时通知抵押人，抛弃抵押权或抵押权顺位不得有害于第三人的利益，返还抵押财产折价抵债的余额给抵押人等；就抵押人而言，主要有抵押人不得从事导致抵押财产贬值的行为，转让抵押财产应及时通知抵押权人，抵押人不得转让明确约定不得转让的抵押财产等。

抵押权中，抵押权人和抵押人有着各自的具体权利。

二、抵押权人的权利

1. 抵押财产保全权

抵押期间，因抵押人或第三人的作为或不作为，抵押财产可能或者已经毁损贬值甚至灭失，抵押权人可请求抵押财产保全。我国《民法典》第408条规定："抵押人的行为足以使抵押财产价值减少的，抵押权人有权请求抵押人停止其行为；抵押财产价值减少的，抵押权人有权请求恢复抵押财产的价值，或者提供与减少的价值相应的担保。抵押人不恢复抵押财产的价值，也不提供担保的，抵押权人有权请求债务人提前清偿债务。"

抵押财产保全权的内容为：

（1）停止侵害请求权。抵押人的行为足以导致抵押财产价值贬值的，抵押权人可请求抵押人立即停止贬损抵押财产价值的行为。例如，抵押权人发现抵押人将抵押船舶主要部件拆卸他用。

（2）恢复价值请求权。抵押人行为已导致抵押财产贬值的，抵押权人可请求抵押人恢复抵押财产价值，也可请求追加与贬损价值相当的担保。例如，抵押权人要求抵押人修复抵押船舶，也可要求抵押人追加与修复费用等值的担保。

（3）提前清偿请求权。抵押人不理会或拒绝抵押权人恢复抵押财产价值要求的，抵押权人可提前行使抵押权，抵押担保债权即时进入清偿状态，抵押人不得以抵押担保债务尚未到期为由抗辩。

（4）代位物提存请求权。抵押期间，抵押财产毁损、灭失或者被征收的，抵押权人可就抵押人所获得的保险金、赔偿金或者补偿金等代位物优先受偿，抵押担保债权履行期限未满的，抵押权人有权请求提存该保险金、赔偿金、补偿金等。

2. 优先受偿顺位权

同一抵押财产上存在数个抵押权，以抵押权设定先后顺序受偿，顺序在先的抵押权人较顺序在后的抵押权人优先受偿，这称为抵押权人的顺位权或次序权。

同一财产多次抵押是物尽其用的要求，可以充分发挥抵押财产的担保和融资作用。多次抵押在学理上分为余额抵押和重复抵押。余额抵押是抵押人将抵押财产价值大于已抵押担保债权的余额部分另行设定抵押，重复抵押是抵押人将抵押财产同一价值另行设定抵押。同一财产多次抵押给不同抵押权人，必须确定不同抵押权所担保债权的优先受偿顺序，以解决同一抵押财产上不同抵押权的利益冲突。尤其是在抵押财产价值不足以清偿两个以上抵押担保债权时，优先受偿顺序至关重要。

我国《民法典》第414条、第415条明确规定了优先受偿顺序的确定标准：

（1）公示在先原则。登记的抵押权优先于未登记的抵押权，即便未登记的抵押权设立在先，其顺位也在登记的抵押权之后。

（2）先公示原则。登记的抵押权之间按照登记时间先后确定顺位，先登记的抵押权在先，后登记的抵押权在后。同一担保财产上既有抵押权又有质权的，按照登记、交付的公示时间先后确定清偿次序。

（3）位序同等原则。抵押权均未登记，按照单一抵押担保债权占总抵押担保债权的比例受偿，不论未登记抵押权的设立先后。

上述顺序标准不仅适用抵押权，也适用其他可以登记的担保物权，包括权利质权登记，融资租赁、保留所有权买卖中的所有权登记，保理中的应收账款转让登记、让与担保中的权利登记等。这是典型担保和非典型担保的共同顺位规则。

应当注意，上述顺序标准的适用前提是不存在法律特别规定情形。如果出现法律特别规定情形，依照法律特别规定确定优先受偿的先后顺序。例如，我国《民法典》第416条规定："动产抵押担保的主债权是抵押物的价款，标的物交付后十日内办理抵押登记的，该抵押权人优先于抵押物买受人的其他担保物权人受偿，但是留置权人除外。"

3. 抵押财产追及权

抵押期间，抵押人将抵押财产转让给第三人，抵押权人有权追及抵押财产之所在，要求第三人履行抵押人的义务。这里的转让包括买卖、赠与、继承等。

抵押权只是抵押财产的物上负担，没有理由限制抵押人处分抵押财产，除非抵押人愿意接受限制。我国《民法典》第406条废除了《物权法》第191条“未经抵押权人同意，不得转让抵押财产”的规定，改为“抵押期间，抵押人可以转让抵押财产。当事人另有约定的，按照其约定”。只要未约定不得转让抵押财产，抵押人就可转让抵押财产，有些约定因限制身份关系而无效，如不得继承。但是，抵押人转让抵押财产应及时通知抵押权人。

抵押权依附抵押财产。抵押人将抵押财产转让给第三人，第三人成为抵押人，原抵押人不再是抵押人。对于抵押权人而言，有担保价值的是抵押财产，不是抵押人，谁是抵押人不影响抵押权。但是，我国《民法典》第404条规定：“以动产抵押的，不得对抗正常经营活动中已经支付合理价款并取得抵押财产的买受人。”即正常经营买受人不因受让抵押财产而成为抵押人，这是基于交易安全的例外。

抵押财产转让可能损害抵押权的，抵押权人应提供足够证据证明损害的可能性。例如，抵押财产转让价款可能被其他债权人执行或抵押人可能隐匿转移资产，抵押权人可以请求抵押人将转让所得的价款向抵押权人提前清偿或者提存，转让价款超过债权数额的部分归抵押人所有，不足部分由债务人清偿。

4. 特定孳息收取权

抵押权人一般不能收取抵押财产的孳息，但在抵押财产变价期间，人民法院依法扣押抵押财产的，自扣押之日起，抵押权人有权收取被扣押抵押财产的天然孳息或法定孳息。收取法定孳息，抵押权人应通知法定孳息的义务人如银行，未通知则无权收取。

5. 抵押权益处分权

抵押权人有权处分自己的抵押权及其利益，包括转让、担保、抛弃等。

抵押权具有从属性，不能单独转让或用作其他财产的担保，但可与所担保债权一并转让或作为其他债权的担保财产。我国《民法典》第407条规定：“抵押权不得与债权分离而单独转让或者作为其他债权的担保。债权转让的，担保该债权的抵押权一并转让，但是法律另有规定或者当事人另有约定的除外。”据此，当事人不能约定单独转让抵押权，约定的无效。当事人可以约定单独转让主债权，主债权一旦单独转让，抵押权消灭。

抛弃是指抵押权人放弃抵押权或抵押权顺位，分为绝对抛弃和相对抛弃。绝对抛弃是抵押权人为同一债务人的全体债权人利益抛弃抵押权而成为普通债权人。相对抛弃是抵押权人仅为同一债务人的某一特定债权人利益而抛弃抵押权，其他债权人仍有抵押权或抵押权顺位。抛弃抵押权或抵押权顺位不得有害于第三人的利益，例如，抛弃抵押权导致抵押权人无力清偿自身债务。

我国《民法典》第409条规定："抵押权人可以放弃抵押权或者抵押权的顺位。抵押权人与抵押人可以协议变更抵押权顺位以及被担保的债权数额等内容。但是，抵押权的变更未经其他抵押权人书面同意的，不得对其他抵押权人产生不利影响。债务人以自己的财产设定抵押，抵押权人放弃该抵押权、抵押权顺位或者变更抵押权的，其他担保人在抵押权人丧失优先受偿权益的范围内免除担保责任，但是其他担保人承诺仍然提供担保的除外。"

三、抵押人的权利

1. 抵押财产支配权

（1）抵押财产的占有、使用、收益。抵押期间，抵押财产由抵押人占有、使用和收益。抵押人不当占有和使用足以导致抵押财产贬值的，抵押权人可行使保全权。抵押财产被人民法院依法扣押的，自扣押之日起，抵押人不能取得抵押财产的收益。

（2）设定物上负担。抵押期间，抵押人可以在抵押财产上再设定抵押权、质权、留置权，也可设定用益物权，还可以出租、出借抵押财产。物上负担导致抵押财产难以变价或变价款（值）不足清偿所担保债权的，变价时可依据抵押权人的请求涤除抵押财产上的负担。

（3）法律上的处分。抵押期间，抵押人可以对抵押财产作法律上的处分，即以法律行为处置抵押财产如转让、赠与等。依据我国《民法典》第406条规定，除非当事人约定不得转让，抵押人可以转让抵押财产，因为抵押权有追及效力，对抵押财产作法律上的处分不影响抵押权人利益。应当注意，抵押人对抵押财产一般不能作事实上的处分，即直接消耗抵押财产如生产、消费等，因为抵押物的毁损灭失或贬值侵害抵押权人利益。

2. 余额返还请求权

抵押财产变价款（值）清偿所担保债权后，剩余部分应返还抵押人。设立抵押时，抵押财产的评估值往往高于所担保债权的数额，但随着时间推移和市场变化，抵押财产变价款（值）可能高于或低于所担保债权的数额。我国《民法典》第413条规定："抵押财产折价或者拍卖、变卖后，其价款超过债权数额的部分归抵押人所有，不足部分由债务人清偿。"

3. 物上保证人抗辩权

物上保证人专指为别人债务提供抵押担保的抵押人，与保证人同属第三人为债务人提供担保，因而和保证人一样有特定情形下抗辩债权人和拒绝担保责任的权利。

（1）不承担抵押责任。依据我国《民法典》第391条的规定，第三人提供抵押担保，抵押权人未经抵押人书面同意允许债务人转移全部或部分债务的，抵押人不再承担相应的抵押责任。

（2）先诉抗辩。依据我国《民法典》第392条的规定，没有约定或约定不明确，债务人自己提供物的担保的，债权人应先就债务人自己的担保财产实现债权，在此之前，物上保证人有要求债权人先就债务人担保财产变价受偿的先诉抗辩权。

此外，我国《民法典》第696条第1款关于债权转让对保证责任的影响，第697条第2款关于第三人加入债务，第700条关于保证人追偿权，第701条关于保证人抗辩权，第702条关于保证人在抵销权和撤销权范围内的免责，均可参照适用于物上保证人。

4. 物上保证人请求权

（1）反担保请求权。依据我国《民法典》第387条的规定，第三人提供抵押担保的，可以要求债务人提供反担保。反担保的设立、效力等适用法律关于担保的一般规定。

（2）追偿权与求偿权。依据我国《民法典》第392条的规定，第三人的抵押财产被用于清偿所担保债权后，物上保证人有权代债权人之位而向债务人追偿，设有反担保的可向反担保人求偿。共同担保人之间约定分担责任的，承担抵押责任的抵押人可代债权人之位要求其他共同担保人分担损失。

第三节　抵押权的变动

一、抵押权的设立

1. 抵押权取得方式

抵押权主要因法律行为即抵押权设立而原始取得，因转让和继承而继受取得。我国《民法典》没有规定法定抵押权，不存在直接依据法律规定的取得。

（1）原始取得。抵押权人依据抵押合同取得抵押权，签订抵押合同是抵押权人和抵押人创设抵押权的法律行为。抵押权人即为抵押合同载明的抵押所担保债权的债权人，抵押人以自有财产为抵押财产，可以是抵押所担保债权的债务人自己，也可以是抵押所担保债权的债务人之外的第三人。

（2）继受取得。抵押权不能单独转让，一般随着所担保债权的转让而转让，但法律另有规定或当事人另有约定的除外。被继承人死亡时，被继承人的抵押权应连同所担保债权一并由继承人继承。

（3）法定取得。基于法律规定而取得的抵押权称为法定抵押权。法定抵押权符合法律规定条件即可产生，如我国台湾地区“民法典”第513条。有学者认为，我国《民法典》第807条规定的建筑工程价款优先权是法定抵押权，《民法典》第397条规定的房地一体抵押也是法定抵押权，这不符合我国《民法典》第394条的抵押权定义。该定义也没有法定抵押权的意义，且建筑工程价款优先权规定于我国《民法典》合同编，优先于抵押权的优先权，房地一体抵押属于法律对于抵押权效力及于抵押财产的强制性规定。

2. 不动产抵押权的设立

我国的土地所有权不能抵押，能够设定不动产抵押的财产权包括可以抵押的土地承包经营权和土地经营权、建设用地使用权和建筑物及其他附着物的所有权。我国建立了不动产统一登记制度，不动产抵押由不动产所在地的登记机构统一办理抵押登记。

（1）登记设立。我国的不动产物权变动原则上以登记为要件，抵押权自登记时设立，但法律另有规定的除外。我国《民法典》第402条规定：“以本法第三百九十五条第一款第一项至第三项规定的财产或者第五项规定的正在建造的建筑物抵押的，应当办理抵押登记。抵押权自登记时设立。”应当注意，登记设立是指抵押权生效，有别于抵押合同生效。不动产抵押合同生效后未办理抵押登记的，抵押权未设立，但债权人有权依据抵押合同请求抵押人办理抵押登记。

（2）合同设立。基于法律特别规定，抵押权自抵押合同生效时设立。我国《农村土地承包法》第47条规定：经承包方书面同意并向发包方备案，土地经营权人可将土地经营权抵押给金融机构融资，抵押权自抵押合同生效时设立。合同设立的抵押权可以办理抵押权登记，但只有对抗善意第三人的效力。

3. 动产抵押权的设立

动产抵押权只能合同设立。我国《民法典》第403条规定：“以动产抵押的，抵押权自抵押合同生效时设立；未经登记，不得对抗善意第三人。”该条未将船舶、航空器、机动车等特殊动产与普通动产作区分，两者统一适用普通动产抵押权的设立规则。

动产抵押权可以登记，但登记不是动产抵押权的设立要件，只产生对抗善意第三人的效力。所谓对抗善意第三人的效力，是指登记的动产抵押权优先于善意第三人受偿，未登记的动产抵押权不能优先于善意第三人受偿。

问题在于善意第三人包括哪些债权人，学理分歧相当严重。一般认为，未登记的动产抵押权可优先于普通债权人受偿，但不能优先于抵押财产的善意购买人和承租人、抵押人破产中的债权人、诉讼保全和执行中的债权人受偿。《最高人民法院关于适用〈中华人民共和国民法典〉有关担保制度的解释》第54条规定，占有抵押财产的受让人、承租人以善意为要件，而人民法院已作出财产保全裁定或采取执行措施的债权人、抵押人破产中的破产债权人不以善意为要件。

二、抵押权的变更与消灭

1. 主体和客体变更

抵押权因抵押财产转让、继承等发生抵押人变更；因抵押财产所担保债权转让、继承等发生抵押权人变更。

抵押权与抵押财产不可分离，一般不发生客体变更，但抵押财产可因添附即附合、混合、加工而成为新的物即添附物。如果抵押人取得添附物的所有权，抵押权效力及于添附物，但应扣除添附物新增的价值部分；如果第三人取得添附物的所有权，抵押权效力只能及于抵押人获得的补偿金，不能及于添附物；如果抵押人和第三人共有添附物，抵押权效力及于抵押人的共有份额。

2. 内容变更

（1）抵押权顺位变更。这是指同一抵押财产上的数个抵押权人互相交换抵押权顺位。一般而言，顺位交换对抵押人和普通债权人利益并无影响，但可能影响同一财产上其他抵押权人的利益。例如，第一顺位与第三顺位抵押权互换顺位，如果第一顺位抵押权担保债权数额为100万，第三顺位抵押权担保债权数额为500万，可能影响第二顺位抵押权人的利益，也可能影响第一顺位抵押权人的利益。我国《民法典》第409条第1款规定：抵押权人与抵押人可以协议变更抵押权顺位。但是，抵押权的变更未经其他抵押权人书面同意的，不得对其他抵押权人产生不利影响。

（2）抵押权顺位放弃。这是指抵押权人放弃优先受偿顺位，分为相对放弃和绝对放弃。相对放弃是指抵押权人为某后顺位抵押权人而放弃其优先受偿位序，与后顺位抵押权人居于同一顺位，按各人债权比例受偿。绝对放弃是指抵押权人对全部后顺位抵押权人放弃优先受偿位序，但对放弃顺位后新设立的抵押权和普通债权仍具有优先受偿的效力。顺位放弃只是变更抵押权内容，不同于抛弃抵押权。

（3）抵押权担保内容变更。这是指抵押财产所担保债权内容变更而发生的抵押权担保内容变更。抵押权所担保债权包括：主债权或原债权（即设定抵押担保时确定的债权额），利息、违约金、损害赔偿金、实现抵押权的费用等，可以因当事人约定或其他合法原因发生变更，抵押权所担保债权其他内容如履行时间、条件、方式等也可以因当事人约定或其他合法原因发生变更。抵押权所担保债权内容变更应有利于减轻抵押人的担保责任，取得抵押人同意。

应当注意，我国《民法典》第409条第2款规定："债务人以自己的财产设定抵押，抵押权人放弃该抵押权、抵押权顺位或者变更抵押权的，其他担保人在抵押权人丧失优先受偿权益的范围内免除担保责任，但是其他担保人承诺仍然提供担保的除外。"

3. 抵押权的消灭

抵押权因抵押财产灭失、所担保债权消灭、抵押权人放弃抵押权等消灭。

我国《民法典》第419条规定："抵押权人应当在主债权诉讼时效期间行使抵押权；未行使的，人民法院不予保护。"这是抵押权的实际消灭。

三、抵押权变动的法律限制

1. 抵押人主体限制

非营利性法人原则上不能作为抵押人，但法律另有规定的除外。例如，代行村集体经济组织职能的村民委员会可依法定职责和程序提供担保；学校、幼儿园、医疗机构等可以公益设施以外的财产设立抵押或为担保公益设施价款而以该公益设施设立抵押。公司作为抵押人应受公司法约束。例如，法定代表人不得违反公司章程将公司财产设定抵押，公司分公司未经决议和书面授权不得对外提供抵押担保。

2. 抵押财产范围限制

抵押财产可以是不动产、动产和财产权利及其从物、孳息、从权利（如地役权）等。我国《民法典》第395条列举了可以抵押的财产，包括：建筑物和其他土地附着物；建设用地使用权；海域使用权；生产设备、原材料、半成品、产品；正在建造的建筑物、船舶、航空器；交通运输工具；法律、行政法规未禁止抵押的其他财产。

我国《民法典》第399条规定对抵押财产范围作了明确限制。不得抵押的财产包括：土地所有权；宅基地、自留地、自留山等集体所有土地的使用权，但是法律规定可以抵押的除外；学校、幼儿园、医疗机构等为公益目的成立的非营利法人的教育设施、医疗卫生设施和其他公益设施；所有权、使用权不明或者有争议的财产；依法被查封、扣押、监管的财产；法律、行政法规规定不得抵押的其他财产。

依据我国《民法典》第339条、第342条，土地经营权可以抵押。依据我国《民法典》第398条规定，乡镇、村企业的集体建设用地不能单独抵押，但可随着乡镇、村企业的厂房等建筑物一并抵押。依据我国《民法典》第418条，集体土地的使用权抵押，未经法定程序，不得改变土地所有权的性质和土地用途。

依据《最高人民法院关于适用〈中华人民共和国民法典〉有关担保制度的解

释》第37条，抵押财产权属不明或存在争议的，可依据我国《民法典》第311条按善意取得处理；被查封、扣押、监管的抵押财产在抵押权人请求行使抵押权时已被解除查封、扣押、监管的，不影响抵押合同效力。

3. 抵押合同形式限制

我国《民法典》第400条规定："设立抵押权，当事人应当采用书面形式订立抵押合同。抵押合同一般包括下列条款：（一）被担保债权的种类和数额；（二）债务人履行债务的期限；（三）抵押财产的名称、数量等情况；（四）担保的范围。"此外，当事人还可在抵押合同中约定认为需要明确的其他事项。

抵押合同是抵押人与抵押权人在特定财产上设定抵押权的协议。学理上有抵押合同是债权合同还是物权合同的争议。这一争议没有意义，抵押合同是主债权债务合同的从合同，是我国《民法典》第388条明确规定的担保合同，其性质争议并不影响其担保功能。

4. 流押条款限制

这是指抵押合同约定债务人期满不履行债务时，抵押权人直接以物抵债，取得抵押财产所有权，又称抵押权代偿条款、流抵契约，直流抵押等。流押条款可能损害其他债权人利益，我国《物权法》第40条以"不得约定"的方式予以禁止；我国《民法典》第401条不再禁止约定流押条款，但流押条款不发生履行效力。抵押权人不能直接以物抵债，只能依法就抵押财产的变价款（值）优先受偿。

四、房地一体抵押

依据我国《民法典》第356条规定，处分建设用地使用权时，附着土地上的建筑物等一并处分。依据我国《民法典》第357条规定，处分建筑物等时，建筑物等占用范围内的建设用地使用权一并处分。这称为房地一体原则，俗称"房随地走、地随房走"。

我国《民法典》第397条规定："以建筑物抵押的，该建筑物占用范围内的建设用地使用权一并抵押。以建设用地使用权抵押的，该土地上的建筑物一并抵押。抵押人未依据前款规定一并抵押的，未抵押的财产视为一并抵押。"房地一并抵押应作如下区分：

1. 房地权属属于同一抵押人

建设用地使用权和建筑物等所有权均属于抵押人，无论抵押人是否一并抵押，房和地均为抵押财产，抵押权人可一并优先受偿。但我国《民法典》第417条规定："建设用地使用权抵押后，该土地上新增的建筑物不属于抵押财产。该建设用地使用权实现抵押权时，应当将该土地上新增的建筑物与建设用地使用权一并处分。但是，新增建筑物所得的价款，抵押权人无权优先受偿。"

2. 房地权属分别属于不同抵押人

由于历史原因，我国遗留一些同一土地上的建设用地使用权和建筑物所有权分别属于不同主体的情形。对此，应按照房地一体原则逐步处理。房地一方权利人将房或地抵押时，另一方权利人的房或地随之抵押。但是，抵押权人只能就一方权利人的房或地的变价款(值)优先受偿，另一方权利人的房或地的变价款(值)应返还另一方权利人。

第四节 抵押权的实现

一、抵押权实现的条件

抵押权的实现是指债务人不履行到期债务或发生当事人约定的实现抵押权的情形时，抵押权人依法处置抵押财产，就抵押财产变价款（值）优先受偿抵押财产所担保债权。我国《民法典》第410条规定，“债务人不履行到期债务或者发生当事人约定的实现抵押权的情形，抵押权人可以与抵押人协议以抵押财产折价或者以拍卖、变卖该抵押财产所得的价款优先受偿”。抵押权的实现条件有：

1. 抵押权有效存在

这是指抵押权设立有效，而且一直有效。抵押权有效首先取决于抵押合同有效，抵押合同无效或被撤销，抵押权相应无效。同时，抵押权有效取决于法律规定，需登记设立的抵押权未经登记或撤销登记，不存在抵押权。

2. 出现抵押权实现事由

抵押权实现事由有：一是债务人不履行到期债务，二是发生当事人约定实现抵押权的情形。不履行的到期债务可以是全部债务，也可以是部分债务，债务人不履行部分到期债务，抵押权人即可行使抵押权。债务尚未到期，但出现了抵押合同约定实现抵押权的情形。例如，债务人资产状况严重恶化、债务人被人民法院列为失信人员、债务人涉嫌重大违法犯罪、债务人明确表示或以行为显示不履行债务等，抵押权人可提前行使抵押权。

债务人履行债务的期限，有约定的以约定为准，没有约定或约定不明的，债权人可随时要求债务人履行，但应给债务人必要的准备时间。

二、抵押权实现的方法

1. 抵押权实现的程序

（1）当事人协议。抵押权人与抵押人协商一致，将抵押财产折价抵债或将抵押财产拍卖或变卖。当事人协议不能损害其他债权人利益，否则，其他债权人可以请求人民法院撤销。

（2）请求法院拍卖或变卖。抵押权人与抵押人未就抵押权实现方式达成协议的，抵押权人可以请求人民法院拍卖、变卖抵押财产。

2. 抵押财产实现的方式

（1）折价抵债。抵押人与抵押权人达成协议，以抵押财产折价充抵债务，抵押权人取得抵押财产所有权等；抵押财产折价款（值）高于债务的，抵押权人应将抵押财产折价抵债后的余额返还给抵押人。这种方式简便、省时、成本低，但公开性不足，可能有失公平而损害抵押人或其他债权人的利益。对此，应予以下列限制：一是折价抵债协议须在债务到期后签订，否则，构成流押条款；二是折价应参照市场价格公平作价，否则，其他债权人可主张撤销。

（2）拍卖或变卖。拍卖或变卖可依据抵押人与抵押权人的协议，抵押权人也可直接申请人民法院拍卖或变卖。拍卖或变卖款超过债权数额的部分，返还给抵押人。

第五节　特殊抵押权

特殊抵押权又称特别抵押权，是指在主体、客体、成立、内容等方面具有一定特殊性的抵押权。一般认为，特殊抵押权包括最高额抵押权、共同抵押权、浮动抵押权与财团抵押权、证券抵押权等。

一、最高额抵押权

1. 最高额抵押权的概念

最高额抵押权是指为将来一定期间内连续性交易所生债权预定一个最高担保限额的抵押权。我国《民法典》第420条第1款规定："为担保债务的履行，债务人或者第三人对一定期间内将要连续发生的债权提供担保财产的，债务人不履行到期债务或者发生当事人约定的实现抵押权的情形，抵押权人有权在最高债权额限度内就该担保财产优先受偿。"

最高额抵押权具有以下特点：

（1）担保将来不特定债权。最高额抵押权所担保债权是基于当事人之间的连续交易关系而将要发生的不特定债权，其目的主要在于避免连续交易中每笔债权单独设定抵押权的繁琐，有利交易的便捷、迅速和安全，加速资金和物质的融通。考虑实际需要，我国《民法典》第420条第2款规定："最高额抵押权设立前已经存在的债权，经当事人同意，可以转入最高额抵押担保的债权范围。”

（2）预先确定最高额和决算期。最高额是指抵押权人有权优先受偿的债权的最高数额，具有抵押担保责任封顶的意义。决算期是指确定抵押财产担保债权实际数额的时间，决算之前，抵押财产所担保债权数额不定。决算期确定的债权数额低于最高额的，以决算债权数额作为抵押权人优先受偿债权的数额；高于最高额的，以最高额作为抵押权人优先受偿债权的数额。

除最高额抵押权外，还有最高额质权、最高额保证。我国《民法典》第439条、第690条规定，最高额质权、最高额保证，除分别适用质权和保证合同的规定外，参照适用最高额抵押权的有关规定。

2. 最高额抵押权的设立

设立最高额抵押权须当事人订立抵押合同并办理登记，这里需要明确两点：

（1）抵押权所担保债权最高限额。最高额未约定或约定不明的，不能成立最高额抵押权。登记的最高额与约定的最高额不一致的，以登记的最高额为准。

（2）决算期。这是指计算抵押权所担保债权实际数额的日期。依据我国《民法典》第423条，决算期为约定的债权确定期间届满。没有约定或者约定不明确的，决算期按照以下情形确定：抵押权人或者抵押人自最高额抵押权设立之日起满2年后请求确定债权；新的债权不可能发生；抵押权人知道或者应当知道抵押财产被查封、扣押；债务人、抵押人被宣告破产或者解散；法律规定债权确定的其他情形。

3. 最高额抵押权的效力

最高额抵押权具有一般抵押权的效力，同时具有特殊性：

（1）所担保债权限于决算债权数额。决算期之前，最高额抵押权所担保债权随时增减，债权额可因清偿或其他事由而归零，最高额抵押权不因此而消灭，这是抵押权从属性的例外。

（2）部分债权转让不影响最高额抵押权。依据我国《民法典》第421条，决算期之前，部分债权转让的，最高额抵押权不得转让，但当事人另有约定的除外。

（3）最高额抵押权可以变更。依据我国《民法典》第422条，决算期之前，抵押权人与抵押人可以协议变更决算期、所担保债权范围、最高限额，但变更内容不得对其他抵押权人产生不利影响。

二、浮动抵押权

1. 浮动抵押权的概念

浮动抵押始于19世纪的英国，作为英国衡平法上的一项担保，广泛应用于英美法系国家和荷兰、挪威、俄罗斯、日本等国。浮动抵押是一种财团抵押。财团抵押是指以企业资产为抵押财产的抵押。企业资产是企业各种有形财产和无形财产聚合而成的集合物，用于抵押时称为财团。财团抵押权有广义和狭义之分。狭义的财团抵押权是指以企业确定的财产设立的抵押权；广义的财团抵押权还包括浮动抵押权，浮动抵押权是指以企业不确定的财产设立的抵押权，又称浮动式财团抵押权。

浮动抵押权具有以下特性：

（1）集合性。抵押财产为企业资产，包括现有资产和企业将来取得的财产。从客体角度看，包括不动产、动产、无形资产、应收账款、商业信誉等固定资产和流动资产。

（2）浮动性。设立抵押后，抵押人照常利用企业资产进行生产经营活动，在抵押权实现之前，企业资产中的具体财产不受抵押权的限制，自由进出，原材料进入企业资产后成为抵押财产的聚合部分，产品离开企业资产后不再是抵押财产的聚合部分。企业资产的具体财产的形态和数量经常变化，货币资产转变为生产资料，生产资料转化为商品资产，或者相反。

（3）封押性。特定事由发生时确定抵押财产，这称为封押。抵押权人实现抵押权的特定事由（如债务人不履行到期债务、破产或其他）发生时，企业的现有资产确定为抵押财产，抵押权人就企业全部现有资产优先受偿浮动抵押所担保债权。封押后，抵押财产范围确定，浮动抵押转化为固定抵押（即狭义的财团抵押）。

2. 浮动抵押权的意义

财团抵押在现代经济中具有十分重要的价值：一是充分发挥企业资产的整体效用和担保价值，增强企业担保能力，方便企业融通大额资金，有利扩大再生产；二是以财团为抵押财产具有集合的经济效益，其整体变价值往往高于具体财产的价值总和，担保功能更为可靠；三是避免具体财产逐一担保的累赘，节省时间，提高效率；四是财团抵押权的实现很少导致企业停产、歇业或解体，有利于员工和社会利益的维护。

浮动抵押较之于狭义的财团抵押更有活力。狭义的财团抵押主要为一些大陆法系国家所采用，以德国铁路财团抵押为典范，抵押财产限于企业现有资产，设立抵押时须列明具体财产目录，是固定的集合物抵押，抵押人对抵押财产的处分受严格限制。

3. 我国《民法典》的浮动抵押

浮动抵押是我国物权立法的一个争议问题，立法机关顺应现代经济客观需求，选择了浮动抵押。我国《民法典》第396条规定：“企业、个体工商户、农业生产经营者可以将现有的以及将有的生产设备、原材料、半成品、产品抵押，债务人不履行到期债务或者发生当事人约定的实现抵押权的情形，债权人有权就抵押财产确定时的动产优先受偿。”

我国《民法典》第411条规定了封押事由，包括：（1）债务履行期限届满，债权未实现；（2）抵押人被宣告破产或者解散；（3）当事人约定的实现抵押权的情形；（4）严重影响债权实现的其他情形。

我国《民法典》对包括浮动抵押在内的动产抵押统一采用了登记对抗主义。《民法典》第403条规定：动产抵押权自抵押合同生效时设立；未经登记，不得对抗善意第三人。同时，第404条限制动产抵押权的追及效力，即动产抵押权不得对抗正常经营活动中已支付合理价款并取得抵押财产的买受人。

三、共同抵押权

1. 共同抵押权的概念

共同抵押又称总括抵押、聚合抵押、连带抵押，是指以数项抵押财产共同担保同一债权。共同抵押权与一般抵押权的区别在于抵押财产不是一项，而是数项，即“数物保一债”，有别于“一物保数债”。

共同抵押权有一个抵押权或数个抵押权，学理上有单一抵押权说、多项抵押权说和可单一也可多项的折中说。通说认为，共同抵押只需具备两个要件：一是抵押财产为数个而非一个，数个抵押财产的类别在所不问；二是数个抵押财产担保同一项债权。至于抵押人是一人还是数人，是债务人本人还是其他人，数个抵押财产是同一抵押人的财产还是不同抵押人的财产等，不影响共同抵押权成立。共同抵押权可以就数个抵押财产一并设立，也可以先后分别设立。

2. 共同抵押权的效力

抵押权人就数个抵押财产优先受偿债权，是共同抵押权的关键问题。一般而言，分以下情形作不同处理：

（1）以数项财产为各自约定担保金额的同一债务设定抵押的，按各抵押财产的担保金额各自承担清偿责任，类似于按份共同保证。

（2）各抵押财产的担保金额未约定或约定不明的，抵押权人有权就一项或各项抵押财产的变价款（值）实现债权，类似于连带共同保证。

（3）数项抵押财产分属于不同抵押人，其中抵押人有债务人和第三人的，除非另有约定，抵押权人应当先就债务人提供的抵押财产变价求偿。

（4）抵押人均为第三人时，分担主义主张将抵押权人的债权分割，由数项抵押财产分担；代位求偿主义主张清偿债务的抵押人代位抵押权人向其他未清偿债务的抵押人按照应分担比例求偿。这两种主张殊途同归。

3. 我国的共同抵押权规则

依据我国《民法典》第392条等条文，共同抵押权的实现应遵循以下规则：

（1）当事人就数个抵押财产所担保的债权份额、清偿顺序等有约定的，按照约定。

（2）没有约定或者约定不明确，债务人自己提供有抵押财产的，债权人应当先就该抵押财产实现债权。

（3）抵押人均为第三人且未约定清偿顺序的，债权人有权选择任何一项抵押财产或就各项抵押财产实现债权；抵押人以其抵押财产承担担保责任后，有权向债务人追偿，除非有明确约定，无权向其他抵押人或就其他抵押财产主张追偿权或损失分担请求权。

共同质押以及由质押、抵押所构成的混合共同担保，可适用共同抵押权的处理规则。

四、证券抵押权

1. 证券抵押权的概念

证券抵押权是现代经济中的新型抵押权。狭义的证券抵押权又称抵押权证券，是指通过发行有价证券将抵押权与所担保债权合为一体。广义的证券抵押包括抵押债券，抵押债券是指以抵押权予以担保的债权性有价证券，如附担保的公司债券。

与一般抵押权相比，狭义的证券抵押权有以下特点：

（1）性质不同。一般抵押权为保全抵押权，证券抵押权为投资抵押权或流通抵押权。保全抵押为确保既存债务的清偿，以债权存在为前提；投资抵押或流通抵押为投资和融资的媒介，诱导债权成立，其成立不以债权存在为必要。

（2）形式不同。一般抵押权不发行有价证券，仅依抵押合同和登记而设立；证券抵押必须发行有价证券，证券抵押权的移转及行使须受证券法约束。

2. 证券抵押权的意义

证券抵押其实是抵押权证券化，以使抵押权方便流通。抵押权证券化，能够进一步发挥抵押权媒介投资、利导交易的功能。市场经济发达的国家大多建立了证券抵押制度，其中尤以德国的证券抵押制度最为完备。证券抵押兼具一般抵押的投资安全性与资本高效增值的流动性，而且只需背书及交付证券即可转让，非常简便。

我国尚无证券抵押及证券抵押权的明确规定，但有相关交易实践，如一些金融机构发行的个人住房抵押贷款证券（RMBS）。证券抵押及不动产抵押贷款证券化是现代经济中的重要活动，我国有必要借鉴域外经验依据国情制定相关法律、法规。

思考题

1. 简述抵押权的内容。
2. 论述最高额抵押权的概念、设立和效力。
3. 论述抵押权的实现规则。

延伸阅读

1. 王利明:《抵押权若干问题的探讨》,载《法学》2000年第11期。

2. 徐洁:《论动产抵押物的转移与抵押权的效力》,载《中国法学》2002年第6期。

3. 高圣平:《未登记不动产抵押权的法律后果——基于裁判分歧的展开与分析》,载《政法论坛》2019年第6期。

4. 谢鸿飞:《价款债权抵押权的运行机理与规则构造》,载《清华法学》2020年第3期。

第十八章　质权和留置权

导　语

质押和留置是古老而现代的担保方式，以债权人占有担保人的动产为要件，区别于抵押。与留置相比，质押的活力更为旺盛，近代社会之前是有体的动产质押，现代社会更多的是权利质押。权利质押的客体是权利中的财产利益。

质权是债权人对占有的质押动产或财产权利依法享有的变价请求权和优先受偿权。质押财产包括动产和可以质押的财产权利。质押动产须移交质权人占有；质押权利有凭证的，质押人须将凭证交付质权人，无凭证的须办理质押登记。

留置权是债权人就合法占有的与担保债权有牵连的债务人的动产，在债权未得清偿之前依法享有的拒绝返还权，宽限期后债权仍未得清偿时依法享有的变价请求权和优先受偿权。留置权基于留置财产自身债权不能到期受偿的事实和法律规定而设立，无须当事人约定，是法定担保物权。

第一节　质权的内涵

一、质权的概念

质权是债权人对占有的质押动产或财产权利依法享有的变价请求权和优先受偿权。我国《民法典》第425条第1款规定："为担保债务的履行，债务人或者第三人将其动产出质给债权人占有的，债务人不履行到期债务或者发生当事人约定的实现质权的情形，债权人有权就该动产优先受偿。"我国《民法典》第440条规定了可以质押的权利。质权法律关系中，享有质权的债权人称为质权人，提供质押动产或财产权利的债务人或第三人称为出质人。质押动产或权利动产称为质押财产。这一概念有以下要点：

1. 质押财产移转占有或登记

质押财产包括动产和可以质押的财产权利。质押动产须移交质权人占有；质押权利有凭证的，质押人须将凭证交付质权人，无凭证的须办理质押登记。质权以质权人占有质押财产或登记为生效要件，无占有或登记，不发生质权。移转占有是质权与抵押权的根本区别，抵押权人不占有抵押财产。

应当注意，债权人占有质押财产，是为了担保债权实现，不是为了占有、使用质押财产。债权人一般不能使用质押财产，且须妥善保管质押财产。

2. 质押财产所担保债权优先受偿

与抵押权一样，质押财产担保质权人的特定债权，在债务人不履行到期债务或发生当事人约定实现质权的事由时，质权人对质押财产有变价请求权和优先受偿权。变价请求权是指质权人请求将质押财产变价为一定的货币价值，变价方式有变卖、拍卖、折价。优先受偿权是质权人以质押财产的变价款（值）优先清偿质押财产所担保债权，清偿方式为变价款清偿、质押财产折价抵债。

与抵押权不同，质权有占有、留置质押财产的内容。

3. 质权是一种担保物权

质权为传统三大担保物权之一，具有担保物权的物上性、变价性、从属性。与抵押权一样，质权是设立于他人财产之上的他物权。提供质押财产的他人可以是债务人本人，也可以是第三人。

二、质权的分类

1. 动产质权、权利质权和不动产质权

这是依据质押财产的形态所作的分类。《德国民法典》《瑞士民法典》将质权分为动产质权和权利质权。《法国民法典》《日本民法典》将质权分为动产质权、权利质权和不动产质权。

（1）动产质权以动产为质押财产。动产包括一般动产和特殊动产。特殊动产如船舶、车辆、航空器需要登记，但登记不是质权的生效要件而是对抗善意第三人的要件，特殊动产质押同样须转移占有给质权人。

（2）权利质权以可质押的财产权利为质押财产。可质押的财产权利包括有价证券、应收账款、基金或股权份额等。可质押的财产权利和动产一样可以移动，具有一定的货币价值，只是没有动产的有体物形态。权利质押和动产质押的原理相同，准用动产质权的一般规定，但质押财产形态各异，其成立、效力、实现须依据权利质权的特别规定。

（3）不动产质权以不动产为质押财产。不动产质权普遍存在于农业经济社会，随着近现代经济的发展，移转占有常常导致不动产闲置，且不动产抵押制度不断完善，不动产质权日渐衰微，即便是法国、日本也极少适用。我国《民法典》未规定不动产质权。

2. 民事质权、商事质权和营业质权

这是依据质权适用领域所作的分类。在民商分立的国家，质权分为民事质权和商事质权。民事质权是适用民法的质权，商事质权是适用商事法的质权。民商合一的国家不存在民事质权和商事质权的区分。我国属于民商合一的国家，故不存在这一分类。

营业质权是与我国特有的当铺业相关的特殊质权。我国留有少量的典当行，借款人（当户）向典当行借款（当金），将动产、财产权利（当物）质押给典当行，在约定期间内支付借款本息，赎回当物，逾期不赎视为“绝当”，典当行即取得当物所有权。质权不允许流质契约，“绝当”为流质条款，这是营业质权的特殊之处。但是，依据我国《典当管理办法》第43条，营业质权只能适用于绝当财产估价金额在人民币3万元以下的情形。

3. 占有质权、收益质权和归属质权

这是依据质权内容所作的分类。

（1）占有质权只能占有不能使用、收益。动产质押多数是占有质权，消耗物上只能设定占有质权。

（2）收益质权不仅可以占有，而且可以使用、收益。收益质权一般设定于非消耗物，分为销偿质权和利息质权。销偿质权以质权财产的收益抵充质押担保债权，抵充完毕而消灭，如《法国民法典》第2085条规定的不动产质权。利息质权以质押财产的收益抵充质押担保债权的利息，如《日本民法典》第9章第3节规定的不动产质权。

（3）归属质权以质押财产抵偿质押所担保债权。归属质权是质权的早期形态，即为现代民法禁止的“流质”。我国《民法典》第428条规定：“质权人在债务履行期限届满前，与出质人约定债务人不履行到期债务时质押财产归债权人所有的，只能依法就质押财产优先受偿。”

三、质权的转质

转质是指质权人为担保自己的债务，在同一质押财产上设定新的质权并交付第三人占有。同一质押财产新设的质权称为转质权，质权人称为转质人，因转质而取得质权的第三人称为转质权人。转质权可分为承诺转质和责任转质。

1. 承诺转质

承诺转质又称同意转质，这是指转质人经出质人同意而将质押财产交付第三人占有而设定新的质权。承诺转质的实质是出质人将质押财产的处分权授予转质人。我国《民法典》第434条规定：“质权人在质权存续期间，未经出质人同意转质，造成质押财产毁损、灭失的，应当承担赔偿责任。”

承诺转质须具备质权设立的要件，同时还应具备下列要件：（1）原质权须有效存续；（2）转质权以担保转质人自己债务为限；（3）须经出质人同意；（4）转质权所担保债权额不能超过质权所担保额。

转质权人的质权和转质人的质权是两个各自独立的质权。转质权人对转质人所享有的债权已届清偿期，可直接行使其质权，无论质权所担保的转质人债权是

否已届清偿期；转质权不因质权消灭而消灭，转质权依附于转质权所担保债权；出质人如需取回质押财产，须向转质权人代为清偿转质人的债务。

2. 责任转质

这是指质权人未经出质人同意而将质押财产交付第三人占有而设定新的质权。一般认为，责任转质应具备以下条件：

（1）在质权存续期间设定和存续。质权消灭，转质权随之消灭。

（2）转质人自己的责任。转质未经出质人同意，转质人自己承担转质责任，因转质而发生的质押财产的损害由转质人承担，包括不可抗力造成的损害。

（3）转质权所担保债权额不能超过质权所担保债权额。

我国《民法典》不承认责任转质。

四、质权的意义

1. 保障交易安全

动产担保是商品流通和资金融通的重要动力。由于动产可随时转手，如果动产仍由担保人占有则担保随时可能落空，让债权人占有担保动产可以最大限度控制担保落空的风险。动产质权以转移占有为生效要件，担保动产不能再行转手，动产担保交易基本安全。

2. 促进现代经济

质押是最古老也是最现代的担保方式，近代社会之前是有体的动产质押，现代社会更多的是权利质押。现代经济不断涌现新型财产权利，权利质押作为新型财产权利流通和变现的重要路径，使得无体的新型财产权利具有了与动产同样的财产功能，推动现代经济不断发展。

第二节 动产质权

一、动产质权的概念

动产质权是以动产为质押财产的质权。

1. 质押财产是特定的有体动产

质权客体分为动产和可质押的财产权利。这一区分基于有体物的历史传统，动产限于可移动的有体物，作为无体物的财产权利是权利质权的客体。货币作为一般等价物，传统学理将其归入有体动产，特定的货币可以质押。禁止流通的动产不得用于质押，限制流通的动产须符合一定条件才能用于质押。

2. 动产质权以占有为基础

设立动产质权须将动产交付给质权人占有，质权人放弃占有即失去动产质权。特殊动产的登记只发生对抗善意第三人的效力，不产生动产质权设立、变更、消灭的效力。

3. 动产质权具有留置效力

在债务人履行债务之前，质权人有权一直占有质押动产。

二、动产质权的取得

动产质权主要因法律行为而设立，这属于原始取得；还有因转让、继承、善意取得等而继受取得。

1. 动产质权的原始取得

动产质权的原始取得须有质押合同。我国《民法典》第427条规定，设立质权，当事人应当采用书面形式订立质押合同。质押合同一般包括下列条款：被担保债权的种类和数额；债务人履行债务的期限；质押财产的名称、数量等情况；担保的范围；质物财产交付的时间、方式。

质押合同仅仅是出质人和质权人之间的合意，质权的设立以质押动产交付为要件，质权人占有质押动产之时才取得质权。质押合同不得约定质押动产由出质人代质权人占有，不得以占有改定方式设定质权。

2. 动产质权的继受取得

动产质权的继受取得有转让、继承、法人继受、善意取得、时效取得等。

质权不能单独转让，一般随着所担保债权的转让而转让。被继承人死亡时，被继承人的质权应连同所担保债权一并由继承人继承。法人合并和分立前的各法人财产权利包括动产质权由合并或分立后的法人继承。

出质人将其无处分权的动产质押给质权人，质权人占有质押财产构成善意取得的，可以取得质权。动产质权的善意取得比较通行，如《瑞士民法典》第884条、我国台湾地区“民法典”第886条。我国《民法典》未明确规定动产质权的善意取得，但第311条第3款规定：“当事人善意取得其他物权的，参照适用前两款规定。”我国的动产质权可善意取得。

动产质权有时效取得的立法例。债权人以担保债权的意思，公然、和平地占有债务人的动产于一定期间后，取得该动产的质权。《日本民法典》的动产质权取得时效为20年，我国台湾地区“民法典”的动产质权取得时效为5年。我国《民法典》未规定时效取得，不存在动产质权的时效取得。

三、动产质权人的权利义务

就变价请求权和优先受偿权而言，动产质权当事人的权利义务和抵押权基本相同。由于质押财产由质权人占有，动产质权人有下列特有的权利义务。

1. 动产质权人的权利

（1）留置质押动产权。在质押动产所担保债权未全部清偿之前，即便出质人将质押财产转让于第三人，质权人也有权留置质物。这既是质权存续的要件，也是质权效力的表现。

（2）孳息收益权。我国《民法典》第430条规定："质权人有权收取质押财产的孳息，但是合同另有约定的除外。前款规定的孳息应当先充抵收取孳息的费用。"

（3）费用偿还请求权。质权人可请求出质人返还质权人保管质押财产而支出的必要费用。必要费用是为了保存和管理质押财产的必不可少的费用，应由出质人承担。这是因为质押财产所有权属于出质人，质权人是为出质人保管质押财产。

（4）转质权。经出质人同意，质权人有权将质押财产转质第三人以担保自己的债务。

（5）保全权。我国《民法典》第433条规定："因不可归责于质权人的事由可能使质押财产毁损或者价值明显减少，足以危害质权人权利的，质权人有权请求出质人提供相应的担保；出质人不提供的，质权人可以拍卖、变卖质押财产，并与出质人协议将拍卖、出卖所得的价款提前清偿债务或者提存。"

（6）质权放弃权。我国《民法典》第435条规定："质权人可以放弃质权。债务人以自己的财产出质，质权人放弃该质权的，其他担保人在质权人丧失优先受偿权益的范围内免除担保责任，但是其他担保人承诺仍然提供担保的除外。"

2. 动产质权人的义务

（1）妥善保管质押财产。"妥善保管"是指质权人应当对质押财产的保管尽到善良管理人的谨慎与注意义务。我国《民法典》第432条规定："质权人负有妥善保管质押财产的义务；因保管不善致使质押财产毁损、灭失的，应当承担赔偿责任。质权人的行为可能使质押财产毁损、灭失的，出质人可以请求质权人将质押财产提存，或者请求提前清偿债务并返还质押财产。"

（2）不得擅自使用、处分质押财产。我国《民法典》第431条规定："质权人在质权存续期间，未经出质人同意，擅自使用、处分质押财产，造成出质人损害的，应当承担赔偿责任。"

（3）返还质押财产或剩余价款。质权消灭，质权人失去占有质押财产的根据，应将质押财产返还出质人。我国《民法典》第436条第1款规定："债务人履行债务或者出质人提前清偿所担保的债权的，质权人应当返还质押财产。”质权人不返还质物，出质人有返还质物的请求权；质权人未及时返还的，应承担质押财产的意外毁损、灭失责任。质权人就质押财产变价款（值）优先受偿后的剩余价款，应当返还出质人。

四、动产质权的实现

1. 动产质权实现的条件和方法

动产质权的实现是指债务人届期不履行债务或发生当事人约定的实现质权情形，质权人依法处置质押动产，就质押动产变价款（值）优先受偿质押动产所担保的债权。

我国《民法典》第436条第2、3款规定：“债务人不履行到期债务或者发生当事人约定的实现质权的情形，质权人可以与出质人协议以质押财产折价，也可以就拍卖、变卖质押财产所得的价款优先受偿。质押财产折价或者变卖的，应当参照市场价格。”

与抵押权相同，质权的实现条件是质权有效存在和出现质权实现的事由。

与抵押权相同，质权的实现程序是当事人协议、请求法院拍卖或变卖，实现方法是折价抵债、变卖或拍卖。

2. 动产质权实现的特殊情形

（1）出质人提前履行清偿义务。出质人为了提前取回质押财产而提前清偿质押财产所担保的债权，质权人不得拒绝。我国《民法典》第436条第1款规定：“债务人履行债务或者出质人提前清偿所担保的债权的，质权人应当返还质押财产。”

（2）出质人行使催促权。质押财产可能因质权人怠于实现质权而毁损或贬值，为了避免质押财产贬值导致出质人损失，出质人有权请求质权人在债务人履行期限届满后及时实现质权；质权人不行使的，出质人可以请求人民法院拍卖、变卖质押财产。质权人怠于实现质权造成出质人损害的，质权人承担赔偿责任。我国《民法典》第437条第1款规定：“出质人可以请求质权人在债务履行期限届满后及时行使质权；质权人不行使的，出质人可以请求人民法院拍卖、变卖质押财产。”

五、动产质权的消灭

动产质权作为担保物权，既可因物权和担保物权消灭的一般原因而消灭，也可因独有的特殊原因而消灭。动产质权消灭的一般原因有：所担保债权清偿、主体混同、抵销等；动产质权实现；质押财产灭失；质权人放弃质权等。动产质权消灭的特殊原因有：

1. 占有丧失且不能回复

占有丧失是指质权人无意或被迫失去质押财产的占有，如质押财产遗失、被盗、被抢夺等。占有丧失并非出于质权人意志，质权人可以请求回复占有，回复期内质权依然存续。超过回复期或出现第三人善意取得等法定情形，占有不能回复的，质权消灭。

2. 质押财产返还

这是指质权人将质押财产返还出质人。质押财产返还给出质人的，质权消灭，即便返还质押动产时约定质权继续存在或基于临时借用。这是因为，如果允许质押动产由出质人占有，当事人可随时虚构动产质权损害第三人利益。

3. 质权除斥期间届满

质权人应当及时行使质权。我国司法实务承认质权存续期间为主债权诉讼时效届满后两年。除斥期间届满，质权人未行使质权，质权消灭。

第三节 权利质权

一、权利质权的概念

权利质权是指以所有权以外的可转让的财产权利为质押财产的质权。我国《民法典》设专节规定权利质权。

权利质权适用动产质权的有关规定，但质押财产不是有体动产，而是无体财产，与动产质权相比，具有自身特性。

1. 客体的特殊性

权利质权的客体是所有权以外的可质押的财产权利。可质押的财产权利不包括所有权，因为动产质押就是动产所有权质押。我国的可质押的财产权利不包括用益物权，因为我国《民法典》无不动产质押，且尚无有各动产用益物权。

权利作为权利的客体是传统学理一个难以逻辑自洽的问题。按照权利和权利客体的逻辑关系，权利本身就有自己的客体。如此，债权的归属可以说成是拥有债权的所有权，拥有所有权也可以说成是拥有所有权的所有权，权利和权利客体将陷入毫无意义的循环往复。为掩饰这一逻辑缺陷，传统学理声称除了所有权之外，其他财产权利可以成为权利的客体，这就有了以权利作为质权客体的权利质权。物权二元理论认为，财产权利作为质权的客体是传统学理的一个谬误，质权的客体其实不是财产权利，而是财产权利的客体即特定财产利益。例如，票据权利的客体不是票据本身，而是票据记载的金额（货币价值），正如纸币所有权的客体不是那张纸，而是纸币所标识的金额。因此，权利质押准确的表述应为“权利中的财产利益质押”。但是，权利质权一词由来已久，我国《民法典》也已作为法律用语，只能理解为约定俗成。

权利质押以变卖质押权利作为担保的手段和目的，可质押的财产权利必须是可转让的财产权利。下列财产权利不可质押：

（1）与人身关系相关的财产权利。与人身关系不可分离的财产权利不得质押，如工资、退休金、抚恤金、人寿保险金、委托报酬、人身损害赔偿金等；机票、高铁票、贵宾卡等标记特定身份信息的权利凭证等不得质押。但是，与人身关系可以分离的财产权利可以质押，如商标权、专利权、著作权中的财产利益，还有不记名的消费卡、会员卡、年卡等。

（2）不得转让的财产权利。法律、行政法规明确规定不得转让的财产权利不得质押，如我国《收费公路管理条例》第22条规定的收费权不得转让的情形。当事人约定不得转让的财产权利也不得质押，但当事人之间的约定不能对抗善意第三人。

2. 公示方式的特殊性

与动产质权以交付公示不同，权利质权以交付权利凭证或登记为公示方法。有权利凭证的财产权利设定质权，应将该权利凭证交付质权人占有，类似于动产质权交付动产的占有。无权利凭证的财产权利设定质权，以登记或注册的方式公示，类似于不动产抵押权的设定。

二、权利质权的类型

我国《民法典》第440条确定了七类权利质权：

1. 汇票、支票、本票

这是我国《票据法》确定的票据权利。

票据是指出票人依照票据法规定签发的，由自己或者委托他人在见票或指定日期无条件支付票据金额的有价证券，包括汇票、支票、本票。汇票是出票人签发、委托付款人见票付款或承兑的票据，银行付款或承兑的称为银行汇票或银行承兑汇票，非银行付款或承兑的称为商业汇票或商业承兑汇票；支票是出票人签发、银行或其他金融机构见票时以出票人的支票账户内款项付款的票据；本票是出票人签发的，由出票人自己在见票时付款的票据，我国只允许银行签发本票，只有银行本票。票据集支付、汇兑、信用、结算、融资功能于一体，在现代经济中具有普遍而重要的作用。我国于1996年1月1日实施了《票据法》，并于2004年进行了修正。

票据权利是指持票人向票据债务人请求支付票据金额的权利，包括付款请求权和追索权。付款请求权又称第一次请求权，是指持票人对票据主债务人如汇票的承兑人、本票的发票人、支票的保付人等行使请求支付票据金额的权利。追索权是指因持票人在第一次请求权没有或者无法实现的情况下，对票据的其他付款义务人如发票人、保证人、背书人等行使请求偿还票款的权利。票据权利是现代社会的重要财产，具有独立性和无因性，持票人只凭票据就可行使票据权利，不论持票人取得票据是否支付了对价，其功能类似货币。

票据权利可以转让，汇票上记载“不得转让”字样的除外。汇票、支票、本票出质，当事人应当订立书面合同，质权自交付汇票、支票、本票时设立。

2. 债券、存款单

债券是债务人按照法定程序发行，向债权人借款并承诺于指定日期还本付息的有价证券。发行债券的是债务人，持有债券的是债权人。债券和借条均为借贷凭证，不同的是债券属于可以流通的证券，其发行和认购受严格的证券审批和监管。债券有政府债券、金融债券、公司债券等。其安全性取决于发债人的主体信用，国债是安全性最强的债券。

存款单也称存单，是存款人在银行储蓄存款，由银行开具的证明存款金额的凭证。活期存款随时可以存取，没有质押意义。可质押的存款单是定期存款单，包括大额可转让定期存单、单位定期存单、个人定期存单。

债券、存款单出质，当事人应当订立书面合同，质权自交付债券、存款单时设立。有些债券没有凭证，如政策性银行债券，质权自托管的中央国债登记结算公司登记时设立。

3. 仓单、提单

仓单是保管人给寄存人开具的提取仓储物的凭证。它既是证明保管人收取了仓储物的凭证，也是提货人提取仓储物的凭证。作为仓储物的权利凭证，仓单转让相当于仓储物转让，寄存人可以转让仓单的方式转让仓储物，减少提货、交货的交易成本。

提单是承运人收到运输合同载明的货物并保证交付货物的单证，集货物收据、货权凭证、合同成立证明于一体，如我国《海商法》第71条规定的海运提单。提单由承运人签发给托运人，托运人将提单交付收货人，收货人凭提单在目的地向承运人或其代理人、保管人提取提单载明的货物。提单载明收货人的为记名提单，不得转让；提单载明指示人的为指示提单，可经指示人背书转让；提单载明向提单持有人交付的为不记名提单，可以交付提单的方式转让。

仓单、提单出质，当事人应当订立书面合同，质权自交付仓单、提单时设立。

4. 基金份额、股权

这里的基金是指我国《证券投资基金法》规定的通过公开发售募集的证券投

资基金，简称公募基金。公开募集的基金由基金托管人托管，基金管理人管理，按照一定的资产组合标准用于股票、债券等的买卖，盈亏风险由全体基金投资者承担。份额和净值是投资者申购和赎回公募基金的单位和价格，持有一定份额的投资者为基金份额持有人。基金主要分为开放式基金和封闭式基金。开放式基金犹如活期存款，基金份额持有人可随时申购和赎回，没有出质的必要。封闭式基金犹如定期存款，基金份额持有人在基金存续期满之前不能赎回，但可以买卖和出质。

股权是股东对公司资产的所有权，分为上市公司股权和非上市公司股权。上市公司股权份额是证券市场交易的主要品种，俗称股票。股票是依据我国《证券法》向累计超过200人以上的不特定投资者公开发行，须在上海证券交易所、深圳证券交易所和其他经国务院批准成立的证券交易场所转让的有价证券。非上市公司股权是股东不超过200人的公司股权份额。

我国《民法典》第443条第1款规定："以基金份额、股权出质的，质权自办理出质登记时设立。"

5. 知识产权中的财产权

知识产权主要包括注册商标权、专利权、著作权。注册商标权是我国《商标法》规定的商标注册人对注册商标的专有使用权，是纯粹的财产权。专利权是我国《专利法》规定的由国家专利局授予专利申请人在一定期限内实施其发明创造的独占性权利，包括发明人或设计人的署名权和专利使用、转让权等，其中的专利使用、转让权属于财产权。著作权是我国《著作权法》规定的作者对其有独创性的文学、艺术和科学作品的独占性权利，包括作者的发表权、署名权、修改权、保护作品完整权等人身权利和复制权、发行权、表演权、改编权、翻译权、信息网络传播权等财产权。

我国《民法典》第444条第1款规定："以注册商标专用权、专利权、著作权等知识产权中的财产权出质的，质权自办理出质登记时设立。"

6. 应收账款

应收账款是指出卖人提供服务、设施应收取而未收取的价款或费用及其孳息等。应收账款和贷款一样是融资债权，发生于先货后款的交易，先货后款是现代信用经济中的主要交易方式。基于应收账款的普遍性和重要性，我国《民法典》将应收账款单列为一类权利质权，而且不限于现有的应收账款，还包括将来的应收账款，这拓宽了应收账款的范围和融资功能。

2022年2月1日实施的中国人民银行《动产和权利担保统一登记办法》第3条规定了应收账款的范围：（1）销售、出租产生的债权，包括销售货物，供应水、电、气、暖，知识产权的许可使用，出租动产或不动产等；（2）提供医疗、教育、旅游等服务或劳务产生的债权；（3）能源、交通运输、水利、环境保护、市政工程等基础设施和公用事业项目收益权；（4）提供贷款或其他信用活动产生的债权；（5）其他以合同为基础的具有金钱给付内容的债权。

我国《民法典》第445条第1款规定："以应收账款出质的，质权自办理出质登记时设立。"

7. 其他财产权利

法律、行政法规规定可以出质的其他财产权利可以设定质权。

三、权利质权的处分限制

1. 基金份额、股权处分限制

我国《民法典》第443条第2款规定："基金份额、股权出质后，不得转让，但是出质人与质权人协商同意的除外。出质人转让基金份额、股权所得的价款，应当向质权人提前清偿债务或者提存。"基金份额、股权出质后原则上不得转让，除非满足两个条件：质权人同意和提前清偿债务或者提存。

2. 知识产权处分限制

我国《民法典》第444条第2款规定："知识产权中的财产权出质后，出质人不得转让或者许可他人使用，但是出质人与质权人协商同意的除外。出质人转让或者许可他人使用出质的知识产权中的财产权所得的价款，应当向质权人提前清偿债务或者提存。"

3. 应收账款处分限制

我国《民法典》第445条第2款规定："应收账款出质后，不得转让，但是出质人与质权人协商同意的除外。出质人转让应收账款所得的价款，应当向质权人提前清偿债务或者提存。"

第四节 留 置 权

一、留置权的概念和要件

留置权是债权人就合法占有的与担保债权有牵连的债务人动产，在债权未得清偿之前的拒绝返还权，宽限期后债权仍未得清偿的变价请求权和优先受偿权。我国《民法典》第447条规定，"债务人不履行到期债务，债权人可以留置已经合法占有的债务人的动产，并有权就该动产优先受偿。前款规定的债权人为留置权人，占有的动产为留置财产。"例如，甲4S店维修乙提交的汽车，在乙未付维修费之前，有权不让乙提走汽车，乙拖欠维修费超过维修合同约定的期限，甲

4S店可将乙提交的汽车依法变卖，就变价款优先清偿维修费，甲4S店是留置权人，乙提交的汽车是留置财产，乙是债务人。这一概念有以下要点或要件：

1. 债权人事先合法占有留置财产

与动产质押相同，留置财产限于动产，不包括不动产和可转让的财产权利。与动产质权相同，留置权以债权人占有债务人动产为变动要件。不同的是，留置权设立之前，债权人就已合法占有债务人的动产，但当时的动产只是合法占有关系如保管、服务、无因管理的标的物，尚无留置财产的性质，在债务人不履行到期债务时，本应返还给债务人的动产转为债权人继续占有的留置财产。

2. 留置财产与其担保债权牵连

这里的牵连是指留置财产与其担保债权属于同一法律关系。同一法律关系可以基于法律行为如保管，也可基于事实行为如无因管理。留置财产所担保债权是留置财产自身产生的债权，主要有留置财产的对价、留置财产自身费用、留置财产造成的债权人损害。例如，保管费是保管物的自身费用，赔偿金是保管物产生的损失，寄存人不依约支付保管费或赔偿金时，保管物就成为留置财产。留置财产既是保管关系的标的物，也是保管费或赔偿金债权的担保物，留置财产与所担保债权属于同一保管关系。

这是留置权与动产质权的根本区别点。动产质权是为另一法律关系债权提供担保，出质动产与所担保债权没有牵连关系。

应当注意，企业之间的留置权不以同一法律关系为要件。这是因为，企业之间往往有连续、多样的交易往来，债权人占有的债务人动产往往不易区别和对应特定的法律关系。就企业之间的整体债权债务关系而言，留置财产也可牵连其中。我国《民法典》第448条规定："债权人留置的动产，应当与债权属于同一法律关系，但是企业之间留置的除外。"

3. 留置财产所担保债权已届清偿期

与动产质权设立于动产交付不同，留置权设立于债务人不履行到期债务之时，在债务履行期限届满而债务人不履行债务的情形下，债权人才能留置债务人动产。债务未到期，无法判断债务人是否按时履行，不发生债权人占有的债务人动产转为留置财产的问题。

4. 宽限期后债权人可优先受偿

我国《民法典》第453条规定："留置权人与债务人应当约定留置财产后的债务履行期限；没有约定或者约定不明确的，留置权人应当给债务人六十日以上履行债务的期限，但是鲜活易腐等不易保管的动产除外。"这是债务人不履行债务时起算的宽限期。宽限期内，债权人只能留置债务人动产，不能变卖留置财产优先受偿。宽限期满，债务人仍不履行债务的，债权人有权实现留置权。债务人第一次不履行到期债务产生债权人的留置权，第二次宽限期满不履行债务产生留置权人的变价请求权和优先受偿权。这是留置权和动产质权的一个重要区别。

5. 留置权是法定担保物权

留置权基于留置财产自身债权不能到期受偿的事实和法律规定而设立，无须当事人约定，是法定担保物权。我国《民法典》第449条规定："法律规定或者当事人约定不得留置的动产，不得留置。"这是排除适用我国《民法典》第447条的特别规定，不能释义为留置权是约定担保物权。

上述要点或要件也是学理上的留置权成立条件。留置权成立条件区分为积极条件和消极条件。积极条件是指留置权设立的条件，即上述要点。消极条件是指不得留置的情形，主要有：法律规定或当事人约定不得留置；债权人非法占有债务人的动产；债权人占有债务人的动产期间有违约行为；动产属于禁止流通物；动产的留置违背公序良俗等。

二、留置权的内容

1. 留置权人的权利义务

留置债务人动产和优先受偿是留置权的两大权利，具体而言：

（1）占有留置财产。自债务人不履行到期债务时起，留置权人占有留置财产，直到债务人履行债务或者实现留置权。留置财产是不可分物的，留置权人有权留置整个留置财产。留置财产是可分物的，留置权人只能留置价值与债权金额相当的部分留置财产。我国《民法典》第450条规定："留置财产为可分物的，留置财产的价值应当相当于债务的金额。"

（2）保管费用求偿权。债权人因债务人不履行到期债务而留置本该返还的动产，留置期间，留置权人须妥善保管留置财产，由此产生的保管费用应由债务人承担。

（3）收取孳息权。我国《民法典》第452条规定："留置权人有权收取留置财产的孳息。前款规定的孳息应当先充抵收取孳息的费用。"

（4）物上代位权。留置财产毁损灭失或者被征收所得赔偿金、保险金或补偿金，系留置财产的替代物，留置权人有权请求赔偿或补偿义务人支付。

（5）变价请求权。宽限期届满，债务人依然不履行债务，留置权人有权请求将留置财产变价，或与债务人协议将留置财产折价抵债，或请求人民法院变卖或拍卖留置财产。

（6）优先受偿权。留置权人对留置财产的变价款有权获得优先受偿。我国《民法典》第455条规定："留置财产折价或者拍卖、变卖后，其价款超过债权数额的部分归债务人所有，不足部分由债务人清偿。"

留置权人的主要义务是妥善保管留置财产。我国《民法典》第451条规定："留置权人负有妥善保管留置财产的义务；因保管不善致使留置财产毁损、灭失的，应当承担赔偿责任。"留置财产毁损灭失时，留置权人应当证明自己已尽妥善保管义务，不能证明或不足以证明的，应承担赔偿责任。

2. 债务人的权利义务

（1）留置财产请求权。留置权人未妥善保管留置财产，债务人有权请求留置权人赔偿损失。债务人履行债务或其他原因导致留置权消灭，债务人有权请求返还留置财产。

（2）实现留置权请求权。我国《民法典》第454条规定："债务人可以请求留置权人在债务履行期限届满后行使留置权；留置权人不行使的，债务人可以请求人民法院拍卖、变卖留置财产。"这是为了防止留置权人长期占有留置财产而拖延实现留置权，避免债务人利益受损。

（3）支付保管费用。债务人应支付留置权人妥善保管留置财产所产生的费用。

（4）承担损害赔偿责任。债务人应承担留置财产的隐蔽瑕疵导致留置权人损害的侵权责任。

三、留置权的其他问题

1. 留置权的优先顺位

同一财产可多次用于担保，由于担保方式不同，出现抵押权、动产质权、留置权并存的情形。例如，已抵押的船舶在船厂修理而被留置，质权人将质押动产寄存保管人处而被留置。

我国《民法典》第456条规定："同一动产上已经设立抵押权或者质权，该动产又被留置的，留置权人优先受偿。"这是确定留置权与抵押权、动产质权之间优先顺位的基本规则，但法律另有规定的除外。例如，我国《海商法》第25条第1款规定："船舶优先权先于船舶留置权受偿，船舶抵押权后于船舶留置权受偿。"船舶优先权主要是船员的劳动债权、船运中的人身伤亡和财产赔偿、船只和港口费、海难救助费用等。

2. 留置权的紧急行使

债权未届清偿期但债务人已无清偿能力，债权人可以紧急行使留置权，不受留置权实现条件的限制。《瑞士民法典》第897条规定："债务人无支付能力时，债权人即使其债权未到期，亦有留置权。前款的无支付能力，发生在物已经交付之后，或发生在债权人知悉之时，即使与债权人已经承担的义务或债务人的特别意思相抵触，亦得行使留置权。"我国台湾地区"民法典"第931条第2款规定："债务人于动产交付后，成为无支付能力，或其无支付能力于交付后始为债权人所知者，其动产之留置，纵有前条所定之抵触情形，债权人仍得行使留置权。”

我国《民法典》未明确规定留置权的紧急行使，但原《最高人民法院关于适用〈中华人民共和国担保法〉若干问题的解释》第112条规定：“债权人的债权未届清偿期，其交付占有标的物的义务已届履行期的，不能行使留置权。但是，债权人能够证明债务人无支付能力的除外。”据此，在不损害债务人和第三人利益的情况下，留置权的紧急行使应当可行。

3. 留置权担保债权范围

留置权所担保的债权范围应当包括所担保债权及利息、违约金、损害赔偿金、留置财产保管费用和实现留置权的费用。

4. 留置权的消灭

留置权消灭和质权消灭基本相同。一般原因有：所担保债权清偿、主体混同、抵销等；动产质权实现；留置财产灭失；留置权人放弃质权等。留置权消灭的特殊原因有：

（1）占有丧失且不能回复。占有丧失是指留置权人无意或被迫失去留置财产的占有，如留置财产遗失、被盗、被抢夺等。占有丧失并非出于留置权人意志，留置权人可以请求回复占有，回复期内留置权依然存续。超过回复期或出现第三人善意取得等法定情形，占有不能回复的，留置权消灭。

（2）留置财产返还。留置财产返还给债务人，留置权消灭，即便返还留置财产时约定留置权继续存在或基于临时借用。

（3）接受另行担保。留置权因债务人或第三人另行提供担保而消灭，另行担保是物的担保或人的担保在所不问。我国《民法典》第457条规定，“留置权人接受债务人另行提供担保的，留置权消灭”。

思考题

1. 简述质权的概念。
2. 简述权利质权的概念和特征。
3. 简述留置权的概念和要件。

延伸阅读

1. 刘保玉：《留置权成立要件规定中的三个争议问题解析》，载《法学》2009年第5期。

2. 熊丙万：《论商事留置权》，载《法学家》2011年第4期。

3. 常鹏翱:《留置权善意取得的解释论》,载《法商研究》2014年第6期。

4. 陈本寒:《再论权利质权客体范围的确定》,载《法学》2016年第7期。

5. 任一民:《破产语境下应收账款质权的保护与限制》,载《人民司法》2022年第4期。